元宇宙时代高校智慧图书馆建设

范正芳　谢大力　著

东北大学出版社

·沈　阳·

图书在版编目（CIP）数据

元宇宙时代高校智慧图书馆建设 / 范正芳，谢大力

著 . -- 沈阳：东北大学出版社，2025. 4. -- ISBN 978-

7-5517-3774-6

Ⅰ. G258. 6；G250. 76

中国国家版本馆 CIP 数据核字第 2025P5V498 号

出 版 者：东北大学出版社

地址：沈阳市和平区文化路三号巷 11 号

邮编：110819

电话：024-83683655（总编室）

024-83687331（营销部）

网址：http://press.neu.edu.cn

印 刷 者：辽宁一诺广告印务有限公司

发 行 者：东北大学出版社

幅面尺寸：170 mm × 240 mm

印 张：16.5

字 数：301 千字

出版时间：2025 年 4 月第 1 版

印刷时间：2025 年 4 月第 1 次印刷

责任编辑：潘佳宁

责任校对：郎 坤

封面设计：潘正一

责任出版：初 茗

ISBN 978-7-5517-3774-6 定 价：78.00 元

前　言

　　从党的十九大报告提出"坚定文化自信，推动社会主义文化繁荣兴盛"，到党的二十大报告提出"推进文化自信自强，铸就社会主义文化新辉煌"，"实施国家文化数字化战略，健全现代公共文化服务体系，创新实施文化惠民工程"等相关文化建设理论，对我国社会主义文化建设进行了高屋建瓴的深入阐述，擘画了社会主义文化的新蓝图。

　　当前，随着信息技术的不断发展和应用，以新一代数字技术为代表的信息化进程发展到了一个新的阶段，图书馆借助不断发展的科学技术，抓住机遇，迎接挑战，在满足不断增长的读者需求的进程中，实现了跨越式的发展。从物联网、大数据、元宇宙、云计算到以 ChatGPT 为代表的自然语言领域的人工智能等新兴技术的快速发展带来了智慧社区、智慧城市、智慧社会、智慧国家乃至智慧地球建设理念的发展，继而带来了智慧校园、智慧博物馆、智慧图书馆的快速发展。纵观图书馆发展的历史长河，大致也经历了以下几个阶段：从古代藏书楼到现代图书馆，到随着新兴技术发展起来的数字图书馆、移动图书馆、智能图书馆，再到现在的智慧图书馆。目前，在元宇宙赋能下，图书馆需要不断地进行创新和升级，以适应时代的发展和读者的需求。因此，未来图书馆发展将不断走向网络化、数字化和智慧化。

　　智慧图书馆建设是"十四五"期间图书馆的工作重点与发展方向。随着智慧图书馆理论研究与实践的进步，智慧图书馆建设已经从概念化、目标路径设计走向技术实现、方案实施与业务开展。智慧图书馆需要借助大数据、人工智能等技术手段，对海量的文献资源进行智能化的管理和分析，实现资源的优化配置和高效利用；同时，智慧图书馆还需要借助物联网、传感器等先进技术，实现对图书馆设施、设备、图书等资源的智能化管理，提高图书馆的服务水平和效率；智慧图书馆也需要借助虚拟现实、增强现实等技术手段，为读者提供更加丰富、生动、真实的阅读体验和服务。

随着技术的发展，国内会有越来越多的高校图书馆步入智慧图书馆的行列。因此，笔者认为有必要撰写一部专著，期望在元宇宙技术下，能对我国高校智慧图书馆建设起到一定的借鉴作用，这也是笔者撰写本书的出发点。本书涵盖的内容很多，主要包括元宇宙概念的来源、元宇宙与高校智慧图书馆的关系、高校智慧图书馆的基础理论和建设研究、智慧馆员队伍建设研究、智慧图书馆服务研究、智慧图书馆的实践及未来发展趋势等，希望能为高校图书馆相关从业者及科研人员提供一定的帮助。

本书共分十一章，第一章为绪论，其他十章的主要内容如下。

第二章为元宇宙，从元宇宙起源、定义出发探讨在元宇宙时代背景下，高校智慧图书馆的发展潜能和特点。运用元宇宙与图书馆的理论方法进一步阐释了元宇宙与高校图书馆的关系。第三章是高校智慧图书馆概论。重点介绍了高校智慧图书馆的基本概念、发展历程、建设内容、核心技术、服务模式、用户体验以及建设的意义，为研究元宇宙时代高校智慧图书馆提供了理论指导。第四章为元宇宙时代高校智慧图书馆基础设施建设。主要从智慧图书馆基础设施的概念、发展状况出发，通过分析建设需求提出相应的建设策略，并提出元宇宙对高校智慧图书馆的影响与挑战。第五章为元宇宙时代高校智慧图书馆文献资源建设。从文献资源建设的概念出发，谈及在元宇宙赋能下智慧图书馆文献资源建设的概念、发展状况以及现状分析，从而提出文献资源建设的策略以及未来发展趋势。第六章为元宇宙时代高校智慧图书馆学习共享空间构建。从学习共享空间概念出发，提出构建学习共享空间的理论框架以及构建策略。同时提出构建共享空间的未来发展趋势。第七章为元宇宙时代高校智慧图书馆读者服务建设。从读者服务的理论基础、特征分析和发展历程出发，提出元宇宙时代高校智慧图书馆读者服务的现状与挑战，从而提出建设的策略，为后期发展提供指导意义。第八章为元宇宙时代高校智慧图书馆智慧馆员队伍建设。智慧馆员是智慧图书馆的重要指导者，通过分析智慧馆员的现状，提出元宇宙时代面临的主要挑战以及建设策略。第九章为元宇宙时代高校智慧图书馆古籍活化与利用研究。以本馆古籍文献资源为研究对象，进行现状分析，从而提出元宇宙时代高校智慧图书馆古籍活化利用的新机遇、实践探索以及策略研究。第十章为元宇宙时代高校智慧图书馆建设面临的挑战。基于元宇宙技术重点探讨高校智慧图书馆建设面临的挑战和发展策略。第十一章为元宇宙时代高校智慧图书馆未来发展趋势。提出未来高校智慧图书馆的发展趋势：文献资源共享共建、服务效能创新、虚实交融的图书馆空间构建的用户体验以及对高校智慧图书馆馆员职业能力的新要求。本书第一章、第二章、第三章、第五章、第八章和第九章由范正芳撰写；第四章、第六章、第七章、第十章和第十一章由谢大力撰写。

本书在写作过程中，得到了青海民族大学图书馆领导、同事以及省内部分高校图书馆同行的大力支持，他们为本书提供了非常有价值的修改意见，在此表示衷心感谢！最后，还要特别感谢在背后默默支持的家人。

受水平所限，笔者在某些领域可能考虑不充分，书中难免出现不足、错误或遗漏之处，敬请专家及读者给予批评指正。

著者

2025 年 1 月

目　录

第一章　绪　论

习近平总书记提出，"实施国家文化数字化战略，健全现代公共文化体系，创新实施文化惠民工程"，强调全面提升数字文化内容供给能力和数字文化服务水平，推进实施国家文化数字化战略是深入推进社会主义文化强国建设的时代要求，同时也对图书馆数字文化服务水平提出了新的更高要求。习近平总书记还指出："加快数字中国建设，就是要适应我国发展新的历史方位，全面贯彻新发展理念，以信息化培育新动能，用新动能推动新发展，以新发展创造新辉煌。"[①]文化是"五位一体"总体布局的重要组成部分，文化数字化是提升公共文化服务水平、健全现代文化产业体系的重要途径，是数字时代推进社会主义文化强国建设的重要抓手。

自 2011 年文化部、财政部印发《关于进一步加强公共数字文化建设的指导意见》，部署实施三大数字文化惠民工程以来，相继进行一些统一的部署。2012 年中共中央办公厅、国务院办公厅在《国家"十二五"时期文化改革发展规划纲要》中设置"文化数字化建设工程"专栏，2017 年文化部发布《"十三五"时期公共数字文化建设规划》，2020 年中宣部文化改革办公室印发《关于做好国家文化大数据体系建设工作的通知》，等等。及至 2022 年中共中央办公厅、国务院办公厅印发《关于推进实施国家文化数字化战略的意见》（以下简称《意见》），党和国家推动文化数字化发展的相关政策举措，已逐步由依托工程项目实现重点突破上升为从国家战略层面进行全局部署，从主要聚焦于文化资源数字化建设拓展到对文化数字化基础设施建设、文化数字化内容供给、文化数字化消费场景体验和文化数字化均衡发展等领域的系统谋划。

在国家文化数字化战略的推动下，高校图书馆界以全国智慧图书馆体系建

[①]　习近平.高举中国特色社会主义伟大旗帜 为全面建设社会主义现代化国家而团结奋斗：在中国共产党第二十次全国代表大会上的报告［N］.人民日报，2022-10-16（11）.

设为契机,加快完善全国智慧图书馆的体系架构,推动实现多源文化资源数据的融会贯通和集成共享,加强对各类文化资源数据的深度挖掘与增值开发,积极推进图书馆线下智慧服务空间建设,推动形成数据驱动的智慧化协同治理能力。20世纪90年代以来,国家图书馆积极跟踪数字图书馆技术发展,联合全国图书馆界,先后策划并组织实施了国家数字图书馆工程、全国文化信息资源共享工程、数字图书馆推广工程等数字化建设项目,深入推进数字图书馆资源建设、关键技术研发、软硬件平台建设、多媒体服务创新及标准规范研制等工作,带动全国各级各类图书馆,建立了一套支持数字资源生命周期管理的应用系统,形成一个技术先进、覆盖广泛、传播快捷的数字图书馆服务体系,为各级党政机关、教育科研生产单位及社会公众提供丰富多元的数字资源与服务,推动图书馆逐步成为互联网时代重要的公共文化服务阵地和阅读学习空间。总体而言,经过近三十年的实践探索,我国图书馆已经较好地完成了从传统图书馆到数字图书馆的转型,逐步建成了较为先进的数字文化基础设施、较为丰富的数字文化资源库群和较为完备的数字文化服务体系,为新时代推动实施国家文化数字化战略积累了丰富经验,奠定了良好基础。但与此同时,我国图书馆的数字化基础设施的支撑保障能力仍然有待提升,数字资源的加工揭示与关联整合亟须加强,数字内容的多元立体集成刚刚起步,数字服务的线上线下融会贯通还不充分。我们必须深刻认识到,文化数字化建设是一项长期持续的全局战略,图书馆的数字化转型创新始终在路上。

积极发展智慧图书馆是国家"十四五"规划纲要关于"加快数字化发展,建设数字中国"的重要战略部署,也是推动实施国家文化数字化战略的关键任务举措之一。《意见》对统筹推进全国智慧图书馆体系建设提出明确要求,是图书馆适应国家文化数字化战略实施要求,进一步发挥资源和专业优势,更好服务于数字中国和文化强国建设的重要战略举措。

《意见》关于"夯实文化数字化基础设施","关联形成中华文化数据库""打造文化数据服务平台","创新呈现方式,推动中华文化瑰宝活起来","大力发展线上线下一体化、在线在场相结合的数字化文化体验"和"构建文化数字化治理体系"的要求,旨在加快完善全国智慧图书馆的体系架构,推动实现多源文化资源数据的融会贯通和集成共享,加强对各类文化资源数据的深度挖掘与增值开发,积极推进图书馆线下智慧服务空间建设,推动形成数据驱动的智慧化协同治理能力。充分发挥云计算便捷共享、敏捷响应、灵活可拓展、低成本、广覆盖等优势，基于云存储架构和云应用接口，建设标准统一、数据共享、监管有效的知识内容集成仓储体系、高计算和传输能力的知识服务调用体系，以及高安全性能和交互能力的用户数据管理中心，形成全国"云上智慧图书馆"，为各类知识资源的存储、传播和共享利用提供安全、稳定、可控的基础支撑能力；采用开放灵活、易于维护和拓展的微服务架构，建立智慧图书馆管理系统，支持图书馆各类业务的开放接入，支持系统前端界面个性化定制，支持各类终端设备、智慧服务空间、线上线下智慧活动的开放共享和智慧互联；搭建基于5G技术的安全交互网络，推动实现各级各类图书馆及其基层服务网点空间、设施及各类终端设备的智慧互联，满足海量数字资源和服务高保真、低延时、高可靠性的传输服务需求，为图书馆开拓新的服务场景提供支撑。

打造一个物理分布、逻辑关联的数据中心，突破图书馆传统的数据资源认知界限，在已有海量文本、图像及音视频资源的基础上，进一步将网络原生资源、科学数据资源、开放存取资源、个人创作资源等数据内容纳入图书馆数据资源建设范畴，与已有馆藏资源数据一起，进行统一揭示和集成管理，形成适应数据资源形态变化发展的立体化数据资源仓储管理体系；搭建图书馆数据资源建设和管理平台，营造开放多元的知识运营环境。

采用应用语义网、机器学习、自然语言处理等技术，对古籍特藏、音视频资源等数字化成果进行智能标引、深度知识挖掘、语义组织，构建能够支持知识迭代的网络知识图谱，实现不同时代、不同版本、不同类型、不同来源典籍资源的多维知识内容关联和可视化展示。应用实体识别、语义分析、关联组织等技术，提取具有历史传承价值的中华文化元素、符号和标识，进行多维度阅读展示、场景分享和互动体验，支持和推动各类社会主体依托这些传统文化元素进行 IP 创意开发，丰富中华民族文化基因的当代表达。

依托虚拟现实、增强现实、数字孪生、全息影像等现代先进技术，对各级图书馆及其基层服务网点的建筑空间、设施设备进行智慧化改造，打造线上与线下服务相结合的沉浸式个性化阅读学习空间、交流共享空间和协同创新空间。充分利用位置地图等大数据资源和小型传感设备，采集、发布、关联各高校图书馆及相关服务机构的资源、服务、设施、设备等数据信息，应用可视化技术，形成全方位知识内容及服务网络，实现馆馆相联、书书相联、人书相联，提升校园文化服务的到达率、及时性，增强全校师生获得感。

　　总之，建设智慧图书馆是推进实施国家文化数字化战略的题中应有之义。全国智慧图书馆体系建设是汇聚各级图书馆资源和专业优势，以新发展理念推进图书馆事业高质量发展的重要战略部署。国家文化数字化战略的深入实施，为加快推进图书馆智慧化转型提供了崭新机遇，开辟了广阔空间。高校智慧图书馆建设必将乘风向前，快速发展。

第二章　元宇宙

　　"元宇宙"是 2021 年出现的国际热词，因此 2021 年被称为"元宇宙元年"。作为人类前沿科技领域的一个新生事物，目前元宇宙不仅在概念界定上存在不小争论，而且人们对其前世今生的发展嬗变和关键特征也有许多不同看法。汉语"元宇宙"直译自英语名词 metaverse。其前缀"meta-"有"元的""超越的"之义，词根"verse"代表宇宙（universe），二者组合起来为"超越宇宙"，意即元宇宙。也有人将其译为"超宇宙""超元域""虚拟实境""虚拟世界"等。《牛津英语词典》（网页版）将元宇宙定义为："一个虚拟现实空间，用户可在其中与电脑生成的环境和其他人交互。"维基百科则将其定义为："通过虚拟现实的物理现实，呈现收敛性和物理持久性特征，是基于未来互联网的具有连接感知和共享特征的 3D 虚拟空间。"

第一节　元宇宙概述

一、元宇宙的基本概念

　　关于元宇宙概念的开山之作是尼尔·斯蒂芬森（Neal Stephenson）1992 年著《雪崩》。在科幻小说《雪崩》（Snow Crash）中首次提出了"元宇宙"概念，包括"Metaverse（元宇宙，汉译本当时译为"超元域"）"和"Avatar（阿凡达，化身）"这两个概念。书中讲述了现实人通过 VR 设备与虚拟人共同生活在一个虚拟世界的故事，这个虚拟世界就是 Metaverse。它脱胎于现实世界，并且平行于现实世界。它栩栩如生，让人沉浸其中，可以做任何想做的事（包括在现实世界里无法实现的事）。比起现有的虚拟世界，它是一种更高维度的交互性体验。

在全球产业界，元宇宙热潮由产业界兴起，对元宇宙有不同界定。（1）尼尔·斯蒂芬森（Neal Stephenson），科幻作家，《雪崩》作者——只要戴上耳机和眼镜，找到一个终端，就可以通过连接进入由计算机模拟的另一个三维现实，每个人都可以在这个与现实世界平行的虚拟空间中拥有自己的分身（avatar），在这个虚拟世界中，现实世界的所有事物都被数字化复制，人们可以在虚拟世界中做任何现实生活中的事情，比如逛街、吃饭、发虚拟朋友圈。此外，人们还可以完成现实世界里不能实现的野心，比如瞬时移动。（2）马克·扎克伯格（Mark Zuckerberg），脸书创始人兼首席执行官——设想的元宇宙是一个融合了虚拟现实技术、用专属硬件设备打造的具有超强沉浸感的社交平台。元宇宙里的应用可以是 3D 的，但也不一定是 3D 的，他说要让脸书公司成功转型为一家元宇宙公司。（3）马化腾，腾讯董事会主席兼首席执行官——认为元宇宙是一个独立于现实世界的虚拟数字世界，用户进入这个世界之后就能用新身份开启全新的"全真"生活。（4）黄仁勋，英伟达（NVIDIA）创始人——认为元宇宙是一个连接到我们所生活的世界、由多人共享的虚拟世界。它有真实的设计和经济环境，有一个真实的头像，既可以是真人，也可以是一个角色。（5）肖风，万向区块链董事长兼总经理——认为元宇宙是在网络世界、虚拟空间里建立的一个数字化新世界，它蕴藏着比物理世界更大的财富宝藏。（6）刘怀洋，爻宇宙公民，悉见创始人，本无起源创始人——认为元宇宙时代物理、伦理、成本、生产力、生产关系、价值定义都发生了巨变。狭义元宇宙可指任意精神沉浸场景，如书、角色、电影、游戏、城市；广义元宇宙则是所有现实与虚拟世界及其中的物种、物质、信息、规律、时间等互联形成的超级文明体。人人皆可创建无数个狭义元宇宙，最终构成广义元宇宙统一体。从时间上看，2030 年前 Web2.5 "虚实共生"，现实与数字世界的互通入口，如 AR 世界地图，至关重要；2050 年前，Web3.0 "虚实莫辨"，海量子元宇宙，如头号玩家，实现体验互联；2070 年前，Web4.0 才是脑机与 AI+ 系统互联的真元宇宙时代。（7）朱嘉明，经济学家，数字资产研究院学术与技术委员会主席——2021 年语境下的"元宇宙"的内涵已经超越了 1992 年《雪崩》中所提到的"元宇宙"。吸纳了信息革命（5G/6G）、互联网革命（Web 3.0）、人工智能革命，以及 VRAR、MR，特别是游戏引擎在内的虚拟现实技术革命的成果，向人类展现出构建与传统物理世界平行的全息数字世界的可能性；引发了信息科学、量子科学、数学和生命科学的互动，改变了科学范式；推动了传统的哲学、社会学，甚至人文科学体系的突破；囊括了所有的数字技术，包括区块链技术成就；丰富了数字经济转型模式，融合 DeFi、IPES.NFT 等数字金融成果。（8）百度副总裁马杰认为——元宇宙本质上是对现实世界的虚拟化、数字化过程，需要对内容生产、经济系统、用户体验以及实体世界内容等进行大量改造。（9）阿里巴巴达摩院 XR 实验室负责人谭平——"元宇宙就是 VR/AR 眼镜上的整个互联网"，强调 VR/AR 技术。①

同时，学术界对元宇宙概念的界定也有不同看法。北京大学新闻与传播学院陈刚和董浩宇认为，"元宇宙是利用科技手段进行链接与创造的，与现实世界映射与交互的虚拟世界，具备新型社会体系的数字生活空间"。清华大学新闻学院沈阳指出，元宇宙是一个理念和概念；元宇宙仍是一个不断发展、演变的概念，不同参与者以自己的方式不断丰富着它的含义。沈阳的研究团队指出，"元宇宙是整合多种新技术而产生的新型虚实相融的互联网应用和社会形态，它基于扩展现实技术提供沉浸式体验，基于数字孪生技术生成现实世界的镜像，基于区块链技术搭建经济体系，将虚拟世界与现实世界在经济系统、社交系统、身份系统上密切融合，并且允许每个用户进行内容生产和世界编辑"。中国社会科学院数量经济与技术经济研究所左鹏飞从时空性、真实性、独立性、连接性四个方面交叉定义元宇宙：从时空性来看，元宇宙是一个空间维度上虚拟而时间维度上真实的数字世界；从真实性来看，元宇宙中既有现实世界的数字化复制物，也有虚拟世界的创造物；从独立性来看，元宇宙是一个与外部真实世界既紧密相连又高度独立的平行空间；从连接性来看，元宇宙是一个把网络、硬件终端和用户囊括进来的永续的、广覆盖的虚拟现实系统。

目前，元宇宙的理论和构想正逐渐被图书馆界所认可和接受，一些相关研究成果不断出现。杨新涯等认为，元宇宙是整合云计算、VR/AR、人工智能、区块链等信息技术构建的虚拟世界与现实世界相结合的互联网应用，具有相对独立的经济体系和逐渐生长的文明体系。②吴江等认为，元宇宙是基于数字技

① 叶怡霖，朱承，拜喆喆.2021 云栖大会｜达摩院成立 XR 实验室探索元宇宙那是怎样一个世界？[EB/OL].（2021-12-03）[2024-12-01]. https://zj.zjol.com.cn/news.html?id=1745682.

② 杨新涯，钱国富，唱婷婷，等 元宇宙是图书馆的未来吗？[J].图书馆论坛，2021，41（12）：35-44.

术而构建的一种人以数字身份参与的虚实融合的三元世界数字社会[①]。赵国栋等则将元宇宙描述为"人们娱乐、生活乃至工作的虚拟时空"[②]，在用户体验方面达到真假难辨、虚实混同的境界。

不管是产业界还是学术界都发表了自己的观点和看法，最具代表性的理解为："元宇宙是整合多种新技术而产生的新型虚实相融的互联网应用和社会形态，它基于扩展现实技术提供沉浸式体验，基于数字孪生技术生成现实世界的镜像，基于区块链技术搭建经济体系，使虚拟世界与现实世界在经济系统、社交系统、身份系统上密切融合，并且允许每个用户进行内容生产和世界编辑。"[③] 由此可见，元宇宙的未来关键看技术，运用现实技术、数字孪生、区块链等技术，赋予体系化、丰富的应用场景，是一个人类基于对现实世界的认知和理解，创造和构建一个基于现实、高于现实的虚拟宇宙。[④]

笔者认为，元宇宙是众多新技术的集大成者，是一个沉浸式的、虚拟的、人工智能的、巨大的、永久的、不断演进的、全年 24 小时在线的虚拟数字电子空间。基于自己的推敲与思考，笔者梳理出了元宇宙几个核心理念，包括区块链（blockchain）、人机交互（interactivity）、电子游戏（game）、人工智能（artificial intelligence）、网络及运算（network）、数字孪生（digital twin），简称"BIGANT"（大蚂蚁）。在元宇宙形态下的图书馆实际就是一个虚拟数字融合空间，而且在区块链、人工智能、智能机器人、大数据等众多应用类信息技术赋能下，元宇宙图书馆已经不再是一个个的"信息孤岛"，而是保证各空间独立的同时实现全体系互联互通的无数个虚拟图书馆的聚合体。

究其本质，元宇宙是人类现实世界的虚拟映射版——现实世界的人们可以在其中打破时空界限，以数字化身形式在其中生活且永不下线，因而能够获得一种超越现实的完美沉浸式体验。我们可以把元宇宙定义为：一个将人们通过多种高科技、互联网、移动通信、专门设备等关联起来的，脱胎于、平行于、

---

① 吴江，曹喆，陈佩，等 . 元宇宙视域下的用户信息行为：框架与展望 [J]. 信息资源管理学报，2022，12（1）：4-20.

② 赵国栋，易欢欢，徐远重 . 元宇宙 [M]. 北京：中译出版社，2021.

③ 智能交通技术 . 2020—2021 年元宇宙发展研究报告 [EB/OL].（2021-09-21）[2023-11-18]. https：//blog.csdn.net/weixin_55366265/article/details/120407954.

④ 箩筐技术 . 数字孪生和元宇宙的异同是什么？[EB/OL].（2021-11-11）[2023-11-18]. https：//baijiahao.baidu.com/s?id=1716103124953978745.

独立于现实世界的人造在线虚拟世界。在其中，无论身份、感官、意识形态等个人属性，还是社会体系、经济结构、政治组织等社会属性，都能呈现出来。人们在其中拥有自己的虚拟身份，进行社交、互动、生活、工作等，获得和创造自己想要的东西。元宇宙基于区块链技术搭建经济体系，基于人机交互技术实现更高维度，基于电子游戏技术提供沉浸式体验，基于人工智能技术进行多场景深度学习，基于网络及运算技术打造"智慧链接""深度链接""全息链接""泛在链接"与"算力即服务"的基础设施，基于数字孪生技术生成现实世界的镜像，将虚拟世界与现实世界在身份系统、社交系统、经济系统上密切融合，赋能用户进行个性化内容生产和多元化世界编辑，构建虚实融合的数字生活空间。

二、"元宇宙"之嬗变

元宇宙的设想、理念、概念、技术等并不是 2021 年才突然出现的，而是 70 多年来随着人类的想象、研发、实践逐渐产生和发展起来的。

有研究者认为，元宇宙可回溯到美国数学家、控制论创始人诺伯特·维纳 1948 年出版的著作《控制论——或关于在动物和机器中控制和通信的科学》。而另外一些研究者认为，1974 年美国出版的文学作品、后被改编为游戏的《龙与地下城》是今天我们所说的元宇宙的最早发端。

目前全球公认的元宇宙思想源头是美国数学家、计算机专家兼赛博朋克流派科幻小说家弗诺·文奇。他在 1979 年完稿、1981 年出版的小说《真名实姓》中，创造性地构思了一个通过"脑机接口"进入并能获得感官体验的虚拟世界。因此，他可谓元宇宙的鼻祖。在这部小说出版之时，互联网技术才初露端倪。其后，美国作家威廉·吉布森 1984 年完成的科幻小说《神经漫游者》，进一步推动了人类对元宇宙的构想。他在书中创造了"赛博空间"（又译"网络空间"）。

1991 年，赛博空间催生出"镜像世界"的技术理念，即现实世界中的每一个真实场景都能通过计算机软件投射到人工编制的电脑程序中，并让用户通过电脑显示器与镜像世界互动。是年，耶鲁大学戴维·盖勒恩特出版《镜像世界：或软件将宇宙放进一只鞋盒的那天……这会如何发生，又将意味着什么》。这本书的名字其实就是元宇宙。

不过，"metaverse"一词最早出现在美国科幻作家尼尔·斯蒂芬森 1992 年出版的一部描绘一个庞大虚拟现实世界的科幻小说《雪崩》里。斯蒂芬森升华了文奇的绝妙构思，提出元宇宙的雏形——一个平行于真实世界的赛博空间。人们可以利用一些设备和公共入口与虚拟世界中的分身联结，通过控制虚拟分身来相互竞争以提高自己的社会地位。小说中的主人公可以"戴上耳机和目镜，找到连接终端，通过虚拟分身的方式进入由计算机模拟、与真实世界平行的虚拟空间，对虚拟世界加入超现实主义的改造。"

1994 年，*Web World* 是世界上第一个轴测图界面的多人互动社交游戏。用户可以在游戏内实时聊天、旅游、改造场景，*Web World* 也开启了游戏中的 UGC 模式。1995 年基于小说《雪崩》创作的 *Active Worlds* 虚拟场景，也被看作 VR 场景的鼻祖，以创造一个元宇宙为目标，为用户提供了基本的内容工具来改造虚拟环境。1996 年，通过虚拟现实建模语言（VRML）构建的 *Cybertown*，是新古典"元宇宙"重要的里程碑。有着明显的赛博朋克画风，注重化身（avatar）的定制化，2021 年，也被翻新为模拟城市建造游戏发布。1999 年，全球上映的影片《黑客帝国》（*The Matrix*），在电影里人工智能空前强大，在营养舱圈养人类，利用人体发电，人类的意志则被禁锢在看似正常的虚拟世界。

2003 年，美国互联网公司 Linden Lab 推出基于 Open3D 的"第二人生"（*Second Life*），这是元宇宙的初期形态，同时也是第一个现象级的虚拟世界，在这个虚拟空间，用户可以实现社会交流和经济交易。2006 年，在元宇宙探索初期平台"第二人生"的基础上，Roblox 公司发布同时兼容了虚拟世界、休闲游戏和用户自建内容的游戏"*Roblox*"，融合发展提出了"第二人生图书馆2.0"（Second Life Library2.0），为读者提供无障碍交流、个性化参考咨询服务、馆藏检索和文献传递服务等，从而唤起建构世界范围内合作型图书馆的热情。在 Cybrary City 中，麦克马斯特（Mc Master）大学图书馆作为高校图书馆进行了首先探索，建立了自己的虚拟图书馆，为读者提供虚拟图书馆的参考咨询服务。同时，德州女子大学也针对"第二人生图书馆"探讨了高度互动的在线沉浸式学习环境对教育及图书馆信息传递方面的影响。

2009 年，电影《阿凡达》将 avatar 的概念以更具象化的方式呈现在人们眼前。直到 2018 年，斯皮尔伯格导演的电影《头号玩家》为理解元宇宙提供了更简洁的方式，影片中虚拟空间"绿洲"是元宇宙的具象化展现。身份、朋友、沉浸感、低延迟、多元化、随地、经济系统和文明这些元宇宙的主要特征，均在《头号玩家》中得到了体现。此时，香港理工大学进行了又一次实践活动，在"第二人生"中建立了国内首个虚拟大学校园，其包玉刚图书馆也成为国内首个虚拟图书馆。[①]

2021 年，"元宇宙"概念被成功提出，将"元宇宙"从科幻游戏中落实到现实阶段。"元宇宙"的初级形态是游戏，都是根据游戏的不断升级而提出的，作为一个互联网产业概念受到了社会各界的广泛关注。后来，2021 年被普遍视为"元宇宙元年"。

元宇宙理论的提出和现实实践，为图书馆服务进入元宇宙时代奠定了基础。回顾图书馆的历史发展过程，从以实体馆藏为主的传统图书馆到数字化盛行的数字图书馆，到图书馆 2.0，再到具有人性化、个性化服务的智慧图书馆，图书馆的发展一直紧随科技步伐。元宇宙时代的来临，为图书馆事业的发展提供了大大的机遇。结合图书馆已有的大数据、人工智能和区块链等技术的实践探索，相信在未来图书馆虚拟空间与沉浸式服务等领域，势必会出现相关科技创新的热潮。

三、元宇宙的基本特征

"元宇宙"源于游戏而又超越于游戏。进入互联网时代，随着媒介技术、媒介全面渗透并嵌入人类生存环竟，以及技术环境对时间和空间形式的改造，具身传播正在体现为一种人与媒介、技术之间的交互生成关系。

Roblox 首席执行官 David Baszucki 提出了"元宇宙"的 8 个关键特征，即 identity（身份）、friends（朋友）、immersive（沉浸感）、low friction（低延迟）、variety（多样性）、anywhere（随地）、economy（经济）、civility（文明）。

① identity（身份）：指每个人登录游戏后，都会获得一个身份。也就是说在虚拟的游戏世界里拥有一个虚拟身份，虚拟世界的身份跟我们一一对应。每个人都可以在元宇宙中有一个"化身"，在《雪崩》中，这个化身被称为 Avatar（阿凡达），那么书中借用"阿凡达"指称每个人的虚拟身份。身份是构建起完整生态的第一步。② friends（朋友）：元宇宙内置了社交网络，每个阿凡达的活动、交流都在元宇宙中进行。③ immersive（沉浸感）：沉浸感经常在游戏环境中被提及，但是当你阅读一本特别引人入胜的书的时候，或是观

---

① 付洁.基于"第二人生"的虚拟学习环境创设 [D].上海：华东师范大学，2013：8，10.

看电影、电视节目的时候也可以有这样的体验。然而，沉浸于书中或者电影中的感受和沉迷于游戏中的感受是非常不同的。在游戏中，玩家对游戏角色的控制以及代入感成为影响游戏环境的重要因素。④ low friction（低延迟）：游戏延迟就是数据从游戏客户端到服务器再返回的速度。网络状态越好，服务器响应越快；使用人数越少，延迟就会越低。⑤ variety（多样性）：虚拟世界有超越现实的自由和多元性。⑥ anywhere（随地）：不受地点的限制，可以利用终端随时随地出入游戏。⑦ economy（经济）：roblox 在自己的游戏里开发了一套货币交易系统，在平台上销售虚拟商品，付费交易，增加产值。⑧ civility（文明）：有人就有社会，有社会也就有了文明。在虚拟游戏世界中，虚拟人物要生活必然会产生相应的生活法则，从而演化成一个文明社会。基于 Baszucki 的标准，元宇宙 = 创造 + 娱乐 + 展示 + 社交 + 交易，人们在"元宇宙"中可以实现深度体验。

Beamable 公司创始人 Jon Radoff 提出构建元宇宙的 7 个层面：体验（experience）、发现（discovery）、创作者经济（creator economy）、空间计算（spatial computing）、去中心化（decentralization）、人机互动（human-computer interaction）和基础设施（infrastructure），其中空间计算、去中心化、人机互动、基础设施强调高速无线通信网络、芯片、VR、AR、AI、云计算、边缘计算、区块链、虚拟引擎、GIS 等前沿技术对元宇宙的基础支撑作用。[①] 表明元宇宙是一个基于现实而又高于现实、虚实融合的虚拟数字平台。它不仅仅是一个人类可以进行精神交流的平台，也是一个用户以数字人身份扮演、与现实世界一样可以交友与交易的多样化空间。在元宇宙场景中，技术嵌入身体实现人机交融，身体对接到虚拟场景之中，表现出具身传播的特征。

学界观点较多，对元宇宙的特征分析也提出了相应的观点：朱嘉明认为，元宇宙是通过虚拟增强的物理现实呈现收敛性和物理持久性特征的、基于未来互联网的、具有连接感知和共享特征的 3D 虚拟空间[②]。薛静宜认为，元宇宙是以人工智能、扩展现实和区块链技术为核心，由共享基础设施、标准和协议打造的数字宇宙，是与现实物理世界相互平行且相互融通的虚拟世界[③]。向安玲等

---

①　朱嘉明."元宇宙"和"后人类社会"[EB/OL].（2021-11-13）.[2024-12-02]. https：//mp.weixin.qq.com/s/KgdT3TsWMYCNb9M0pOvfLQ.

②　同①.

③　薛静宜.元宇宙在广电行业的探索与应用 [J].广播电视网络，2021，28（10）：102-103.

将元宇宙的核心特性总结为三个方面，即时空延展性、人机融合性、经济增值性[①]；刘革平等将元宇宙的特征总结为虚拟与现实的深度融合、智能数字技术的集合、线上与线下一体化以及加深用户思维的表象化[②]。

美国元宇宙分析师马修·鲍尔认为，元宇宙应该具有永续性、实时性、无准入限制、经济功能、可连接性、可创造性6个特征。左鹏飞认为，元宇宙的基本特征包括沉浸式体验（低延迟和拟真感让用户具有身临其境的感官体验）、虚拟化分身（现实世界的用户将在数字世界拥有一个或多个ID）、开放式创造（用户通过终端进入数字世界，可利用海量资源展开创造活动）、强社交属性（现实社交关系链将在数字世界发生转移和重组）、稳定化系统（具有安全、稳定、有序的虚拟经济社会系统）[③]。陈刚和董浩宇则梳理并界定了元宇宙的五大特征与属性（START）：社会与空间属性，科技赋能的超越延伸，人、机与人工智能共创，真实感与现实映射性，交易与流通。

此外，有研究报告指出，元宇宙的基本构成要素包括用户身份及关系、沉浸感、实时性和全时性、多元化和经济体系等，元宇宙终极形态需要充分满足5个特点——虚拟身份（每个现实世界的人将有一个或多个元宇宙ID，并对其负责）、社交关系（各元宇宙ID之间将产生具有现实感的真人社交关系）、极致在场感（低延迟和沉浸感保证现实世界的人能有充足的在场感）、极致开放性（现实世界的人能在任何地点任何时间进入，进入后可享用海量内容）、完整的经济法律体系（整个元宇宙安全和稳定的保证，延续元宇宙衍生出的文明）。

图书馆是社会的重要有机组成部分，承担社会"记忆体"职能，因此，元宇宙也必将彻底改变图书馆的生存和服务生态，成为未来人类社会的革命性存在方式。

元宇宙是建立在高科技基础上的，这些高科技包括增强现实、虚拟现实、混合现实、扩展现实、用户交互（人机交互）、计算机视觉、人工智能、三维、

①　向安玲，高爽，彭影彤，等.知识重组与场景再构：面向数字资源管理的元宇宙［J］.图书情报知识，2022（1）：30-38.

②　刘革平，王星，高楠，等.从虚拟现实到元宇宙：在线教育的新方向［J］.现代远程教育研究，2021（6）：12-22.

③　左鹏飞.元宇宙的主要特征、发展态势及风险研判[J].社会科学辑刊，2023（1）：195-202.

云、大数据、区块链、数字孪生、边缘与云计算、5G/6G 等。而且，还有这些高科技对应的许多基础设施与设备，包括普及的互联网、高速光纤与移动通信设备、巨型服务器，以及方便的可穿戴设备等。所以，元宇宙离不开高科技的有力支持。

四、国内外元宇宙研究概况

（一）国外元宇宙研究现状

国外对元宇宙的研究始于 20 世纪 90 年代，主要集中在虚拟现实（virtual reality，VR）、增强现实（augmented reality，AR）和三维计算机图形学等领域。近年来，国外元宇宙研究热点主要集中在以下几个方面。

（1）技术发展：国外在元宇宙技术方面取得了显著的成果，如 Web3.0、区块链和人工智能等。这些技术为元宇宙的发展提供了强大的支持。

（2）应用场景：国外元宇宙在游戏、社交、教育、医疗等领域取得了广泛的应用。例如，游戏开发者通过元宇宙技术为玩家提供更加沉浸式的游戏体验；社交平台通过元宇宙技术为用户提供全新的社交方式；教育机构利用元宇宙技术开展线上教育等。

（3）商业模式：国外元宇宙商业模式不断创新，如虚拟商品交易、广告、付费会员等。这些商业模式为元宇宙的发展提供了持续的动力。

（二）我国元宇宙研究现状

我国对元宇宙的研究起步较晚，但发展迅速。近年来，我国元宇宙研究热点主要集中在以下几个方面。

（1）政策支持：我国政府高度重视元宇宙产业的发展，出台了一系列政策支持元宇宙产业的发展。

（2）技术发展：我国在元宇宙技术方面取得了一定的成果，如虚拟现实、增强现实和三维计算机图形学等。这些技术为元宇宙的发展提供了支持。

（3）应用场景：元宇宙在我国游戏、社交、教育、医疗等领域得到了广泛应用。例如，游戏开发商通过元宇宙技术为玩家提供更加沉浸式的游戏体验；社交平台通过元宇宙技术为用户提供全新的社交方式；教育机构利用元宇宙技术开展线上教育等。

总的来说，元宇宙是我国科技发展的重要方向，也是未来互联网发展的趋势。虚拟现实、人工智能、区块链等技术的发展将为元宇宙的应用提供技术支持，多元化、智能化、全球化的发展趋势将为元宇宙的商业模式和生态系统发展提供可能性。

第二节　元宇宙图书馆概述

图书馆是人类社会探索世界所获取的全部知识的存储、整理与利用的文献信息中心，整个社会是离不开图书馆的。元宇宙概念的提出，使得图书馆服务重心由现实空间服务转移到网络环境。同时，元宇宙图书馆的出现在一定程度上实现了传统图书馆在现实空间与虚拟空间的融通。它能够将图书馆物理空间、虚拟空间有效连接起来，利用数字孪生、人工智能、AR 以及区块链技术完全模拟出实体图书馆的各种形态，构建出比现实图书馆更加丰富的学习、办公、社交、娱乐等的虚拟场景，有效聚合各类数字学习资源，缩短知识生产、传播以及应用的时空距离，改变传统的线下单向服务关系，用户能够在现实与虚拟两类场景中自由选择交互对象和交流方式，形成一种开放、去中心化、多主体融合的新型服务组织形式。

第三节　元宇宙图书馆的定义

元宇宙图书馆是一个新兴的概念，是在元宇宙中建立的虚拟图书馆。与传统图书馆不同，元宇宙图书馆是一种基于互联网的虚拟图书馆，提供数字资源和服务，包括图书、期刊、音乐、视频、游戏等。在元宇宙图书馆中，读者可以通过虚拟现实或增强现实技术访问数字资源，也可以与其他读者互动交流，还可以通过虚拟现实技术体验到传统图书馆无法提供的服务。

一、元宇宙图书馆的定义

元宇宙图书馆是一种全新的图书馆形态，它利用虚拟现实、增强现实、区块链等技术，将现实世界和虚拟世界相互融合，为用户提供全新的阅读和学习体验。下面将从以下几个方面详细论述元宇宙图书馆的定义。

首先，元宇宙图书馆是一种数字化的图书馆，它利用互联网和数字技术，将传统图书馆的纸质图书、期刊、报纸、音视频等资源，转化为电子图书、电子期刊、电子报纸、电子音视频等多种形式的数字资源。用户可以通过电脑、平板电脑、手机等移动设备访问这些数字资源，进行阅读、学习、研究等。

其次，元宇宙图书馆是一种个性化的图书馆，它利用人工智能、大数据等技术，为用户提供个性化的推荐服务。用户可以通过个人信息、阅读习惯、兴趣爱好等内容，让系统自动推荐相关的图书、期刊、音视频等多种形式的数字资源。用户还可以通过评论、点赞等互动方式，对推荐内容进行反馈，让系统更加准确地了解用户的阅读需求。

再次，元宇宙图书馆是一种社交化的图书馆，它利用虚拟现实、增强现实等技术，为用户提供虚拟的社交空间。用户可以通过虚拟角色、虚拟场景、虚拟活动等方式，与其他用户进行互动、交流、合作等。这种社交化模式，不仅可以提高用户的阅读兴趣，还可以促进用户的交流和合作，为用户提供更加丰富、更加深入的学习和交流体验。

最后，元宇宙图书馆是一种可持续发展的图书馆，它利用区块链等技术，为用户提供安全和可靠的数字资源服务。用户可以通过区块链技术，实现数字资源的版权保护、使用授权、交易管理等功能，保障用户数字资源的合法权益。同时，元宇宙图书馆还可以通过区块链技术的去中心化、去中介化等特点，实现数字资源的共享、开放、协作，促进数字资源的可持续发展。

综上所述，元宇宙图书馆是一种全新的图书馆形态，它利用虚拟现实、增强现实、区块链等技术，为用户提供全新的阅读和学习体验。它不仅是一种数字化的、个性化的、社交化的、可持续发展的图书馆，还可以促进数字资源的共享、开放、协作，为用户提供更加丰富、更加深入的学习和交流体验。

二、元宇宙图书馆的分类

元宇宙图书馆是一种基于虚拟现实技术构建的数字图书馆，通过将现实世界中的图书馆数字化，并将数字化的图书馆与虚拟现实技术相结合，为用户提供一种全新的阅读和学习体验。

（一）按照服务对象分类

按照服务对象分类，元宇宙图书馆可以分为个人图书馆和机构图书馆两种类型。个人图书馆主要面向个人用户，用户可以通过虚拟现实技术访问图书馆的数字化资源，如电子图书、电子期刊、电子报纸等，并可以进行个性化定制并获得个性化阅读体验。机构图书馆则主要面向企业和组织，可以提供更加丰富的数字化资源和服务，如数字图书馆建设、数字资源整合、数字资源管理等。

（二）按照服务内容分类

按照服务内容分类，元宇宙图书馆可以分为综合图书馆、专业图书馆和主题图书馆三种类型。综合图书馆主要提供综合性的数字化资源和服务，如图书、期刊、报纸、音视频等，用户可以根据自己的兴趣和需求进行选择和阅读。专业图书馆则主要提供特定领域的数字化资源和服务，如医学、法律、工程等，用户可以更加精准地获取相关领域的知识和信息。主题图书馆则主要提供特定主题的数字化资源和服务，如历史、文化、艺术等，用户可以更加深入地了解特定主题的知识和信息。

（三）按照技术实现分类

按照技术实现分类，元宇宙图书馆可以分为基于 Web 的元宇宙图书馆和基于 VR 的元宇宙图书馆两种类型。基于 Web 的元宇宙图书馆主要通过虚拟现实技术实现 Web 页面和数字化资源的展示和交互，用户可以通过 Web 浏览器访问图书馆的数字化资源，如电子图书、期刊、报纸等，并可以进行个性化定制，获得个性化阅读体验。基于 VR 的元宇宙图书馆则主要通过虚拟现实技术实现虚拟现实场景和数字化资源的展示和交互，用户可以通过 VR 设备访问图书馆的数字化资源，如电子图书、期刊、报纸等，并可以获得沉浸式阅读体验。

元宇宙图书馆是一种基于虚拟现实技术构建的数字图书馆，可以根据不同的分类提供不同的数字化资源和服务，为用户提供更加丰富的阅读和学习资源。

三、元宇宙图书馆的研究历程和现状

（一）元宇宙图书馆的研究历程

元宇宙图书馆的研究历程可以追溯到 20 世纪 90 年代。当时，随着互联网的普及和数字化的加速，人们开始探索如何将图书馆的资源数字化，并将其转化为数字形式的文献。这一时期的代表人物是美国的 Jay Zaltman，他提出了数字图书馆的概念，并认为数字图书馆应该是一个开放、共享、可访问的资源库。

随着互联网技术的发展和普及，数字图书馆得到了广泛的应用和发展。21世纪初，随着元宇宙概念的提出，元宇宙图书馆开始受到人们的关注。早期的元宇宙图书馆主要关注于虚拟世界的建设、虚拟资源的组织和利用等方面。代表性的研究包括美国麻省理工学院的 Media Lab 提出的虚拟图书馆项目"The Metaverse Library"，该项目旨在应用虚拟现实技术构建一个虚拟图书馆，并提供虚拟资源的管理、检索和利用等功能。

近年来，随着区块链技术的发展和应用，元宇宙图书馆的研究开始关注于数字资产的管理和保护。区块链技术具有去中心化、安全性高、透明度高等特点，可以为数字资产提供一种安全可靠的管理方式。有代表性的研究包括美国加州大学伯克利分校的研究团队提出的基于区块链技术的元宇宙图书馆项目。该项目的目标是利用区块链技术建立一个去中心化的数字图书馆，提供安全、透明的数字资产管理和利用服务。

（二）元宇宙图书馆的研究现状

目前，元宇宙图书馆已经得到了广泛的应用。在虚拟世界的建设方面，许多企业和机构都在积极探索和建设元宇宙图书馆，如 Meta 的虚拟世界"Horizon Workrooms"、美国麻省理工学院的虚拟世界"Horizon Virtual Campus"等。在数字资源的组织和利用方面，许多数字图书馆和知识共享平台也在积极探索和应用元宇宙图书馆的概念和技术，如维基百科、Open Library 等。

在元宇宙图书馆中，读者可以通过 VR 设备体验沉浸式阅读，将阅读感受与原创知识内容构建出来，成为知识资源的内容创造者。元宇宙图书馆是智慧图书馆的重要组成，是图书馆智慧服务扩展到虚拟空间的新形态。

高校元宇宙图书馆是元宇宙图书馆的重要组成，从元宇宙图书馆的视域下来探讨高校元宇宙图书馆，高校元宇宙图书馆的内涵包含于元宇宙图书馆的内涵中，是高校图书馆领域的组成部分。从阅读体验来看，未来的高校元宇宙图书馆将利用数字孪生、大数据、区块链、人工智能等技术打破现实与虚拟边界，为所有需要虚拟空间图书馆服务的人群（主要是高校的专家、学者以及其他教师、学生），打破时空的界限，让他们可以随时随地获取个性化服务；任意遨游在书中构建的历史空间与古人对话；身临其境地参与图书馆虚拟空间开展的活动；利用虚拟身份参与阅读推广社群，抛开泄露个人信息的顾虑与朋友进行心灵交流，从而打造一种全方位、立体化、沉浸式阅读体验。从图书馆服务内容来看，高校元宇宙图书馆服务内容不仅包括面向高校师生的嵌入式科研辅助，针对学生的阅读推广、信息素养教育等的专业性知识服务，还包括在虚拟空间中的关于社会教育、幼儿阅读启蒙、促进全民阅读、增强文化自信、丰富大众业余文化生活等服务内容。从图书馆服务理念来看，高校元宇宙图书馆是以高校的学科发展为引领，以全校师生的科研需求为导向，为高校发展提供文献和信息保障。另外，高校元宇宙图书馆拥有独特的特色馆藏文献，且兼具珍贵性和历史性。为充分挖掘图书馆的特色馆藏，更好地馆藏特色资源，部分高校图书馆在元宇宙背景下，利用大数据和人工智能等高科技构建文献、读者的思想孪生镜像，并进行加工、整理、存储，以构建元宇宙图书馆的特色馆藏，从而提升高校图书馆的科研服务能力以及社会影响力，为高校图书馆发展提供有力保障。

在虚拟空间构建的元宇宙图书馆是智慧图书馆建设的重要技术背景。元宇宙图书馆的建设也为高校图书馆提供了创新服务的新思路。高校元宇宙图书馆的建设将先进的科学技术引入到阅读、参考咨询和教学中，充分体现"以读者为中心"的理念。

四、元宇宙图书馆的应用和场景

元宇宙图书馆作为一种全新的图书馆服务模式，在虚拟空间中为读者提供沉浸式体验并鼓励读者参与图书馆资源生产。元宇宙图书馆不仅能够强化用户体验，而且能够通过大数据和云计算的精准推送，满足用户的各种个性化信息需求。

智慧场馆服务。在元宇宙环境中，图书馆可以借助大数据、云计算、人工智能等技术，对包括图书馆业务、图书馆服务、场馆活动以及公共设施在内的各种需求做出智慧响应。同时，图书馆能够通过5G网络实现智能设施和虚拟空间的互联互通，实现图书馆虚实空间的智慧管理和自主服务目标。在元宇宙的技术支撑下，图书馆将变为一个智慧场馆，能通过捕捉用户行为向用户提供各种智能服务。

（1）智慧机器人服务。智慧机器人作为元宇宙时代的代表性成果，必然会在智慧图书馆建设过程中发挥更大的作用。在元宇宙环境下，由于人工智能技术的发展应用，各类虚拟和实体机器人将更多地出现在智慧图书馆的服务系统和服务场景之中，并借助稳定、高效、及时、精准的通信技术承担更多的服务使命，给予用户更极致的体验。

（2）云场景互动服务。基于元宇宙的空间融合特性，智慧图书馆实体空间和虚拟空间之间的隔阂将被彻底破除，用户可以自由出入。在此背景下，图书馆能同时在线上和线下举办讲座、会议、培训等活动，活动以云场景为依托，能借助区块链技术秘密保存或确权发布。用户甚至无须在场，便能通过智慧图书馆的云服务场景享受实时在场体验，以此获得沉浸式、具象化的内容服务，并借助实时互动自由交流和沟通，切实提高学习效率。

（3）区域联盟服务协同。在元宇宙的技术支持下，智慧图书馆的区域联盟和行业协同能力将大幅提升，主要包括远程资源共享、服务信息同步、互动直播、自助馆际互借、用户驱动出版等。基于元宇宙的多重技术特性，智慧图书馆不再是单一的服务机构，而是与跨区域场馆形成一体化服务场所。所有智慧图书馆既可以利用技术赋能实现线下资源的共建共享，也能通过线上虚拟空间的互联互通实现一体化服务目标，从而进一步提高图书馆的服务效能，实现信息、知识、文化服务模式的智慧升级。

总的来说，元宇宙图书馆作为一种全新的图书馆服务模式，在虚拟空间中为读者提供沉浸式体验并鼓励读者参与图书馆资源生产。智慧图书馆不仅能够强化用户体验，而且能够通过大数据和云计算的精准推送，满足用户的各种个性化信息需求。同时，元宇宙图书馆还能促进智慧图书馆空间融合，实现现实时空和虚拟时空的有效延伸和深度融合，从而产生智慧服务的新模式和新业态，为用户提供更具智慧的图书馆服务。

五、元宇宙图书馆的发展趋势

元宇宙图书馆是一个虚拟的数字图书馆，其发展受到多种因素的影响。以下是元宇宙图书馆的发展趋势。

（1）技术进步。元宇宙图书馆的发展离不开技术的支持。随着虚拟现实、增强现实、人工智能等技术的发展，元宇宙图书馆可以提供更丰富、更真实的虚拟体验。例如，虚拟现实技术可以让用户在元宇宙图书馆中身临其境地浏览书籍，而增强现实技术则可以让用户在虚拟图书馆中看到与书籍相关的实物信息。

（2）用户需求变化。用户的需求是推动元宇宙图书馆发展的主要动力。随着人们对于知识和信息的追求不断增加，元宇宙图书馆需要不断地改进和优化，以满足用户的需求。例如，元宇宙图书馆可以提供更多的主题分类、更丰富的搜索功能、更智能的推荐系统等，以提升用户的使用体验。

（3）市场竞争。随着元宇宙图书馆数量的增加，市场竞争也日益激烈。因此，元宇宙图书馆需要不断创新和提高自己的竞争力，以吸引更多的用户。例如，元宇宙图书馆可以与其他虚拟图书馆合作，共享资源，提高资源利用率；或者推出独特的主题和特色内容，吸引用户的注意力。

（4）法规政策。元宇宙图书馆的发展也需要遵守相关的法规政策。例如，数据保护、知识产权保护等方面的法规政策，都需要在元宇宙图书馆的发展中得到充分的考虑和遵守。此外，政府和社会的认可和支持也是元宇宙图书馆发展的重要因素。

元宇宙图书馆的发展是一个复杂的过程，需要多种因素的综合作用。只有不断创新、提高竞争力、遵守法规政策，才能推动元宇宙图书馆的发展，为用户提供更好的服务。

第四节 元宇宙图书馆的理论和方法

一、元宇宙图书馆的理论基础

元宇宙图书馆是一种虚拟图书馆，利用元宇宙技术为用户提供虚拟环境下的阅读和学习体验。元宇宙图书馆的理论基础主要包括以下几个方面。

（1）元宇宙技术。元宇宙技术是建设元宇宙图书馆的基础技术。元宇宙技术是一种虚拟现实技术，通过计算机模拟创造出虚拟世界，让用户能够在虚拟世界中进行各种活动。元宇宙图书馆利用元宇宙技术，为用户提供一个虚拟环境下的阅读和学习体验。

（2）虚拟现实技术。虚拟现实技术是元宇宙图书馆的重要组成部分。虚拟现实技术是一种模拟真实世界的技术，通过计算机模拟创造出虚拟世界，让用户能够身临其境地体验虚拟世界。在元宇宙图书馆中，用户可以通过虚拟现实技术，获得更加真实的学习和阅读体验。

（3）人工智能技术。人工智能技术是元宇宙图书馆的重要支撑。人工智能技术是一种模拟人类智能的技术，通过计算机模拟出人类智能，让计算机能够自主学习和决策。在元宇宙图书馆中，人工智能技术可以实现智能推荐，让用户获得更加个性化的阅读和学习体验。

（4）云计算技术。云计算技术是元宇宙图书馆的重要支撑。云计算技术是一种分布式计算技术，通过将计算资源分散到多个服务器上，让用户能够通过网络获得计算资源。在元宇宙图书馆中，云计算技术可以对用户数据进行存储和处理，让用户能够获得更加快速和稳定的阅读和学习体验。

（5）数字出版技术。数字出版技术是元宇宙图书馆的重要支撑。数字出版技术是一种数字化出版技术，通过计算机技术将出版内容数字化，让用户能够在数字设备上阅读和下载出版内容。在元宇宙图书馆中，数字出版技术可以提供给用户数字化出版物，让用户能够获得更加丰富的阅读和学习资源。

元宇宙图书馆的理论基础主要包括元宇宙技术、虚拟现实技术、人工智能技术、云计算技术和数字出版技术。这些技术相互配合，为用户提供了更加丰富和真实的阅读和学习体验。

二、元宇宙图书馆的方法论

元宇宙图书馆作为一种全新的知识传播与共享平台，旨在为用户提供更加丰富、多元的知识资源和服务。其方法论主要包括以下几个方面。

（1）用户中心设计。在元宇宙图书馆的设计中，用户体验是至关重要的。因此，我们需要从用户需求出发，设计出符合用户需求和习惯的界面和功能。例如，可以提供多种搜索和筛选方式，让用户可以根据自己的需求快速找到所需信息；可以提供个性化的推荐系统，根据用户的阅读历史和兴趣，推荐相关图书和文章；还可以提供交互式和社交化的功能，让用户可以与其他用户互动和分享知识。

（2）开放性。元宇宙图书馆需要具有开放性，才能吸引更多的用户和知识资源。因此，我们需要设计出开放的数据接口和平台，让其他应用程序和平台可以方便地访问和使用我们的数据和资源。同时，还需要开放社区和开发者平台，让用户和开发者可以共同建设和完善元宇宙图书馆。

（3）数据挖掘和分析。在元宇宙图书馆中，需要收集大量的知识和信息，以便为用户提供更好的服务。因此，需要设计出高效的数据挖掘和分析算法，以便从海量的数据中提取出有价值的信息和知识。例如，我们可以使用自然语言处理技术，对文本进行分类、聚类和关联分析，以便更好地理解用户的需求和兴趣；可以使用机器学习技术，对用户行为和偏好进行建模和预测，以便更好地推荐相关图书和文章。

（4）安全性。在元宇宙图书馆中，我们需要保障用户的数据安全和隐私。因此，需要设计出完善的安全机制和措施，以便保护用户的数据安全和隐私。例如，我们可以使用加密技术，对用户的数据进行加密和保护；使用访问控制技术，对用户进行身份认证和授权管理；使用数据备份和恢复技术，以便在发生数据丢失或损坏时，及时恢复数据。

元宇宙图书馆是一种新型的知识传播与共享平台，其方法论主要包括用户中心设计、开放性、数据挖掘和分析以及安全性。通过这些方法论，我们可以构建出一个更加智能、高效和安全的元宇宙图书馆，为用户提供更好的知识和信息服务。

第五节　元宇宙与高校智慧图书馆

在新一代信息技术的发展驱动下，数字化转型整体推动了社会和经济变革，助推数字中国、智慧社会的发展。自 2021 年元宇宙元年始，在图书馆领域，全国图书馆学界积极学习新技术，探索智慧图书馆的实践路径。"智慧图书馆"的内容首次在《中华人民共和国国民经济和社会发展第十四个五年规划和 2035 年远景目标规划纲要》中被提出，标志着我国未来智慧图书馆的建设具有划时代的意义。

元宇宙技术的创新为图书馆的发展带来了更多的可行机遇和空间挑战，图书馆研究人员较早地关注了元宇宙研究并紧跟其发展前沿，做了一些较早的理论研究和探讨。特别是在高校，在线教学和研讨教学逐渐成为一种常态。高校图书馆以多元数字化资源为基础，利用虚拟体验为核心的元宇宙技术，以大数据中心为核心，为师生打造一个平行时空，创设在线教学的逼真环境，提供图书馆虚拟服务的仿真体验。元宇宙时代的到来，为高校智慧图书馆的建设带来了机遇和挑战。一方面，元宇宙技术是高校智慧图书馆发展的催化剂，可以促进两者的融合发展；另一方面，元宇宙技术可以助推智慧图书馆的长远发展，构建"专家智慧库"的实现框架，将高校图书馆"资源+""服务+""平台+""空间+"四大要素融入智慧图书馆，为智慧图书馆提供了人机深度耦合的温床，为深层次的知识服务与跨时空的沉浸式阅读服务提供了无限可能，从而全面实现对传统图书馆的超越。

高校图书馆作为高等院校的信息服务机构，应紧密围绕学校的总体发展目标，遵循为学校教学和科研服务的宗旨，坚持以全校师生为中心，以现代技术和科学管理为手段，积极加强图书馆自动化、智能化、智慧化建设步伐，形成具有鲜明特色的文献资源体系和馆务服务体系，以高质量、高效率为学校的教学科研提供切实有效的文献信息保障，最大限度地满足广大师生需求。高校图书馆智慧化建设的技术力量要在明确目标和方向的基础上，做好自身的顶层设计，在研制方向上紧紧围绕服务对象的根本性任务目标，在图书馆的基础设施建设、文献资源建设、自动化建设、读者服务建设、馆员队伍建设等各方面着力，潜心研发、戮力开拓，研制出符合要求、适应发展、引领未来的实效技术和高品质产品，秉承破圈思维，破除界限，从高校图书馆管理全局出发，着眼于高校图书馆发展的系统性、整体性、协同性等本源性底层架构，打破管理中的信息孤岛，融通运转，提供经得起时间考验的安全、稳定、可靠、高效的一站式综合管理体系。

本章小结

元宇宙图书馆涵盖了图书馆发展过程的不同形态，包括图书馆发展的服务理念、研究方法和思想，并同时融入了虚拟现实、增强现实、区块链、人工智能、数字孪生等技术，是能够适用下一代互联网发展形态的新型图书馆服务模式，同时也符合高校师生读者对图书馆在线服务的美好憧憬。元宇宙图书馆虚拟构建的在线服务能够充分发挥读者的智慧与创造力共建图书馆资源，充分体现了以人为本的理念；在虚拟空间为读者提供一个与现实空间服务平行的沉浸式、个性化知识服务体验，内容丰富的数字资源，一对一指导，阅读推广与指引等。

第三章　高校智慧图书馆概论

智慧图书馆是一种基于现代科技手段的新型图书馆，它充分利用互联网、大数据、人工智能等技术，为读者提供更加智能化、个性化和高效便捷的图书馆服务。同时，智慧图书馆作为一种新兴的图书馆类型，其发展历程、核心技术、服务模式、用户体验等方面的内容，已经成为当前图书馆界和科技界关注的焦点。通过对这些方面的分析和研究，可以深入了解智慧图书馆的发展趋势，并为我国智慧图书馆的发展提供参考。

第一节　高校智慧图书馆的基本概念

一、高校智慧图书馆的由来

在 2003 年的人机交互移动设备国际研讨会上，来自芬兰奥卢大学图书馆的艾托拉教授发表了《智慧图书馆：基于位置感知的移动图书馆服务》的成果，指出"智慧图书馆"（smart library）是一个不受空间限制且可被感知的移动图书馆。

2008 年 11 月，IBM 公司提出了"智慧地球"概念，指出将物联网、移动互联网、传感器技术等应用到经济社会发展的方方面面，以促进经济增长、社会变革。紧随"智慧地球"之后的是引起全球广泛关注且至今仍方兴未艾的"智慧城市"的概念，"智慧城市"作为"智慧地球"具体可实施的建设内容，受到了全世界各地各级政府的普遍重视，尤其是在中国，"智慧城市"作为我国新时期城市建设转型升级的战略性任务，受到了全社会的广泛关注，近年来可谓建设热情高涨、建设力度超前。

"智慧图书馆"作为"智慧城市"建设的有机组成部分，代表着城市文化建设、知识传播和技术进步的新方向。国内就城市而言的"智慧图书馆"的概念，基本是循着"智慧地球→智慧城市→智慧图书馆"方向而来的，一定程度上可看作"智慧城市"建设的实际建设和应用项目。与此同时，针对高校的"智慧图书馆"的概念还与"智慧校园"紧密相关，与"智慧地球→智慧城市→智慧图书馆"的理念一脉相承。

智慧图书馆是一个综合性的服务体系，可以从多个维度对其意义进行解读。从图书馆服务的角度看，智慧图书馆就是图书馆、物联网、云计算和智能化设备等技术的结合，是一个具有智慧化管理、个性化服务、高效知识共享和读者需求智慧感知的自动化图书馆。从数字图书馆建设的角度看，智慧图书馆就是利用ICT（information communications technology，信息通信技术），实现图书馆知识资源的智慧化搜索、个性化定制和智慧化推送。数字化图书馆向智慧图书馆变革主要有四个标志性的区别，分别是智慧图书馆可实现数据价值的深度挖掘、知识的全面发现、定律的科学定义和决策的实时生成。从读者服务感知的角度看，智慧图书馆就是要实现读者阅读需求、图书馆服务环境、读者阅读收益和服务满意度等的智慧感知与预测。

目前国内大多数图书馆已经实现了从传统图书馆到数字图书馆的拓展。从传统图书馆到数字图书馆再到智慧图书馆，是图书馆行业发展的必由之路，也是图书馆建设内容和服务模式不断延伸的发展方向。

二、高校智慧图书馆概念

"智慧"一词在《现代汉语词典》（第7版）中被释为"辨析判断、发明创造的能力"，其主体在于人。在英文中，与"智慧"含义更接近的词是"intelligence"，其对于人意指"智力、智慧、才智、心智、聪明、悟性"，对于计算机则指"智能"。

图书馆是社会知识、信息、文化的记忆装置、扩散源头，它具有保存人类文化遗产、开发信息资源、参与社会教育等职能，是社会记忆的外存和选择传递机制，是把人脑中的记忆（就是知识），进行存储、传播和利用的专业机构。近些年来广泛开展的"真人图书馆"活动，就是对人与知识相结合而形成的知识价值的最大挖掘。

"智慧图书馆"这一概念最早于2003年由芬兰奥卢大学图书馆艾托拉等人提出，原文为"smart library"，表征不受空间限制及可感知的移动图书馆服务，以期方便读者获取所需文献资源。国内首译"Smart Library"为"智慧图书馆"者已不可考。自"智慧图书馆"这一概念提出后，关于智慧图书馆的研究日益深入，一跃成为中国图书、情报和档案学术界的十大学术热点之一，概念内涵也不断扩展，由最初指向服务拓展为面向未来的图书馆信息资源组织与加工、服务与管理等综合发展规律与准则的一系列颠覆式理念。美国阿拉斯加州图书馆协会副会长 Wheaton 将智慧图书馆比作城市的大脑，指出智慧图书馆应该像知识"经济人"一样为解决特定问题提供知识服务。俄罗斯西伯利亚联邦大学的 R.A. Baryshev 等人认为，智慧图书馆首先要构造智能环境，提供不受时间与空间限制的移动接口，并利用社交媒体促进知识创造与传播，革新数据分析与资源发现系统，使各种孤立资源实现互联互通以方便读者等。国内学者普遍认为，智慧图书馆比智能图书馆更高级，应同时具有"互联""高效""便利"三大特点，向读者提供发现式和感知化的按需服务等。目前我国关于智慧图书馆的研究主要集中于定义、内容、特点与功能等方面。但对于智慧图书馆建设的核心我们可以概括为馆藏建设、实体资源数字化、资源共享、构建以"知识元"为核心的信息传递模式及个性化专题特色资源建设等细节。

笔者认为，智慧图书馆的概念从本质上来说是"智慧"和"图书馆"的有机结合。从"智慧"本源来探究智慧图书馆的本质核心，智慧图书馆应该是以人的智慧为本，以智能技术为辅，以智慧化的知识管理和智能化的环境创设，来促进人的智慧的激发生成、记录保存、交流利用，并构建起图书馆融合显性资源和隐性知识的"专家智慧库"相互交融与激发创造的图书馆新业态。

三、高校智慧图书馆的基本特征

智慧图书馆是一种以数字化、网络化、智能化的信息科学为基本手段的，有着更加高效和便利特点的一种图书馆运行模式，它的最本真的追求就是用最绿色的方式和数字化的手段来实现阅读。智慧图书馆提供的是智慧服务，让知识服务的内涵得以升华，这对于人类的可持续发展有着极其重要的意义。

1. 资源整合性

智慧图书馆借助现代高新技术及信息管理平台，将馆藏图书馆资源进行全方位、立体化的整合，为读者提供交互式、一站式的信息服务。综合运用"互联网 +"实现 PC 端、手机端、大屏端的电子信息传播，实现电子图书、报刊阅读，网络信息发布，知识平台传播，将自助服务、无休服务、数字服务引到读者身边。同时，进行大数据综合分析指导荐读荐购，通过对流通数据、读者数据的综合分析，了解市场需求的读物、读者爱好、阅读时间、阅读空间等各项数据，为精准服务提供依据。

高校智慧图书馆通过将信息资源进行整合管理，使得读者可以在众多信息数据中找到需要的信息资源，并且借助智能信息技术对图书资源进行保护。馆藏资源的有效整合，可以有效降低图书馆管理者的工作难度，提高工作效率及管理质量，促进图书馆管理工作的有效化及规范化变革。

2. 智能化

智慧图书馆主要运用无线射频识别（RFID）技术、红外感应技术及全球定位技术等，不仅能帮助图书馆管理员分门别类管理图书，而且还能帮助读者便捷、迅速地找到需要的图书内容，明确需要的文献资料的具体位置。同时，借助智能定位技术，图书馆管理员可以对图书内容进行实时定位，确保对图书馆的文献资源及设备设施等进行保护，有效降低图书馆内文献资源失窃、设备物品损坏等问题出现的几率。而且，还可以针对图书馆内的文献资源实施个性化及针对性的导读，统计借阅率，提供有效的阅读导读服务。

3. 个性化、人性化

在传统图书馆的资源使用中，信息资源的服务存在众多局限性，智慧图书馆可以为读者提供大量丰富的图书资源，且运用智能化的管理体系，为读者提供个性化的阅读服务，给予读者自主互动的平台。智慧图书馆的个性化特点主要为信息定制服务、信息定向推送服务及信息推送服务等，用户在平台中输入相关的指令，后台系统可以根据服务指令推送专题信息，满足用户在内容及服务形式上的个性化需求。人性化的服务主要包含自助及人工两种形式，可以使用电脑及手机完成，用户不再受时间及空间的限制，为用户提供了灵活多样且定向的服务方式及手段。

4. "区块链"实现书籍全生命周期

通过区块链技术，实现书籍的追溯，全生命周期运营（见图2.1）。

大数据上链，方便溯源和分析

图书馆大数据在数据之间形成孤岛，区块链作为一种工具和载体，能够打破这些数据孤岛，高效利用数据。

区块链赋能图书采购、呈现环节

区块链去中心化、可追溯的特性为图书采购过程增加较为公开的规则。
规避无效采购，重塑图书公共性。

IP（知识产权）是文化艺术及知识成果权益的资产化，其体现了知识智力成果的核心价值。
区块链令IP可永久保存、不可篡改、永久可追溯。

区块链赋能图书馆内教育

区块链技术能够赋能图书馆内教育的各个环节，缓解以上痛点。

区块链赋能图书版权保护

图 2.1 "区块链"实现书籍全生命周期

第二节 智慧图书馆的发展历程

智慧图书馆是指利用先进的信息技术、物联网技术和人工智能技术，为读者提供高效、便捷、个性化的图书馆服务的新型图书馆。智慧图书馆的发展历程可以追溯到 20 世纪初期的美国，经历了以下几个阶段的发展。

一、第一阶段：20 世纪初期的智慧图书馆

智慧图书馆的起源可以追溯到 20 世纪初期的美国。当时，随着科技的进步和人们对知识的渴求，图书馆开始利用各种新技术来提高图书馆服务的效率和质量。例如，图书馆开始采用自动化技术［如图书馆自动化系统（library automation system）］来提高图书馆的效率和便捷性。

二、第二阶段：20 世纪中后期的智慧图书馆

20 世纪中后期，随着计算机技术的出现和发展，智慧图书馆开始采用计算机技术来提高图书馆服务的效率和质量。例如，图书馆开始采用计算机管理系统（library management system）来提高图书馆的自动化水平和服务效率。此外，图书馆还开始采用各种计算机技术来改善图书馆的服务质量，如图书馆参考咨询、图书馆读者服务、图书馆展览等。这些技术的应用，使得图书馆的服务更加高效、便捷，读者可以更快地获取所需的信息，提高了图书馆的使用率和满意度。

三、第三阶段：21 世纪初期的智慧图书馆

21 世纪初期，随着互联网的普及和人们对信息的需求增加，图书馆开始采用各种新技术来提高图书馆服务的效率和质量。例如，图书馆开始采用云计算技术，来提高图书馆的自动化水平和服务效率。此外，图书馆还开始采用各种物联网技术（如传感器技术、RFID 技术等）来改善图书馆的服务质量。

四、第四阶段：智慧图书馆的现状

目前，智慧图书馆已经成为图书馆发展的主流方向。在现代社会中，智慧图书馆不仅能够提供高效、便捷、个性化的服务，还可以为读者提供更加丰富、多样的图书馆服务，如数字图书馆、移动图书馆、虚拟图书馆等。此外，智慧图书馆还可以为图书管理员提供更加便捷、高效的工作方式，如图书馆自动化系统、图书馆管理软件等。

智慧图书馆的发展历程是一个不断演进的过程，每个阶段都有其特点和成就，为图书馆的发展做出了重要贡献。在未来的发展中，智慧图书馆将继续发展壮大，为读者提供更高效、便捷、个性化的图书馆服务，为馆员提供更加便捷、高效的工作方式，推动图书馆事业的发展。

第三节　高校智慧图书馆建设内容

一、新一代图书馆服务平台

新一代图书馆服务平台采用微服务理念，解决图书馆平台封闭、数据孤立、应用分散的问题，帮助图书馆高效自主地进行图书馆智慧化建设，实现图书馆用户统一管理、应用统一管理、终端统一管理。同时，此平台可以依托资源共建共享理念，为用户提供完善丰富的元数据服务。构建电子资源数据库、数据包、资源清单三层数据结构，同时覆盖资源学科、目录、核心收录、核心索引等相关信息，为图书馆资源建设、学科服务、科研服务提供有力的数据支撑及决策依据。其中包含资源展示与资源采购功能。

二、纸电一体化管理平台

纸电一体化管理平台，是基于面向服务的架构、多租户、云计算环境的图书馆管理集成系统。系统使用统一采编模块管理纸质资源、电子资源和数字资源；支持 MARC/Dublin Core 等更多元数据标准；提供标准的 API 确保开放性；具有强大的内置分析功能和流程管理功能。平台提供了资源管理的数据存储库——中央知识库，为智慧图书馆的运行提供数据资源的支持，涵盖各类馆藏数据、运行数据。同时，平台拥有独立的电子资源管理中心，支持纸电数一体化资源管理，包括传统纸质资源管理、电子资源管理、数字资源管理。从试用、采购、安装使用到管理再到维护评估，总体呈现一个专业而完整的电子资源生命周期管理。管理过程中支持资源保障分析，既可以统计各文献类型的数据总量，又可以按照不同学科或是不同的数据库商来分别统计，更好更高效地掌握本馆资源情况。

（1）智能资源采访，实现纸质图书、纸质期刊等一体化采购（见图 2.2、图 2.3）。主要包含预订管理、订购管理、接收及接收后处理、期刊模块、导入管理、供应商管理等。院系或分馆与总馆之间可协作采购，自由组配经费，经费可独有或共享，并且各馆经费的使用额度能得到有效控制。支持总签、分签，实现统采统编、分采分编、院系联合采编等，并提供催缺与退订、赠送与交换订购。包含经费管理、统计报表，支持 Z39.50 和数据中心获取元数据。同一个供应商多身份展现，包括书商、发行商、装订商、代理商、物流公司、出版社、进出口公司，提供中央知识库的供应商管理。

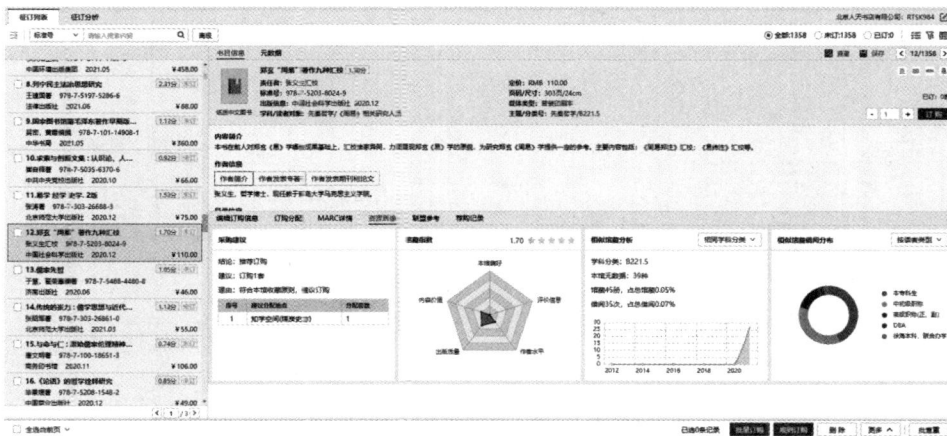

图 2.2　纸质资源采访图书征订功能界

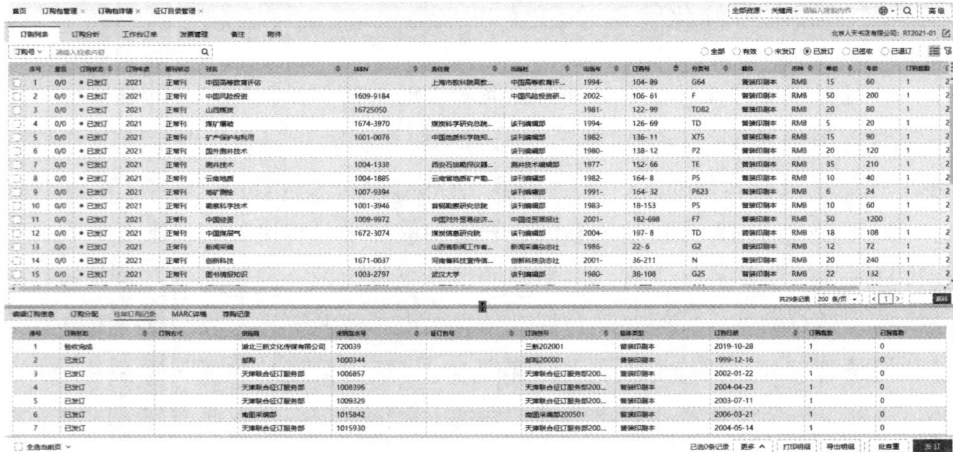

图 2.3 纸质资源采访期刊订购功能界

（2）资源编目支持多种国际国内编目标准——CNMARC、USMARC、DC、DCTERMS 及规范 MARC 的元数据支持（见图 2.4、图 2.5）。可进行回溯编目或验收编目，选择系统模板或可设置自定义模板，平台提供 MARC 编辑器和行列编辑器，UNICODE、UTF-8 字符集，实现多语种编目，USMARC 的 RDF 和 BIBFRAME 展现。元数据分屏编辑和帮助提示，可合并与拆分、简繁互换，自动生成相应字段。馆藏分屏界面，能够以套、册方式按新书分配规则进行分配。系统提供本地检索和联机检索（可单独本地检索或联机检索），支持多索引组检索。同时联机检索可通过 Z39.50 广播查询下载，包括国图、CALIS 等多数据来源检索。系统还支持批量编目，通过编目工作池加入个人工作区实现批量编目。

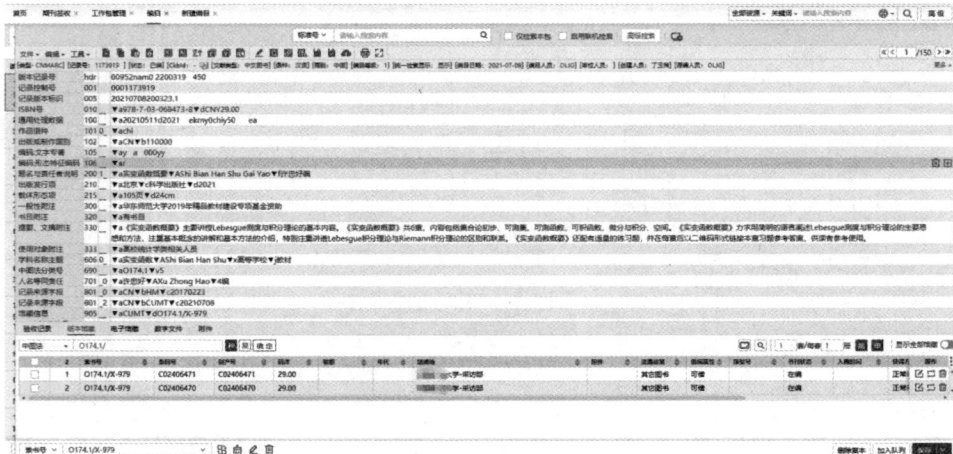

图 2.4 资源一体化编目功能界面

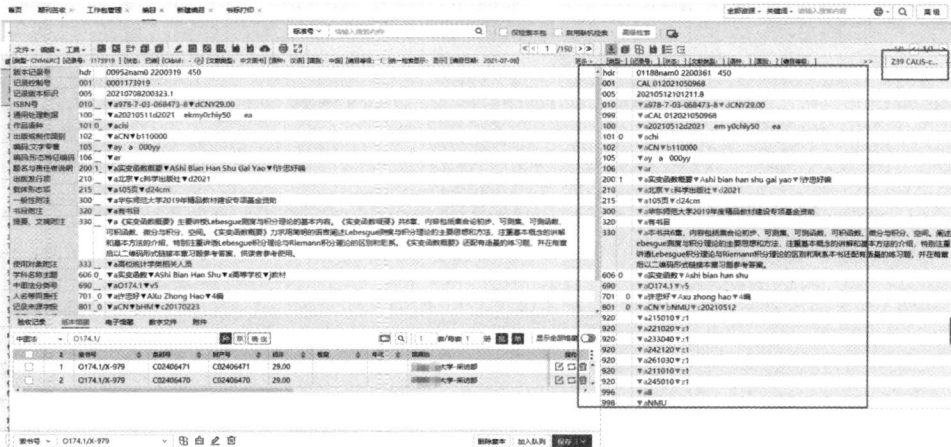

图 2.5　资源一体化打印功能界面

（3）资源典藏具备新书分配、清点、调拨、剔旧、报废、单册处理等功能（见图 2.6）。可按照规范方式和批量方式进行新书分配，若上架的新书有荐购记录，将会优先通知荐购者，保证荐购者第一时间知晓该书上架情况。馆藏清点提供二次清点，显示在馆异常和非本馆书目，清晰全面地展现馆藏情况。系统支持单本或批量调拨，能够变更财产归属，查看调拨日志。进行报废、丢失、送修、回验处理，可导出或打印馆藏调拨详情。还可将损坏的图书送修、回验，并支持赠送。通过一系列调配，使馆藏布局达到最优化。系统还能按种、册显示馆藏清单并进行统计，能够生成多种格式文件的报表。

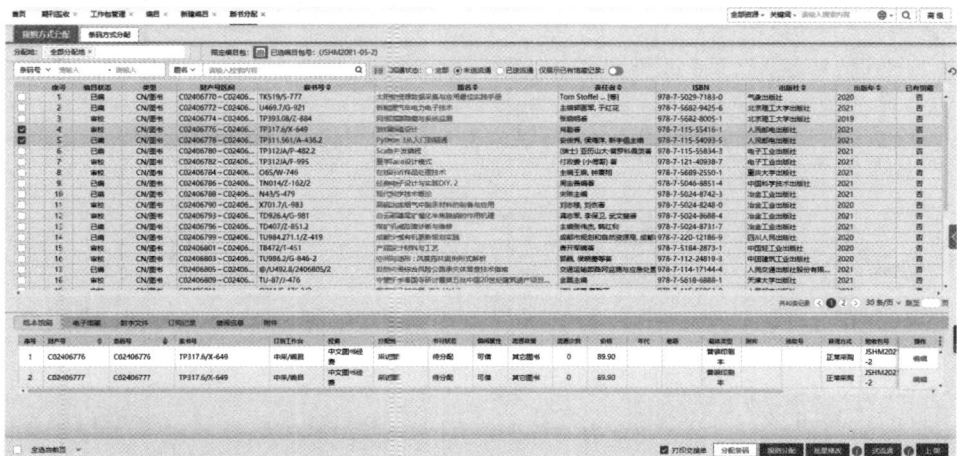

图 2.6　纸质资源典藏功能界面

（4）读者服务包含读者管理、流通借还、阅览管理、资源请求和积分管理等（见图2.7、图2.8）。能够批量新增、修改、注销读者，实现读者借阅辅助证管理，其中包括本馆借阅证、辅助卡。提供预约和委托借阅、文献传递服务，支持按种预约和委托借阅方式。提供统一的行为和费用管理，能处理超期、遗失等行为，可选择停借、罚款等组合处理方式。可按需灵活配置积分，调整积分，自由设置积分分值和每日上限等。支持一卡通、RFID或3M自助借还、人脸识别、短信服务的接入。

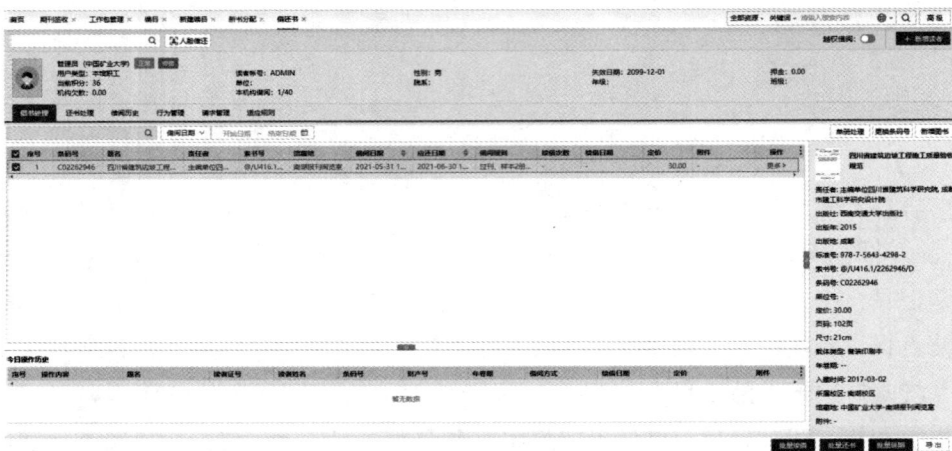

图2.7　读者服务流通功能界面

图2.8　读者管理功能界面

（5）统计报表（见图2.9、图2.10）。系统采用科学精密的算法，对纸质资源进行图书馆相关需求维度的数据统计与分析，包括资源统计、读者统计以及工作量统计。统计纸质资源馆藏、经费支出等；统计文献借阅率，根据借阅情况进而统计出各类图书的借阅排行，以及读者借阅统计。另外，平台提供读者自身信息统计，包括读者成分分析、增长量分析以及违规等行为统计。在总分馆体系下，针对借阅统计、读者办证、馆藏分布、馆藏分类等统计，可选择生成总馆、分馆对应的统计结果和报表。

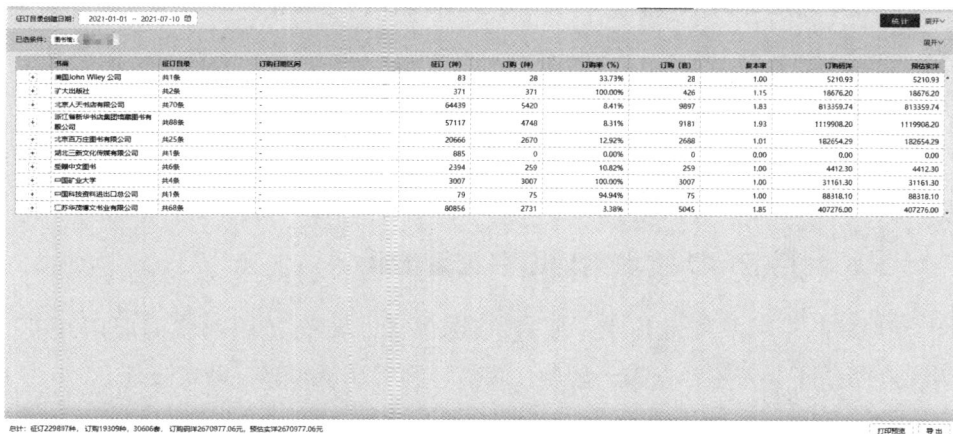

图2.9　统计分析供应商书单采购率分析界面

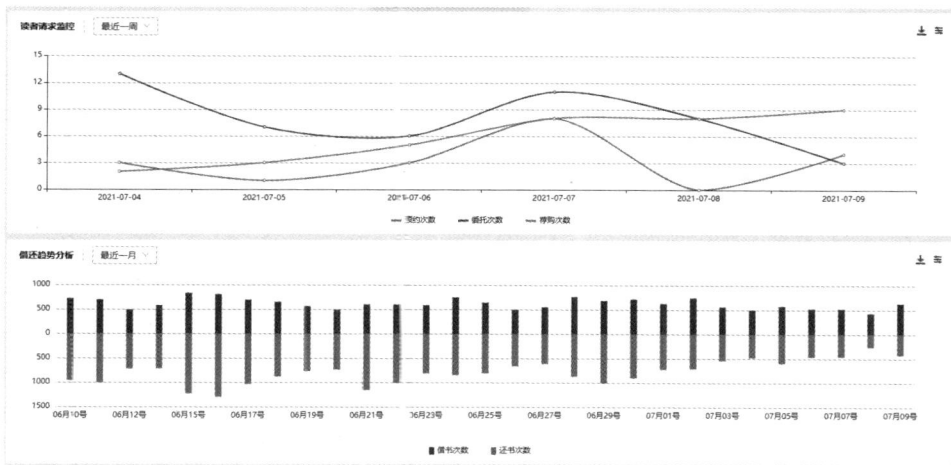

图2.10　统计分析文献借阅分析界面

（6）借阅统计分析。通过管理平台对高校图书馆的流通借阅数据进行统计和深层次的分析，将资源流通数据进行采集、管理后提供分析数据，从而了解读者的阅读需求与倾向，有效提高纸质图书借阅率，了解不同读者的阅读类型喜好，有针对性地进行馆藏资源建设，提高纸质图书借阅率，为读者提供更专业、更优化的服务。

（7）进行资源保障分析，包括图书保障分析和期刊保障分析。按照中图分类、教育部学科分类获悉本馆纸电图书数量及占比情况；支持与中央知识库的图书总目做比对得出差值，且支持查看异书单详情列表；支持按照图书被引量、出版年对图书清单列表进行升序、降序操作，方便馆员查看未保障图书情况。同时，按照年份，按照 wos、esi、jcr 以及教育部学科等分类，揭示相应学科刊种总量、馆藏已保障资源量、馆藏未保障资源量，查看相应学科的馆藏保障率。可以分析出未保障刊种所属资源库分布情况、提升全文刊种数量等，为图书馆提供采购资源库参考指标。

三、利用 RFID 技术实现图书馆智能化

RFID 是一种非接触技术，通过 RFID 技术，综合运用物联网应用开发，实现自助办证、借还、查询、盘点、续借、购书、预约等自助式服务。

RFID 系统采用非接触式自动识别技术，利用无线电波识别目标物上的标记，进行无线数据识别和获取相关信息的工作。RFID 流通系统设备一般包括电子标签、馆员工作站、图书自助借还系统、安全监测系统等。终端软件与图书馆管理系统服务中心的连接遵守图书馆业内相关协议和计算机网络协议。

RFID 电子标签同时具备身份识别和防盗的功能，提高了系统的资料处理能力，通过一个简单操作就可快速、准确地完成资料流通过程。图书馆 RFID 系统无接触式识别方式提高了识别效率。在高校智慧图书馆的应用中，RFID 图书馆智能管理系统以 RFID 技术为基础，将先进的 RFID 技术和图书管理系统有机结合起来，提高图书管理的效率、简化图书管理的流程、降低图书管理员的劳动强度，实现读者自助借阅、24 小时读者自助还书、快速馆藏资料清点、图书自动排顺倒架、安全防盗等功能。

RFID 馆员工作站是以 PC 机为基础，集成 RFID 读写装置、各种类型读者证卡识别装置、条形码识别装置等设备，对 RFID 标签进行识别和流通状态处理，辅以其他装置用于流通部门对粘贴有 RFID 标签及条形码的流通资料进行快速的借还操作，提高工作人员的工作效率。该设备能够通过扫描图书条码对 RFID 标签进行编写，并进行简单的加工。RFID 馆员工作站既能作为馆藏文献

流通工作站，也能用作标签编码站。该工作站除能同时检验多种馆藏文献之外，还能处理条形码和 RFID 标签的借书和还书，同时内置 Case Set 功能，可以防止成套物品在借阅期间部分被替换。具有对标签进行读取、编写和重复编写的功能，能独自完成标签自我转换工作。除此之外，RFID 馆员工作站还能与各种台式电脑、扫描仪和打印机联机。

RFID 自助借还系统设备是一种可对粘贴有 RFID 标签的流通资料进行扫描、识别和借还处理的设备系统，用于读者自助进行流通资料的借出操作，方便读者和工作人员对流通资料进行借出处理，配备触摸显示屏和简单的按键操作系统，提供简单易操作的人机交流界面、图形界面，可以通过 SIP2 协议与应用系统连接，快速准确地完成借阅，设备安全可靠，美观大方。

RFID 安全门系统设备是一种可对粘贴有 RFID 标签的流通资料进行扫描检测、安全识别的系统设备，用于流通部门对流通资料进行安全控制，以达到防盗和监控的目的。该设备系统通过对图书借阅状态进行判断来确定报警提示信息是否鸣响。设备安全可靠，坚固耐用，美观大方。该系统提供了多种不同风格的贴面，以适应图书馆的装修风格。系统符合 ADA 无障碍通行标准，提供三种安装方式（走线槽式、底座式和预埋式）来满足不同客户的需求。

四、自助借还系统

自助借还系统是目前智慧图书馆建设中应用最广泛的技术之一。其核心就是 RFID 技术、无线网络传输技术和软件工程技术。物联网技术将多种新型技术进行整合，成功应用到自助借还系统中。条形码识别和 RFID 是智慧图书馆自助借还系统中的基础类型。在早期的图书借还设备中，条形码识别为关键技术。它的造价低，抗干扰能力强，但操作步骤略多，效率不高，读者借阅的体验感不强。同时，条形码识别还有一定的局限性，主要表现为条形码如果粘贴不正就会给读者扫描造成不便，条形码磨损后也会给读者扫描带来困难，并且每次操作只能扫一个条形码，即一册图书。

而 RFID 分为高频和超高频.主要有方块型和磁条型两种，虽然其造价较高，抗干扰能力不强，会受到周边金属磁场的影响，但使用起来非常方便，可以实现多册图书同时操作，效率较高。二者虽各有利弊，但 RFID 技术具备较明显的高效和便捷的优势。随着技术的进步，相信 RFID 技术将不断克服自身的技术瓶颈，成为今后图书馆应用的趋势。特别是高校图书馆，其藏书量丰富，师生的借阅率也很高。几百万册的图书，年图书借还的流通量也可达数十万册次。在图书馆引进 RFID 技术后，读者只需自己把所要借还的图书放在借书槽内，通过书上磁条迅速识别图书信息，可一次性自助办理多册图书的借阅。这种技术需要流畅的物联网技术。RFID 技术不仅简化了操作流程，给读者提供了舒适、便利、人性化、高质量的服务，而且大大减轻了图书管理员的工作量，让其将更多的精力放在读者咨询和藏书管理方面，有效提升了图书馆的整体现代化水平和服务能力。因此，采用 RFID 技术的自助借还系统，打破了传统图书馆原有的服务模式，标志着传统图书馆向智慧图书馆的转变。

五、OPAC 检索系统

OPAC 检索系统，全称 Online Public Access Catalogue，在图书馆学被称作"联机公共目录查询系统"，是供读者查询图书馆馆藏的联机目录检索系统。它改变了过去利用卡片目录手工检索馆藏文献的状况，通过计算机网络对馆藏的信息资源进行检索，是现代图书馆检索信息资源的重要工具。在使用过程中，根据图书的特性，书目的查找也有着不同的方式，其中最普及的查找方式有：书名检索、作者检索、ISBN 检索、年份检索、出版社检索。还有一些不常用，但十分重要的检索方法：分类法检索、导出词检索、丛书检索、套书检索等。

传统的 OPAC 是专门针对图书馆馆藏书目进行检索的系统。书目是著录一批相关文献，并按一定次序编排而成的用以揭示和报道文献信息的工具。它揭示了文献的名称、作者、卷册、版本、出版年月及价格等，也涉及文献的内容、源流和收藏等信息。书目的特定结构决定了它的检索性能，在浩繁的文献中查检所需要的文献，利用书目是节时省力的捷径。

第一代 OPAC 系统产生于 20 世纪 70 年代，起源于美国的一些大学图书馆和公共图书馆，作为图书馆自动化集成系统的重要组成部分和图书馆与用户在网上交流的重要窗口，OPAC 直接体现了图书馆在网络环境下为读者提供服务的能力，其提供的服务与功能已成为衡量图书馆业务水平的重要指标。OPAC 功能最早可以追溯到 16 世纪前的目录，当时目录已被当作信息的来源，在 17 世纪初，目录主要是作为图书馆的财产清单。计算机用于书目检索始于 1954 年，由美国海军武器试验所在 IBM –701 型计算机上实现了以批处理方式提供检索服务。

1964 年，美国国家医学图书馆（NLM）开始用"医学文献分析与检索系统"（MEDLARS）磁带提供批式检索服务。这是世界上首次进行的大范围的、计算机化的回溯性检索。与手工检索相比，批式检索有其优点，但检索周期较长的缺点又阻碍了它的广泛应用。这样，联机检索取代批式检索似乎完全是顺理成章的事了。准确地讲，早在批式检索出现前两年，就有人讨论了联机检索，但直到20世纪60年代才出现了联机书目或文本检索系统。造成延误的原因主要在于当时缺乏先进的通信网络、计算机分时和远距离终端等技术。

20世纪70年代，机读目录代替卡片目录，其收录内容和检索途径与卡片目录基本相同，但检索点有限，包括著者、题名、分类号，与卡片目录不同的是，其利用终端进行联机检索，主要特点是采用菜单引导检索。由于功能简单，难以符合和满足读者情报检索的需要，因而其使用范围较窄，利用率不高。

第二代OPAC系统产生于20世纪80年代初，该类OPAC系统主要基于局域网。我国也是在这个时期开始开展国际联机检索的。这时的OPAC系统多采用命令语句检索，也有菜单引导检索。而且增加了关键词检索即后组式检索，更多地为用户显示数据库中的有关主题信息。此外，为用户提供更多的功能，如布尔逻辑检索、帮助功能等。

这一阶段的OPAC虽然增加了关键词检索和布尔逻辑检索，并通过设计功能较低而易用的接口，给用户提示，但由于用户的检索能力有限，因此检索失败的比例相当惊人。而且在检索能力、界面设计、应答时间、数据库规模以及各个书目记录的内容等方面，不同的OPAC系统差别很大。因此，第二代OPAC带给无经验用户的好处并不明显，促使了第三代OPAC系统的产生。

第三代OPAC系统产生于20世纪90年代初，该类OPAC主要是基于网络，并充分利用WEB接口与Z39.50协议及客户机/服务器模式，服务的对象从单一的馆内读者扩大到全球的网络用户，并能进行跨平台检索，因此，也有学者将第三代OPAC称为Web-Based OPAC，简称Webpac。第三代OPAC系统的用户界面更加友好，功能得到了加强和扩充，如检索声音图像、检索结果通过电子邮件传送、关联检索等。在检索内容上突破了书目数据的限制，引进连续出版物题录、文摘、专题数据库、全文数据库等。

六、智能书架系统

智能书架系统（见图2.11）是一套高性能在架图书实时管理系统，利用高频RFID技术实现在架图书识别，具有清点、查询定位、错架统计、快速检测、准确定位等功能，目前已有相当一部分高校开始建设智慧图书馆，并应用此系统快速简洁地管理图书。

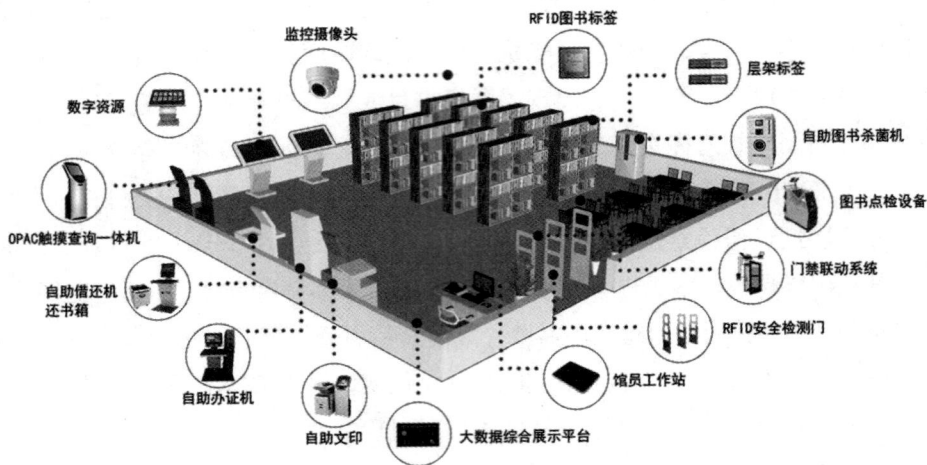

图 2.11 智能书架系统

智能书架系统是针对图书管理领域馆藏图书清点难、放错架图书查找难等问题研发的，其工作原理是在书架上安装 RFID 设备，利用该设备读取书架上每一本图书的 RFID 标签，不仅可以对馆内图书进行实时清点，还能够对馆内图书进行实时定位，既节省了读者查找图书的时间，又解放了馆员的生产力。具体使用流程是先在每个智能书架的侧面安装两个电子屏幕，这两个电子屏幕分别是供借书者使用的查询触摸屏和为还书者提供指路服务的感应屏。借书者借书时，只要在触摸屏上输入书名、作者或关键词等图书信息，系统就会显示该图书的在架情况，并提供准确详细的 3D 路线导向图，帮助借书者快速到达图书所在的书架；还书者还书时，只要查看每本图书侧面的标签信息，就可以知道该图书要放在第几排第几列，或者使用射频读写机器，当读者刷图书的电子标签时，该图书所属书架的侧面感应屏就会闪烁，从而帮助还书者快速找到所还图书的位置。

智能书架系统的使用，提升了读者自助借还图书的体验感，降低了图书错架率，减少了图书管理员的工作量，但存在成本高的问题，所以目前使用范围较小。

七、智能盘点系统

智能盘点系统是利用 RFID 书架、层标标签，标志图书的准确位置。读者可以通过物联网在任何地方查询每本图书的位置，得到精确的图书导航服务，方便阅读。在借阅一体化的今天，一些读者从书架上取下书后，随意上架，容易造成乱架。采用电子标签后，馆员只需手持盘点机，逐层扫描，就可以把放错位置的图书找出来，将其放到正确的位置。图书自动盘点子系统包括手持式和推车式盘点机，可以完成图书自动盘点、新书上架、图书剔除、架位层位变更、错架管理等工作，极大地降低了馆员的工作强度。同时，还可以利用其可批量读取多个标签的特点，对馆藏图书进行快速清点工作，提高了工作效率。将 RFID 技术嵌入图书自动输送系统，可以让馆员轻松、快速、准确地完成图书分拣工作。这意味着它可以极大地减少读者查找书籍的时间，降低馆员的工作强度，提高师生借阅图书的效率。

八、座位预约系统

座位预约系统是基于移动终端的图书馆共享学习空间座位管理微应用，是读者合理使用图书馆公共资源的重要工具之一。该应用由读者端、管理端的前端应用和后台管理系统两部分组成，读者可以通过此应用实现座位预约、个人历史记录信息查询（包括预约记录、违规记录等）、剩余座位查询、暂离、续约和取消预约等功能；管理员可以通过此应用实时查看当前馆内共享学习空间座位使用统计数据，有效进行座位监督管理；管理员也可以通过应用后台管理系统设置馆内区域座位信息、预约违约规则和查看使用统计、数据导出等。应用旨在满足读者在选座功能、选座规则和个性化服务等方面的需求，同时解决图书馆座位管理与读者使用的问题，提高图书馆空间使用率。

近年来，随着高校图书馆硬件设施的不断更新升级，高校图书馆安静、舒适的环境成为学生的重要学习场所，学生对学校图书馆的空间需求随之逐渐增强，图书馆占座现象时有发生并且愈演愈烈。高校图书馆里所谓占座，指将书本、水杯等私人物品放置到公共座位上，以此为标志作为优先使用该座位的行为。图书馆为了更好地配合学校的教学工作，完善读者服务，面临着多方压力，尤其是学生占座问题，成为困扰高校图书馆的难题。

在此背景下，利用座位预约管理系统，集成网页选座、移动 APP 选座、微信选座、现场选座预约、台选座以及二维码选座等多种交互方式，读者可以通过以上各终端实时查看图书馆座位资源的使用情况、空闲座位数量、座位资源分布等，读者可以根据座位的空闲情况及使用需求灵活选择并预约座位，座位预约成功之后系统自动以短信、微信、邮件等方式通知预约者（通知内容可定制，如预约人姓名、所预约座位的编号、预约的日期及时段等）；读者还可以在以上相应平台内查询预约记录、违约记录、处罚记录以及删除未生效的预约记录等；座位管理系统可以与图书馆门禁匣机联动，网上预约座位之后可通过匣机进行签到，以及通过闸机判断是否刷卡离馆，真正实现便捷与灵活。

第四节　智慧图书馆的核心技术

智慧图书馆是未来图书馆的发展方向。下面将介绍几个关键技术。

一、物联网技术

物联网技术是指通过互联网将物品与物品、人与物品相互连接，实现物品之间的信息交换和智能化控制。在智慧图书馆中，物联网技术可以实现图书馆内部各个设备和物品之间的连接和信息共享，提高图书馆的管理效率和服务质量。

1. 图书馆内部设备的连接和信息共享

在智慧图书馆中，每个设备和物品都可以通过物联网技术进行连接和信息共享。例如，图书馆的空调、照明、门禁等设备可以通过物联网技术实现远程控制和智能化管理，提高图书馆的管理效率。同时，图书馆内部的图书、期刊、数据库等物品也可以通过物联网技术实现信息共享和智能检索，提高图书馆的服务质量。

2. 图书馆与外部用户的连接和信息共享

智慧图书馆不仅可以与图书馆内部的各种设备和物品进行连接和信息共享，还可以与外部用户进行连接和信息共享。例如，图书馆可以与城市交通系统进行连接，通过智能化的图书馆导览系统为用户提供方便的出行服务。同时，图书馆还可以与社区、企业等外部用户进行信息共享和合作，为用户提供更加全面的服务。

3. 图书馆与用户的互动和智能化服务

物联网技术还可以实现图书馆与用户的互动和智能化服务。例如，图书馆可以通过物联网技术实现智能化的图书推荐系统，为用户提供个性化服务。同时，图书馆还可以通过物联网技术实现智能化的借还书服务，为用户提供更加便捷的服务。

综上所述，物联网技术在智慧图书馆中的应用可以实现图书馆内部各个设备和物品之间的连接和信息共享，提高图书馆的管理效率和服务质量。同时，物联网技术还可以实现图书馆与外部用户的连接和信息共享，以及图书馆与用户的互动和智能化服务，为用户提供更加全面的服务。

二、人工智能技术

智慧图书馆是一个利用人工智能技术实现高效、智能化服务的图书馆。人工智能技术在智慧图书馆中的应用，可以大大提高图书馆的服务效率和用户体验。人工智能技术在智慧图书馆中的应用从以下几个方面论述。

1. 智能搜索

智能搜索是人工智能技术在智慧图书馆中最广泛的应用之一。传统的图书馆搜索功能通常需要用户输入关键词并逐一查找，而智能搜索则可以通过自然语言处理技术，理解用户的搜索意图，并给出最相关的搜索结果。例如，用户可以询问智能搜索"关于人工智能技术的图书"，智能搜索就会给出相关的图书列表。

2. 个性化推荐

个性化推荐是人工智能技术在智慧图书馆中另一个重要的应用。通过对用户阅读历史、搜索记录、借阅记录等信息进行分析，智能搜索可以为用户推荐感兴趣的图书、文章、视频等内容。例如，如果用户借阅了关于人工智能技术的图书，智能搜索就会推荐其他相关图书。

3. 自动化管理

人工智能技术可以用于自动化管理图书馆。例如，智能搜索可以自动监控图书馆的图书借阅情况，并实时更新借阅记录。此外，智能搜索还可以自动检查图书的破损情况，并提醒管理员及时维修或更换。

4. 智能咨询

智能搜索可以用于提供智能咨询。例如，用户可以向智能搜索提问，如"什么是人工智能技术"，智能搜索会立即给出答案。智能搜索还可以提供其他类型的咨询，如推荐课程、解答疑问等。

5. 智能安全

智能搜索可以用于提高图书馆的安全性。例如，智能搜索可以监控图书馆内人员的活动，并实时发现异常情况。如果发现有人非法闯入或进行破坏行为，智能搜索会立即报警并通知管理员。

人工智能技术在智慧图书馆中的应用非常广泛，可以提高图书馆的服务效率和用户体验。在未来，随着人工智能技术的不断进步，智慧图书馆将会发挥越来越重要的作用。

三、大数据技术

智慧图书馆是指通过现代信息技术手段，将图书馆的各项资源进行整合、管理和利用，为读者提供更加便捷、高效、个性化的服务的新型图书馆。大数据技术能够有效地支持图书馆的智能化和服务升级。

大数据技术是指处理和分析海量数据的技术和方法，其特点包括数据的规模性、多样性和实时性。在图书馆领域，大数据技术可以应用于图书馆资源的采集、存储、管理和利用等方面。例如，图书馆可以通过采集读者的借阅记录、阅读习惯等信息，对读者的需求进行分析和预测，为读者提供更加个性化的服务。同时，图书馆还可以通过分析读者的借阅行为和阅读习惯，为读者推荐相关的图书和资源，提高图书馆资源的利用率。

大数据技术不仅可以支持图书馆的智能化服务，还可以支持图书馆的安全管理。图书馆可以通过人工智能技术，提供自动化、智能化服务，如自动借还书、智能推荐、智能问答等服务；同时，还可以通过大数据技术对图书馆的读者流量、借阅行为等进行监控和分析，及时发现和处理异常情况，保障图书馆的安全和管理，从而提高图书馆的服务效率和质量，提升读者的阅读体验。

大数据技术在智慧图书馆中的应用可以提高图书馆的服务效率和质量，提升读者的阅读体验，同时，也可以保障图书馆的安全管理。因此，大数据技术是智慧图书馆不可或缺的核心技术之一。

第五节 智慧图书馆的服务模式

一、传统图书馆服务模式

智慧图书馆是一种新型的图书馆，旨在通过现代科技手段提供更加便捷、高效、个性化的服务。传统图书馆服务模式主要依赖于馆员对文献的整理、管理及提供服务。虽然这种方式在历史上发挥了重要作用，但随着时代的变迁，它也暴露出许多问题。

（1）服务方式单一。传统图书馆的服务方式比较单一，主要依赖于馆员对文献的整理及提供服务。这种方式无法满足读者个性化需求，也不能实现信息的快速传递和共享。

（2）信息资源有限。传统图书馆的藏书资源有限，且更新速度较慢，无法满足读者不断增长的信息需求。

（3）服务效率低下。传统图书馆的服务效率低下，需要读者亲自到馆借阅，而且借阅流程复杂，时间较长。

（4）信息安全性问题。传统图书馆的藏书管理存在一定的安全风险，如火灾、盗窃等。

因此，智慧图书馆通过现代科技手段，如云计算、大数据、人工智能等，实现信息的快速传递和共享，提供更加便捷、高效、个性化的服务，因此，智慧图书馆服务模式应运而生。在智慧图书馆服务模式下，读者可以通过网络或移动设备随时随地获取所需信息，而且可以实现信息的快速传递和共享，提高信息资源的利用效率。此外，智慧图书馆还可以通过人工智能技术提供个性化服务，如智能推荐、智能问答等，提高服务质量。

传统图书馆的服务方式单一、信息资源有限、服务效率低下、信息安全性低等问题，都限制了图书馆的发展。而智慧图书馆通过现代科技手段，实现信息的快速传递和共享，提供更加便捷、高效、个性化的服务，为图书馆的发展提供了新的可能。传统图书馆服务模式在智慧图书馆服务模式出现后，逐渐被淘汰。

二、智慧图书馆的服务模式

智慧图书馆的服务模式是指在信息化、数字化的大背景下，图书馆利用现代技术、管理手段和人力资源，为读者提供更加高效、便捷、个性化的服务。智慧图书馆的服务模式主要有以下几个方面。

（1）数字化资源服务。随着互联网技术的发展，图书馆的数字化资源越来越丰富。智慧图书馆通过数字技术，如云计算、大数据、人工智能等，实现数字资源的收集、整理、管理和传播，为读者提供方便、快捷的数字资源服务。例如，图书馆可以利用光学字符识别（OCR）技术，将纸质文献转化为数字文献，实现纸质文献的数字化；利用 RFID 技术，实现图书馆藏的自动化管理，提高图书馆藏的利用率。

（2）个性化服务。智慧图书馆利用大数据、人工智能等技术，对读者的阅读行为、兴趣爱好等进行分析，为读者提供个性化的服务。例如，图书馆可以根据读者的阅读习惯，推荐相应的书籍；可以根据读者的兴趣爱好，推荐相关的学术会议、讲座等信息。此外，智慧图书馆还可以为读者提供线上咨询、预约借阅等服务，提高服务的便捷性。

（3）社会化服务。智慧图书馆的服务模式强调与社会各界的合作，通过与政府、企业、社区等合作，为读者提供更加丰富的服务。例如，图书馆可以与政府合作，提供政策咨询、信息检索等服务；可以与企业合作，提供培训、实习等服务；可以与社区合作，开展阅读推广、文化活动等。

（4）开放共享服务。智慧图书馆的服务模式强调开放共享，通过与国内外其他图书馆合作，实现图书馆资源的共享，为读者提供更多的服务。例如，图书馆可以与国内外其他图书馆实现文献资源共享，提高图书馆藏的利用率；可以与国内外其他图书馆实现信息资源共享，提高图书馆服务的便捷性。

（5）体验式服务。智慧图书馆强调体验式服务，通过创新服务方式，提高读者在图书馆的体验感。例如，图书馆可以设置主题阅览室、阅读角、创意空间等，为读者提供舒适的阅读环境；可以举办各类阅读活动，如读书会、讲座、展览等，丰富读者的阅读体验。

总之，智慧图书馆的服务模式在数字化、个性化、社会化、开放共享、体验式等方面，为读者提供了更加高效、便捷、个性化的服务。未来，智慧图书馆的服务模式将继续创新，以适应社会的发展需求。

第六节　智慧图书馆的用户体验

一、用户需求分析

智慧图书馆是一个新型的图书馆，旨在提供更加智能化、个性化的服务，满足用户的需求。在智慧图书馆中，用户的需求分析是非常重要的一环，因为只有了解用户的需求，才能更好地提供服务。

用户需求分析需要考虑多个方面。首先，需要了解用户的基本信息，包括年龄、性别、职业、学历等。这些信息可以帮助图书馆更好地了解用户的需求，比如针对年轻人提供更多的电子书、音乐、电影等娱乐资源，针对职业人士提供更多的专业书籍、研究报告等资源。

其次，需要了解用户的使用习惯和偏好。用户的需求是多样化的，因此需要了解用户喜欢阅读哪些类型的书籍，喜欢使用哪些阅读工具，喜欢在哪些时间段进入图书馆等。这些信息可以帮助图书馆更好地设计和调整服务，比如提供更多的电子书、推荐阅读工具、设置图书馆开放时间等。

此外，用户需求分析还需要考虑用户的需求变化和动态需求。用户的需求是不断变化的，需要不断地跟踪和更新。同时，用户的需求也是动态的，比如用户可能需要临时借用图书，需要咨询图书馆工作人员等。这些需求需要图书馆及时响应和解决。

在智慧图书馆中，用户需求分析是一个动态的、不断更新的过程。只有通过不断地了解和满足用户的需求，才能让图书馆成为用户信任和依赖的资源库。

二、用户体验设计

智慧图书馆的用户体验设计是图书馆现代化发展的重要环节，不仅能够提高用户对图书馆的满意度，也能够提升图书馆的知名度和吸引力。

（一）界面设计

界面设计是智慧图书馆用户体验设计中的重要组成部分，主要涉及图书馆网站、移动应用等用户界面。智慧图书馆的界面设计应当注重用户友好性和易用性，同时要考虑到不同用户群体的需求。

界面设计应当注重用户友好性。在设计图书馆网站和移动应用时，应当考虑用户的使用习惯和需求，使得界面设计符合用户的思维习惯，用户可以轻松地找到所需信息。此外，界面设计还应当注重美观性和可读性，使得用户可以快速地获取信息，提高用户体验。

界面设计还应当考虑到不同用户群体的需求。例如，对于视力障碍者，应当提供大字体、高对比度的界面设计，使得他们可以更轻松地阅读信息。对于老年人，应当提供简单易用的界面设计，让他们可以更轻松地使用图书馆资源。

（二）交互设计

交互设计是智慧图书馆用户体验设计中的另一个重要组成部分，主要涉及用户与图书馆系统的交互方式。智慧图书馆的交互设计应当注重用户体验和易用性，同时要考虑到不同用户群体的需求。

交互设计应当注重用户体验。在设计图书馆系统时，应当考虑用户的需求和使用习惯，使得用户可以轻松地完成所需操作，提高用户体验。在设计图书馆网站和移动应用时，应当提供清晰的操作提示和简洁的操作流程，使得用户可以快速地完成所需操作。

交互设计还应当考虑到不同用户群体的需求。对于视力障碍者，应当提供语音识别、屏幕阅读等功能，让他们可以更轻松地使用图书馆系统。对于老年人，应当提供简单易用的操作界面，让他们可以更轻松地使用图书馆系统。

（三）内容设计

内容设计主要涉及图书馆资源的内容设计。智慧图书馆的内容设计应当注重用户需求和易用性，同时要考虑到不同用户群体的需求。

（1）内容设计应当注重用户需求。在设计图书馆资源时，应当考虑用户的需求和兴趣，使得用户可以轻松地找到所需信息。在设计图书馆网站和移动应用时，应当提供丰富的内容分类和搜索功能，使得用户可以快速地找到所需信息。

（2）内容设计应当考虑到不同用户群体的需求。对于学术研究者，应当提供学术期刊、论文等资源，让他们可以更轻松地开展学术研究。对于小学生，应当提供儿童读物等资源，让他们可以更轻松地阅读和学习。

智慧图书馆的用户体验设计是一个复杂的系统工程，需要从界面设计、交互设计和内容设计三个方面进行综合考虑，以提高用户体验和易用性，从而提升图书馆的知名度和吸引力。

第七节 高校智慧图书馆建设意义

随着互联网技术在全球广泛应用，高校图书馆作为文献资源中心，承担着为学校的教学、科研提供文献资源保障的重任。虽经历了长期建设和发展，高校图书馆依然面临着资源孤岛、平台孤岛、应用孤岛和服务孤岛的困扰，馆藏资源利用率低、服务成本高与读者需求多元化、资源多样化、服务精细化和智慧化需求之间的矛盾十分突出，催生着新一代图书馆建设的到来。

同时，随着国内外智慧图书馆的不断酝酿试验，中国智慧图书馆的理论探讨和实践探索开始逐渐进入业界关注的视野并持续升温，人们从原先对智慧图书馆建设的疑虑、观望、等待开始转变为关注、学习、尝试，数字图书馆开始向智慧图书馆转型。《中华人民共和国国民经济和社会发展第十四个五年规划和2035年远景目标纲要》首次提出发展"智慧图书馆"，这是智慧图书馆首次进入国家五年发展规划，这对于中国智慧图书馆发展乃至整个中国图书馆事业的建设都具有重要的历史意义。

在国家政策和时代大环境的双重作用下，高校图书馆面临着由传统图书馆向智慧图书馆的转型。更有效、更深入地集成图书馆建筑设备、资源、读者、馆员、方法、规则等多种要素，结合智能化技术，建立用户与数据的联系，在微服务架构和开放平台的基础上，有效全面整合图书馆资源、应用、数据和服务场景，为读者提供按需、可感知、泛在、精细而快捷的智慧化服务管理，为学校"双一流""双高"建设和教学科研创新发展提供更加有力的文献信息保障，成为新时代图书馆共同追求的发展目标。

高校智慧图书馆建设的目标：以"读者为本，利用至上"为宗旨，以新一代图书馆平台为基础，以图书馆数据中心为核心，依托大数据、人工智能、云计算等现代信息技术，以开放化、积木式、可生长的微服务技术架构为支撑，实现图书馆用户、数据、应用和服务的高度一体化管理，打通传统图书馆与数字图书馆的隔离带，畅通图书馆与上下游行业之间的通道，打造轻型、个性、自主、共享的图书馆智慧服务应用市场，助力高校教学、科研工作。

建设高度融合统一、高度自主个性、高度精准智慧的新一代图书馆智慧化服务管理体系。服务学校大局，紧贴教学科研，全面提升服务一流大学建设文献资源保障能力。全面实现资源、空间、用户、数据与服务的高度融合，利用大数据分析准确把握学科资源与教学资源保障状况，切实改善资源采访、推送、查询、借阅服务精准化服务能力，全面提升服务一流大学建设文献资源保障能力。突破时空限制，创新服务内容，全面提升图书馆服务水平。

建立虚实结合、纸电一体的新一代图书馆平台，实现从纸质、数字分离向纸电一体融合发展的转变，通过对信息的收集、分析、处理和整合，实现现代化服务全面升级，为读者提供个性化和全方位的服务内容，树立图书馆的良好形象。挖掘数据价值，准确把握需求，全面提升服务效率与质量。

建设云计算、大数据平台，收集馆内业务管理及服务对象、运行数据等，打通业务的信息数据孤岛，对收集的数据进行智能分析及微应用开发，利用个性化、自主化、实时性的一系列智慧应用服务于广大读者，为读者提供智能化、个性化的微应用，以及更加多元、精准的服务，借助智慧推送等服务，使读者走进图书馆变为"走近"知识，增强图书馆对于读者的吸引力，更好地满足读者需要。夯实治理能力，赋能智慧管理，全面提升图书馆专业管理能力与水平。利用人工智能、大数据、云计算等先进技术，通过智能采选、自助借还、智能参考咨询、智能荐购、在线预约等智慧应用技术，构建线上线下统一、纸电资源统一、服务管理统一、数据驱动决策的一站式、一体化新一代服务管理体系，创新优化流程，全面提升图书馆工作人员智慧化专业管理水平，提高工作效率和质量。

因此，以图书馆资源流、数据流、业务流和服务流统一整合为手段，采用面向服务的体系框架，构建以全球知识库集成分散的本地资源库，以图书馆统一数据管理为核心的数据中心，重构并统一图书馆的资源、管理和服务的工作流程，依托大数据技术，采集、分析读者相应行为数据的大数据分析应用，挖掘用户偏好，推荐最契合用户需求的知识单元，兼顾用户差异性，开展有差别的、包容性的、针对性的精准应用服务，建设高度统一、灵活自主、适应需求的智慧图书馆体系，具有十分重要的理论价值和现实应用价值。

本章小结

信息化社会背景下，人们对于资源的需求大幅增长，智慧图书馆的建设将有效满足人们对于资源的需求。智慧图书馆的建设主要借助云计算、物联网等技术，实现不同文献组织及不同类别文献之间的应用集成，并打造跨部门资源共享、跨媒体融合的集群管理模式，依靠新技术实现服务创新管理。因此，应不断提高馆员的素质及能力，提高数字技术的运用能力，并打造资源共享平台。

第四章　元宇宙时代高校智慧图书馆基础设施建设

高校图书馆作为知识管理和学术交流的重要基地，其现代化、智能化建设已成为提高教育质量、保证教育公平的关键因素。元宇宙技术的应用，为高校智慧图书馆的基础设施建设提供了新的思路和要求，这不仅涉及传统的图书馆建设内容，还包括与元宇宙相关的技术融合和应用。为了适应元宇宙技术的应用，高校图书馆需要升级其信息基础设施，包括网络基础设施、计算能力、数据存储等。这不仅需要较大的资金投入，还需要高校图书馆在信息化建设方面进行相应的人才培养和技术积累。因此，高校智慧图书馆的基础设施建设需要与时俱进，紧跟元宇宙技术的发展，以实现更加智能化、个性化和安全化的服务目标。

第一节　智慧图书馆基础设施建设概述

在元宇宙时代，高校智慧图书馆基础设施建设尤为重要。高校智慧图书馆的基础设施是一个复杂的系统，它不仅包括传统的物理设施，还包括网络、信息技术、用户服务、安全以及可持续发展等多个方面的内容。在元宇宙时代，基础设施建设还需融入更多的虚拟技术和平台，以实现更高效、更便捷、更个性化的服务。

一、智慧图书馆基础设施的定义与分类

基础设施，通常被理解为支持特定社会经济活动或满足特定需求的物理或虚拟结构系统。在高校智慧图书馆的语境中，基础设施不仅仅是传统意义上的

建筑物和硬件设备，还包括一系列的软件、网络、数据管理系统以及其他技术要素，这些要素共同构成智慧图书馆的运行平台和服务支撑。本章讨论的组成智慧图书馆基础设施的关键要素主要包括以下几点。

（1）物理基础设施。这是智慧图书馆的基础，包括图书馆的实体空间、阅读区、书架、阅览室、自助借还机、阅读桌等。这些物理空间和设施为用户提供了实际的学习和研究环境。

（2）网络基础设施。高速稳定的网络是智慧图书馆的生命线。它不仅保证了图书馆内部的网络通信流畅，也是支持远程访问、云数据存储、大数据分析等数字服务的基础。

（3）信息技术基础设施。包括各种信息技术设备和软件，如个人计算机、服务器、数据库管理系统、数字资源平台等。这些技术设施是智慧图书馆提供信息服务的核心。

（4）用户服务基础设施。是指支持图书馆用户服务的各种系统和流程，如在线咨询、预约、借阅、归还、文献检索等服务系统。

（5）安全基础设施。包括数据安全保护、网络安全防护、信息安全管理等。这些设施确保了图书馆的数据和用户信息的安全性，是智慧图书馆可持续发展的重要保障。

（6）可持续发展基础设施。是指支持图书馆长远发展的可持续性基础设施，如可持续性规划、绿色能源利用、资源循环利用等。

在元宇宙时代，高校智慧图书馆的基础设施建设还需考虑虚拟空间的构建，如增强现实（AR）、虚拟现实（VR）空间的建设，以及与元宇宙平台的整合。这些虚拟空间不仅扩展了图书馆的服务范围，也为用户提供了全新的学习和研究体验。

二、智慧图书馆基础设施的建设目标

智慧图书馆基础设施建设是指构建一个具有智能化、开放性、可扩展性和可持续性的图书馆基础设施，以满足高校图书馆读者日益增长的需求。具体而言，智慧图书馆基础设施的建设目标可以包括以下几个方面。

（1）提高图书馆资源的利用率和获取效率。智慧图书馆基础设施的建设应该充分考虑图书馆资源的分布、存储和获取方式，提高图书馆资源的利用率和获取效率，以满足读者对图书馆资源的需求。

（2）实现图书馆服务的智能化。智慧图书馆基础设施的建设应该充分利用人工智能、大数据等技术，实现图书馆服务的智能化，为读者提供更加便捷、高效、个性化的图书馆服务。

（3）推动图书馆与其他学科领域的融合。智慧图书馆基础设施的建设应该充分考虑图书馆与其他学科领域的融合，推动图书馆在学科交叉、学科融合等方面的作用，为读者提供更加丰富的学科资源和交叉学科研究平台。

三、智慧图书馆基础设施的建设原则

智慧图书馆基础设施的建设原则应该遵循以下几个方面。

（1）科学性原则。智慧图书馆基础设施的建设应该充分考虑图书馆资源的特点、读者需求、学科发展等因素，以科学的方法和手段进行设计和建设，确保智慧图书馆基础设施的科学性和实用性。

（2）系统性原则。智慧图书馆基础设施的建设应该充分考虑图书馆各个组成部分之间的相互关系和作用，以系统的方式进行设计和建设，确保智慧图书馆基础设施的完整性和一致性。

（3）可持续性原则。智慧图书馆基础设施的建设应该充分考虑图书馆资源、能源、环境等方面的可持续性，以可持续的方式进行设计和建设，确保智慧图书馆基础设施的长期性和可持续性。

（4）开放性原则。智慧图书馆基础设施的建设应该充分考虑图书馆资源的开放性和共享性，以开放的方式进行设计和建设，确保智慧图书馆基础设施的共享性和开放性。

综上所述，智慧图书馆基础设施的建设目标与原则是实现高校图书馆智能化、开放性、可扩展性和可持续性的重要保障，需要从科学性、系统性、可持续性和开放性等方面进行设计和建设，以满足读者日益增长的需求。

四、高校智慧图书馆基础设施建设的必要性

在元宇宙时代背景下，高校智慧图书馆的建设不仅是对传统图书馆服务的数字化转型，更是对其基础设施的全面升级与创新。基础设施建设的必要性主要体现在以下几个方面。

首先，基础设施是智慧图书馆提供高效服务的前提。随着数字技术的飞速发展，用户对图书馆的信息获取、资源共享、个性化服务等方面的需求日

益增长。这就要求高校智慧图书馆必须具备高效、稳定、可扩展的基础设施，以保证数字资源的快速访问、数据的安全存储与处理，以及智能化服务的顺利运行。

其次，基础设施建设是实现资源整合与数据共享的基础。在元宇宙时代，高校图书馆不仅要处理传统的纸质图书资源，还要管理大量的数字化资源，如电子书、数据库、在线课程等。这些资源的整合与共享，需要强大的网络基础设施作为支撑，以实现资源的最大化利用和最大范围的共享。

再次，基础设施建设是智慧图书馆创新发展的动力。通过引入云计算、大数据、人工智能等先进技术，高校智慧图书馆可以实现更智能化的服务，如个性化推荐、自动化管理、虚拟现实阅读等。这些创新服务的实现，离不开先进的基础设施作为支撑。

此外，基础设施建设还关系到图书馆的可持续发展能力。在元宇宙时代，高校智慧图书馆需要考虑的不仅是当前的服务需求，还要考虑长远的发展潜力。这就要求基础设施建设要有前瞻性和可持续性，以适应未来技术的发展和服务需求的变化。

最后，基础设施建设还关系到图书馆的安全与稳定。随着数字资源的大量增多，数据安全成为智慧图书馆必须面对的重要问题。因此，基础设施建设需要包括安全防护措施，如网络安全、数据加密、系统安全等，以保障用户数据的安全与图书馆服务的稳定运行。

综上所述，基础设施建设是元宇宙时代高校智慧图书馆建设的重要基础，它的必要性不言而喻。只有建立起先进、高效、安全、可持续的基础设施，高校智慧图书馆才能在元宇宙时代发挥最大的服务能力和发展潜力。

第二节　元宇宙时代高校智慧图书馆基础设施建设的发展概况

对于高校而言，元宇宙不仅是一个创新的教育平台，更是提升教学质量、优化学习体验的重要工具。智慧图书馆作为高校知识服务的重要载体，其基础设施建设必须紧跟时代步伐，融入元宇宙元素，以满足师生日益增长的信息需求。当前高校智慧图书馆基础设施建设的发展情况总体上呈现出良好的态势，但也存在一些问题和挑战。

一、高校智慧图书馆基础设施建设的发展现状

当前高校智慧图书馆基础设施建设呈现出蓬勃发展的态势。随着科技的飞速发展和信息化社会的到来,智慧图书馆基础设施建设需要进一步加强,以满足高校图书馆发展的趋势。

如今,高校图书馆的馆藏资源管理、读者服务、行政管理等各项工作基本已经实现信息化。不同规模或类型的图书馆,或多或少都建设了以下这些类型的信息化设施:一是信息化基础设施,包括数据中心机房(服务器、存储器)、电子阅览室、门禁系统等;二是业务系统(网站),包括图书馆集成管理系统、图书馆门户网站、图书馆 OA 等;三是信息资源建设与服务系统,包括资源发现系统、馆际互借和文献传递系统、资源地图等;四是读者服务系统,如基于QQ 或微信的在线咨询、自助打印服务系统、自助存包柜系统等。

此外,云计算、物联网、人工智能等技术在更多的图书馆里得到应用和推广,智慧图书馆也逐渐从理论研究变成了现实。这些技术的应用不仅提高了图书馆的服务效率和质量,也为读者提供了更加便捷、个性化的阅读体验。

然而,高校智慧图书馆在发展过程中也面临一些挑战。一方面,随着数字化资源的不断增加,图书馆的数据存储与管理面临更高的要求。另一方面,数字化资源智能化利用程度还需要进一步提高,用户体验和服务完善度也存在改进空间。同时,智慧图书馆的安全保障系统也需要不断加强,以应对网络安全等风险。

总的来说,高校智慧图书馆基础设施建设在不断发展中取得了显著成果,但仍需面对一些挑战和问题。未来,随着技术的不断进步和应用,智慧图书馆将会进一步完善和优化,为高校的教学和科研提供更加优质、高效的服务。

二、当前高校智慧图书馆基础设施建设存在的问题和挑战

尽管当前高校智慧图书馆基础设施建设的发展情况总体上呈现出良好的态势,但也存在一些问题和挑战,主要有以下几个方面。

(1)资金不足。当前,许多高校的图书馆经费不足,无法满足图书馆现代化的建设和数字图书馆资源的建设。

(2)技术更新速度快。随着信息技术的不断发展,图书馆需要不断更新技术,以满足师生的需求。但是一些图书馆由于经费不足,无法及时更新技术,

导致图书馆的技术落后，影响了图书馆的服务水平。

（3）数字资源的版权问题。随着数字图书馆资源的普及，数字资源的版权问题也越来越突出。一些图书馆在数字化资源的使用过程中，可能会侵犯版权，给图书馆带来法律风险。

综上所述，在元宇宙时代背景下，当前高校智慧图书馆基础设施建设需要进一步加大资金投入，加快技术更新，加强数字资源的版权管理，以满足师生日益增长的信息需求。

同时，智慧图书馆在基础设施建设中仍然面临一些挑战，如技术更新换代快、资源整合难度大等。因此，高校图书馆需要进一步加强自身建设，提升服务水平，为师生提供更加优质的服务。

在现代化建设方面，高校图书馆正在逐步摒弃传统的纸质书籍，转而采用电子图书、电子期刊等数字资源。这不仅有助于降低图书馆的存储成本，而且可以方便师生随时随地查阅，提高信息获取效率。此外，通过引入人工智能、大数据等先进技术，高校图书馆可以实现对图书馆藏的智能管理，提高图书资源的利用率，从而为师生提供更优质的服务。

在数字图书馆资源拓展方面，高校图书馆正在利用互联网、云计算等技术手段，构建起庞大的数字图书馆体系。这不仅有助于提高图书馆的服务质量，而且可以满足师生日益增长的信息需求。此外，高校图书馆还通过与国内外优秀图书馆合作，共享数字资源，拓宽了师生获取文献资源的渠道，提高了信息素养。

在服务创新方面，高校图书馆正在尝试引入社交媒体、在线教育等新兴服务模式，以满足师生在信息获取、交流、分享等方面的需求。例如，高校图书馆可以通过微信、微博等社交媒体平台，发布新书推荐、活动预告等信息，提高师生对图书馆的关注度。此外，高校图书馆还可以利用在线教育平台，开展文献检索、信息素养等培训课程，提高师生的信息素养和检索能力。

此外，高校图书馆还注重与其他图书馆的合作与交流，共享资源，实现信息互补，提高服务质量。例如，高校图书馆可以通过联盟、资源共享等方式，与其他高校图书馆合作，实现图书资源、数字资源、人力资源的共享，提高图书馆的服务效率和质量。

总之，在当前元宇宙时代背景下，高校智慧图书馆基础设施建设呈现出良好的发展态势。高校图书馆正逐步实现现代化、数字化的转型，以满足师生日益增长的信息需求。此外，高校图书馆还注重与其他图书馆的合作与交流，实现信息互补，提高服务质量。未来，高校图书馆将继续优化基础设施建设，提升服务质量，为师生提供更优质的信息服务。

三、元宇宙时代高校智慧图书馆基础设施建设的重要体现

在元宇宙时代背景下，高校智慧图书馆基础设施建设的发展体现在以下几个方面。

第一，智慧图书馆基础设施的建设有助于推动借还书系统信息化等进程的加快，进而极大地提高了图书馆的服务信息化效率，并提升了用户体验。随着元宇宙时代的到来，高校图书馆需要不断更新和升级图书馆基础设施，以适应信息时代的发展需求。注重智慧图书馆的建设不仅可以提高图书馆的信息传播能力，还可以推动优秀高校教学、科研、图书馆管理等方面的信息化进程的合作，从而大大提高高校的整体竞争力和发展力。

第二，智慧图书馆基础设施的建设还有助于提高图书馆服务的质量和效率。传统文献图书馆的服务资源方式较为单一，用户需要到图书馆中的实体书架查阅资料并进行线下借阅。这种传统文献借阅方式不仅浪费时间，有时还可能因为书架摆放不规范而导致查找困难。而智慧图书馆可以通过互联网、移动设备等方式，实现图书馆资源的在线查找、下载和阅读，大大提高高校图书馆服务的质量和效率。

第三，智慧图书馆基础设施的建设有助于推动高校文化传承和创新。图书馆是高校重要的文化载体，它不仅承载着高校的历史和文化，还记录着当代高校师生的研究成果和思想。智慧图书馆基础设施的建设可以为师生提供更为便捷的文献资源查找服务，有助于推动高校文化资源的传承和创新。

此外，高校图书馆在基础设施建设方面的显著成果还主要体现在图书馆新建或改扩建了许多新的馆舍。馆舍面积不断扩大，馆内设施日益完善。这些新的馆舍不仅提供了宽敞舒适的阅读环境，还配备了先进的检索设备和舒适的休息空间，为师生提供了良好的学习和工作条件。高校图书馆还加强对馆内设施的维护和管理，确保了图书馆的正常运行和良好的使用环境。

四、元宇宙时代对高校智慧图书馆基础设施的新需求

在元宇宙时代的背景下，高校图书馆的基础设施建设面临着前所未有的挑战与机遇。元宇宙的概念提出了一个全新的虚拟空间，其中包含了增强现实

（AR）、虚拟现实（VR）、区块链以及去中心化等技术的融合，为人们提供了一个全新的社交、学习和创新的平台。因此，高校图书馆的基础设施建设需要与时俱进，以适应这些新兴技术的需求。

第一，元宇宙时代要求高校图书馆的基础设施能够支持高度个性化的学习体验。在这个虚拟空间中，学生可以根据个人的学习习惯和偏好定制个性化的学习路径，图书馆的基础设施需要能够支持这种个性化学习路径的创建和实施。这意味着图书馆需要具备强大的数据分析和处理能力，以收集和分析学生的学习数据，从而为学生提供个性化的学习资源和服务。

第二，元宇宙时代的高校图书馆需要具备高度的可扩展性和灵活性。随着元宇宙技术的发展，图书馆的基础设施也需要灵活适应新技术的集成和应用。这不仅要求图书馆的基础设施有足够的计算能力和存储空间，还要求有能力快速部署和测试新技术，以保持技术的先进性和竞争力。

第三，元宇宙时代的高校图书馆需要重视数据安全和隐私保护。随着大量个人数据和学习数据的产生，如何确保数据和学生隐私的安全成为高校图书馆基础设施建设的重要考虑因素。这要求高校图书馆的基础设施要能够支持强大的数据加密技术和隐私保护措施，以保障用户数据的安全。

第四，元宇宙时代的高校图书馆需要与其他教育机构和研究机构建立更加紧密的合作关系。在元宇宙的虚拟空间中，资源共享和知识共享将更加便捷，图书馆的基础设施需要能够支持这种跨机构的合作和资源共享。这要求图书馆的基础设施要具备良好的网络连接功能和数据交换协议，以实现资源的无缝对接和共享。

综上所述，元宇宙时代对高校图书馆基础设施提出了新的需求，包括个性化学习体验的支持、高度的可扩展性和灵活性、数据安全与隐私保护，以及跨机构合作的支持。高校图书馆需要与时俱进，不断更新和升级基础设施，以适应元宇宙时代的挑战和机遇。

第三节　高校智慧图书馆的基础设施建设需求分析

在元宇宙时代，高校智慧图书馆的基础设施建设不仅仅是对传统图书馆服务的数字化增强，而是需要构建一个全新的数字化、智能化、个性化的信息环境。在这一过程中，用户需求分析、功能需求分析和技术基础设施的建设是重要因素，它涉及的不仅仅是物理设施的更新，还包括软件、网络、数据处理等多个层面的综合要求。

一、用户需求分析

在当前的高校图书馆建设中，用户需求分析是设计和优化图书馆服务的基础和前提。通过深入了解用户的需求，图书馆可以提供更加符合用户期望的服务，进而提高图书馆的使用率和用户满意度。

第一，用户需求分析的核心在于识别和理解用户的信息需求和空间使用偏好。在高校图书馆的背景下，用户群体主要包括教师、科研人员、学生。不同类型的用户群体具有不同的信息需求和空间使用习惯，因此，进行用户需求分析时，需要分类别、分层次地进行。

对于教师和科研人员，他们通常需要的是与研究方向紧密相关的专业资料、学术论文和专业书籍。他们的空间需求可能更注重隐私性和功能性，例如需要安静的研究区域、安静的阅读区和私密的讨论空间。此外，他们可能需要的是高性能的计算机设备和专业的数据库检索系统，以便进行深入的学术研究。对于学生，他们的需求则更加多样化。他们需要的信息服务不仅包括对专业知识的学习，还包括各种学习辅导资源，如自习室、小组讨论区、学习共享空间等。他们对图书馆的空间需求可能更注重灵活性和舒适性，例如需要可调节的座椅、良好的照明、良好的网络连接等。

除了上述的空间和信息需求，用户还可能对图书馆的服务流程、开放时间、借还便利性等方面有特定的要求。例如，用户希望图书馆能够提供更多的自助服务、优化借还流程、延长服务时间等。

综上所述，用户需求分析是高校图书馆服务设计的关键环节。通过深入的用户需求分析，图书馆可以更准确地把握用户的实际需求，为用户提供更加贴合需求的空间布局和服务功能，从而实现图书馆服务的优化和提升。在分析过程中，可以采用问卷调查、用户访谈、使用数据分析等方法，全面了解用户的需求，并据此制定出具体的服务设计方案。

二、功能需求分析

功能需求分析是设计和实施智慧图书馆基础设施的关键步骤，它确保了系统的设计能够满足未来发展的需求，同时也保障了用户体验的优化和提升。智慧图书馆的功能需求分析应当包括以下几个关键领域。

1. 用户界面与体验（UL/UX）设计

用户界面设计应简洁直观，易于导航，确保用户可以快速找到所需资源。用户体验设计应强调个性化服务和交互，如推荐系统、个性化书单等，以提高用户满意度和使用频率。

2. 资源获取与管理

图书馆系统应支持丰富的资源类型，包括传统图书、电子图书、在线期刊、数据库等。资源的管理不仅限于存储与检索，还应包括版本控制、更新管理和版权管理等。

3. 信息检索与推荐

利用元宇宙技术，图书馆服务应提供更加智能化的检索与推荐服务。例如，通过大数据分析用户行为，为用户提供个性化的阅读建议和学术资料推荐。

4. 虚拟现实（VR）和增强现实（AR）应用

在元宇宙时代，图书馆可以利用 VR 和 AR 技术创建虚拟图书馆空间，提供沉浸式的学习和研究体验。这些虚拟空间可以用于教育展示、3D 建模、虚拟参考咨询等。

5. 信息素养与学习平台

图书馆应提供在线学习资源和工作坊，帮助用户提高信息素养，包括信息检索、批判性思维、引文管理等。

6. 开放科学与合作研究

图书馆系统应支持开放科学原则，鼓励用户进行开源项目的参与和合作研究，同时提供适当的工具和平台以支持这些活动。

7. 安全与隐私保护

在元宇宙环境下，用户的安全和隐私尤为重要。图书馆系统需要提供严格的数据保护措施，包括数据加密、访问控制和合规性检查。

8. 系统集成与互操作性

图书馆系统应能够与其他系统（如学校教学管理系统、研究平台等）进行集成，实现数据和服务的无缝对接。

9. 可扩展性与可维护性

图书馆基础设施建设应考虑将来的技术发展，确保系统具有良好的可扩展性和可维护性，以适应未来技术的更新和业务的扩展。

10. 可持续发展与可持续性评估

图书馆服务和基础设施的建设应考虑环境影响和经济效益，推动可持续发展的实践，并定期进行可持续性评估。

综上所述，元宇宙时代高校智慧图书馆的功能需求分析应全面考虑用户体验、资源获取与管理、信息检索与推荐、新技术应用、信息素养教育、开放科学支持、安全隐私保护、系统集成、可扩展性与可维护性以及可持续发展等方面。通过综合这些功能需求，可以为高校智慧图书馆的基础设施建设提供科学的规划和设计指导，确保其在元宇宙时代的健康发展。

三、技术需求分析

元宇宙不仅仅是一个虚拟的空间或平台，还是一种全新的数字生态系统，这个系统通过先进的技术（如云计算、物联网、大数据分析、人工智能等），实现了虚拟与现实的深度融合。在这样的背景下，高校智慧图书馆的基础设施建设需要一系列技术的支撑和应用。

（1）硬件设施的更新与升级。包括服务器的升级、存储设备的扩容、网络设备的优化等，以保证图书馆系统的数据处理能力、存储容量和网络带宽能够满足大量用户同时在线的需求。此外，智能化的硬件设备（如自助借还机、智能书架、RFID 阅读器等）也是构建智慧图书馆不可或缺的基础元素。

（2）软件系统的构建。这涉及图书馆管理系统（ILS）、数字资源管理系统（DMS）、用户服务系统等的升级与优化。这些系统不仅需要满足日常的图书管理、借阅服务、信息查询等基础功能，还应该能够支持个性化的信息服务、推荐系统、虚拟现实（VR）/增强现实（AR）阅读等元宇宙相关的功能。

（3）数据管理与分析能力的提升。数据管理基础设施的建设涵盖了信息通信基础设施、信息平台以及公共空间的智能化等多个方面。信息通信基础设施的建设包括高速的网络连接、稳定的网络服务和可靠的数据传输，确保了大量数据的高效传输和处理，为图书馆内部的信息流通与外部的信息交互提供了基础保障。信息平台需要具备强大的数据处理能力、高效的资源管理机制和灵活的信息发布系统，以实现对大量异构数据的整合管理和智能化服务的提供。公共空间的智能化建设则是提升用户体验的重要环节，通过智能化的阅读环境、自助服务设备和个性化的信息服务，为用户提供便捷、舒适的阅读与学习空间。数据管理与分析要求图书馆能够有效地管理和分析大量的用户数据、阅读数据、资源利用数据等。通过大数据分析技术，图书馆可以深入了解用户的阅读习惯和需求，进而优化资源配置、提升服务质量。

（4）人工智能技术的应用。通过机器学习、自然语言处理等技术，图书馆可以提供智能问答、个性化推荐、自动分类和索引等服务，极大地提升用户的使用体验和图书馆的工作效率。

（5）安全与隐私保护。随着数据的大量收集和分析，如何保障用户数据的安全、防止数据泄露成为图书馆必须面对的挑战。因此，高校智慧图书馆的基础设施建设还需要包括网络安全设施的建设、数据加密技术的应用等。

综上所述，元宇宙时代高校智慧图书馆的基础设施建设是一个系统工程，它不仅包括硬件设施的更新、软件系统的优化，还需要包括数据管理、分析处理、人工智能应用以及安全防护等多个方面的技术支持。通过这些技术的综合应用，高校智慧图书馆能够更好地适应和引领元宇宙时代的发展需求。

第四节　元宇宙时代高校智慧图书馆基础设施建设策略

随着科技的不断进步和信息时代的到来，元宇宙时代的到来已经成为不争的事实。高校智慧图书馆作为高校教学和科研的重要支撑，必须跟上时代的步伐，积极适应元宇宙时代的到来，推动智慧图书馆基础设施建设的发展。

一、智慧图书馆基础设施建设的发展策略

（一）加强技术研发

智慧图书馆基础设施的建设离不开技术的支持。在元宇宙时代，人工智能、大数据、云计算等技术的应用将更加广泛，高校智慧图书馆必须加强技术研发，提高图书馆的服务水平。具体而言，可以从以下几个方面入手。

（1）加强图书馆自动化系统的研发，提高图书馆管理效率和服务质量。随着科技的不断进步和信息时代的到来，图书馆自动化系统的研发已成为提高图

书馆管理效率和服务质量的关键。图书馆自动化系统可以有效地整合图书馆的资源，实现图书馆管理工作的自动化、数字化和网络化，从而提高图书馆的工作效率和服务质量。加强图书馆自动化系统的研发，首先是技术研发。图书馆自动化系统的研发需要不断引进和掌握最新的技术，如云计算、大数据、人工智能等，以提高图书馆自动化系统的智能化和自动化水平。其次是系统设计。图书馆自动化系统的研发需要注重系统设计，确保系统的稳定性和可靠性，同时要考虑系统的易用性和可扩展性，以满足图书馆不断变化的需求。最后是用户体验。图书馆自动化系统的研发需要注重用户体验，确保用户在使用过程中感受到方便、快捷和舒适。

提高图书馆管理效率和服务质量，具体表现在以下几个方面。

第一，资源整合。图书馆自动化系统可以将图书馆的各类资源进行整合，实现图书馆资源的最大化利用，提高图书馆的管理效率。

第二，工作效率。图书馆自动化系统可以实现图书馆工作的自动化，如自动借还书、自动盘点、自动排架等，从而提高图书馆的工作效率。

第三，服务质量。图书馆自动化系统可以提高图书馆的服务质量，如自动推荐、智能问答、在线咨询等，从而提高图书馆的服务质量。

第四，用户满意度。图书馆自动化系统可以提高用户满意度，如方便的借还书、快捷的查询、个性化的推荐等，从而提高图书馆的用户满意度。

总之，图书馆自动化系统的研发是提高图书馆管理效率和服务质量的关键。只有加强图书馆自动化系统的研发，才能实现图书馆资源的最大化利用，提高图书馆的工作效率和服务质量。同时，还需要注重用户体验，确保用户在使用过程中感受到方便、快捷和舒适。

（2）推进图书馆智能化建设，利用人工智能、机器学习等技术实现图书馆资源的智能推荐和服务。在元宇宙时代，高校智慧图书馆基础设施建设愈发显得重要。图书馆作为高校的核心信息资源库，其智能化建设对于提高图书馆服务质量、满足师生多元化需求具有重大意义。

首先，图书馆智能化建设是适应元宇宙时代发展趋势的必然选择。随着科技的飞速发展，人工智能、大数据、云计算等新兴技术逐渐渗透到各个领域。图书馆智能化建设将有助于提高图书馆资源利用率，降低管理成本，为师生提供更加便捷、个性化的服务。

其次，人工智能、机器学习等技术在图书馆智能化建设中发挥着重要作用。通过这些技术，图书馆可以实现对海量文献的智能分类、检索和推荐，提高检索效率，降低检索难度。此外，人工智能还可以对图书馆用户行为进行分析，为用户提供更加精准、个性化的服务。

然而，图书馆智能化建设并非一蹴而就的过程。一是需要对图书馆现有资源进行全面梳理，了解图书馆的资源结构、使用情况等，为智能化建设提供数据支持。二是要制定合理的智能化建设方案，明确建设目标、技术路线、实施步骤等，确保智能化建设能够有序、高效地进行。此外，还需加强图书馆智能化建设的宣传和推广，提高师生对智能化服务的认知度和接受度。

在推进图书馆智能化建设过程中，还需要关注数据安全和隐私保护问题。人工智能、机器学习等技术在提高图书馆智能化水平的同时，也可能带来数据泄露、隐私侵犯等风险。因此，图书馆智能化建设应充分考虑数据安全和隐私保护问题，采取有效措施确保师生个人信息安全。

综上所述，高校智慧图书馆基础设施建设是元宇宙时代发展的必然趋势。利用人工智能、机器学习等技术实现图书馆资源的智能推荐和服务，有助于提高图书馆服务质量，满足师生多元化需求。在推进图书馆智能化建设过程中，需要关注资源梳理、方案制定、数据安全和隐私保护等问题，确保智能化建设能够有序、高效地进行。

（3）积极研究云计算、大数据等技术在图书馆领域的应用，提高图书馆数据的处理和分析能力。云计算是一种基于互联网的计算模式，通过提供可扩展的计算资源和服务，帮助用户快速地部署、管理和维护应用程序。云计算技术在图书馆领域的应用主要包括数据存储、数据处理和数据安全等方面。首先，云计算可以有效地存储大量图书馆数据，如文献、图片、音频、视频等，提高数据存储的效率和可靠性。其次，云计算提供了强大的数据处理能力，如分布式计算、并行计算等，有助于图书馆对数据进行快速处理和分析。最后，云计算的安全性得到了广泛认可，如数据加密、访问控制等，有助于保障图书馆数据的安全。

大数据是指在互联网环境下产生的、结构化和非结构化数据的总和。在图书馆领域，大数据技术可以用于数据挖掘、知识图谱构建和智能推荐等方面。首先，大数据技术可以帮助图书馆挖掘潜在用户需求，如阅读习惯、兴趣偏好等，为用户提供更精准的服务。其次，大数据技术可以用于构建知识图谱，将图书馆内的知识资源进行整合、关联和可视化，提高用户对知识的理解和应用。最后，大数据技术可以实现智能推荐，如根据用户阅读历史和兴趣偏好，推荐相关的文献、书籍、课程等，提高用户阅读体验和满意度。

提高图书馆数据的处理和分析能力，需要关注以下几个方面。首先，加强图书馆数据标准化工作，确保数据的一致性和准确性。其次，提高图书馆数据处理和分析能力，如采用机器学习、深度学习等先进技术，提高数据处理和分析的效率和准确性。再次，建立图书馆数据安全体系，确保图书馆数据的安全和可靠性。最后，加强图书馆数据管理人员的培训和考核，提高数据管理人员的专业素养和服务水平。

总之，云计算和大数据技术在高校智慧图书馆基础设施建设中具有重要意义。通过运用云计算和大数据技术，可以提高图书馆的数据处理和分析能力，为用户提供更优质的服务。然而，在实际应用过程中，还需要关注数据标准化、数据处理和分析能力、数据安全和数据管理等方面，以确保图书馆数据的有效利用和保护。

（二）优化资源配置

随着元宇宙时代的到来，高校智慧图书馆基础设施建设成为一个重要的研究课题。在这个背景下，我们需要对图书馆资源的数字化和网络化、采购和配置，以及与其他机构的合作等方面进行深入探讨，以期提高图书馆资源的利用率和传播范围，优化图书馆资源的质量和覆盖面，提高图书馆服务的广度和深度。

首先，我们需要加强图书馆资源的数字化和网络化。随着数字化技术的不断发展，图书馆资源的数字化和网络化已经成为一种趋势。通过对图书馆资源进行数字化处理，我们可以将图书馆的纸质图书、期刊、报纸等转化为电子版本，方便读者在线阅读和检索。同时，通过网络化技术，我们可以实现图书馆资源的远程访问和共享，使读者无论身在何处，都能方便地获取到所需的文献资料。此外，数字化和网络化还可以提高图书馆资源的利用率和传播范围，让更多的人能够接触到图书馆资源，从而更好地满足人们的学习和科研需求。

其次，我们需要优化图书馆资源的采购和配置。图书馆资源的采购和配置直接关系到图书馆的服务质量和水平。因此，我们需要根据图书馆的需求和读者的使用情况，进行合理的采购和配置。一方面，我们需要采购一些具有较高学术价值和实用性的文献资料，以满足读者在学习和科研过程中对文献资料的需求。另一方面，我们还需要对图书馆的文献资料进行合理的配置，使其能够更好地满足读者的需求。例如，我们可以将一些文献资料放置在阅览室，供读者阅读；将一些文献资料录入在数据库中，供读者在线阅读和检索。

最后，我们需要加强图书馆与其他机构的合作，共享资源和信息。与其他机构的合作，可以共享资源和信息，拓展图书馆服务的广度和深度。例如，我们可以与其他高校、科研机构、企业等建立合作关系，共享图书馆的文献资料和数据库，为读者提供更加丰富的文献资源和信息服务。此外，我们还可以与其他机构合作，开展一些学术活动和研究项目，以提高图书馆的服务水平和影响力。

综上所述，高校智慧图书馆基础设施建设是一个重要的研究课题，我们需要从数字化和网络化、采购和配置，以及与其他机构的合作等方面进行深入探讨，以期提高图书馆资源的利用率，拓展传播范围，优化图书馆资源的质量和覆盖面。

（三）提高人员素质

高校智慧图书馆的建设离不开高素质的人才。在元宇宙时代，为了更好地适应新时代的需求，提升图书馆的服务水平和综合素质，图书馆工作人员需要具备更加全面的知识和技能，以适应图书馆服务的变化。

首先，加强馆员的培训和教育。馆员作为图书馆的核心力量，其服务水平和综合素质直接影响着图书馆的整体服务质量。因此，图书馆应加大培训和教育的力度，定期组织各类培训课程，内容涵盖图书馆业务知识、信息技术应用、服务理念与技巧等。此外，图书馆还应与高校、行业组织等建立合作关系，共享优质培训资源，提升图书馆工作人员的综合素养。

其次，鼓励图书馆工作人员进行自我学习和提高。在知识经济时代，图书馆工作人员需要不断更新知识储备，掌握新技术，以适应图书馆发展的需求。因此，图书馆应创造良好的学习氛围，鼓励馆员参加各类学术研讨会、讲座、在线课程等，激发其自我学习的热情。同时，图书馆还应设立激励机制，对表现优秀的馆员给予奖励，以提高其学习的积极性和持续性。

再者，引进高素质人才。高素质的人才为图书馆服务提供更加专业化的支持，有助于提升图书馆的整体实力。高校智慧图书馆应与国内外优秀图书馆、学术机构建立合作关系，引进具有丰富实践经验和专业知识的人才，充实馆员队伍。同时，图书馆还应加强对在职员工的选拔和培养，选拔具有潜力的新生力量，通过实践锻炼，提升其业务能力和综合素质。

此外，图书馆还应重视与元宇宙技术的融合。元宇宙技术为图书馆发展提供了新的机遇，可以有效提升图书馆的服务质量和用户体验。图书馆应关注元宇宙技术的发展动态，结合图书馆的实际情况，引入相关技术，如虚拟现实、增强现实等技术，实现图书馆服务与元宇宙技术的有机结合。

最后，加强与高校、行业组织的合作。高校智慧图书馆应积极参与国内外图书馆行业的交流与合作，借鉴先进的管理理念和技术，提升图书馆的整体水平。同时，图书馆还应与高校、企业等机构合作，共同开展科研项目，推动图书馆学术研究的发展。

总之，在元宇宙时代高校智慧图书馆基础设施建设中，应该注重加强技术研发、优化资源配置、提高人员素质等方面，重视馆员的培训和教育，鼓励馆员进行自我学习和提高、引进高素质的人才、重视与元宇宙技术的融合，以及加强与高校、行业组织的合作，有效提升图书馆的服务水平和综合素质，为高校师生提供更加优质的学习与研究环境，推动高校智慧图书馆服务的发展。

二、智慧图书馆基础设施建设的安全策略

在元宇宙时代，高校智慧图书馆基础设施建设已成为教育信息化发展的重要载体。然而，智慧图书馆基础设施建设面临着诸多安全挑战。其一是网络安全风险。智慧图书馆的基础设施建设需要大量的网络设备和数据传输，容易受到黑客攻击和网络病毒的影响。其二为数据安全。智慧图书馆存储了大量的文献资料、用户数据等信息，这些数据的安全性直接关系到用户的隐私和学术研究的真实性。其三为设备安全。智慧图书馆的设备和设施需要定期维护和更新，以保证图书馆的正常运行。然而，在维护和更新过程中，可能会引入新的安全漏洞。

（1）网络安全策略。智慧图书馆的基础设施建设需要建立严格的网络安全管理制度，明确各个用户和管理员的角色权限，防止非法访问和数据泄露。同时，还需要定期对图书馆的网络设备和数据传输进行安全检查，及时发现并修复安全漏洞。定期更新图书馆的网络设备和操作系统，以应对新型网络攻击和病毒。

（2）数据安全策略。此策略需要建立严格的数据备份和恢复机制，确保数

据的完整性和安全性。同时，需要对图书馆的数据进行分类管理，对敏感数据进行加密处理，以防止数据泄露。此外，还需要定期对图书馆的数据进行安全检查，确保数据的完整性。

（3）设备安全策略。技术人员需要定期对图书馆的设备和设施进行维护和更新，及时发现并修复安全漏洞，确保设备的正常运行。此外，还需要定期更新图书馆的设备和操作系统，以应对新型设备安全威胁。

总之，智慧图书馆基础设施建设面临的安全风险不容忽视。只有建立严格的安全策略，才能有效应对这些挑战，确保图书馆的正常运行和用户数据的安全。

三、智慧图书馆基础设施建设的人力资源策略

智慧图书馆作为现代高等教育的重要基础设施，在元宇宙时代的发展中扮演着至关重要的角色。为了保证智慧图书馆的高效运行，需要有足够的人力资源支持。

（一）智慧图书馆基础设施建设的人力资源需求

智慧图书馆基础设施建设需要大量的人力资源支持，主要包括以下几个方面。

1. 技术人才

智慧图书馆需要大量的技术人才来支持其建设和运行。这些技术人才需要具备计算机科学、信息工程、数字图书馆学等专业背景，同时需要掌握相关技术，如云计算、人工智能、大数据等。

2. 管理人才

智慧图书馆需要有大量具备管理能力的人才来负责图书馆的日常管理和决策。这些管理人才需要具备图书馆学、信息管理、管理科学等专业背景，同时需要具备良好的管理技能和经验。

3. 服务人才

智慧图书馆需要有大量具备服务意识和技能的人才来为读者提供服务。这些服务人才需要具备图书馆学、信息管理、人力资源管理等专业背景，同时需要具备良好的沟通和服务技能。

（二）智慧图书馆基础设施建设的人力资源策略

针对智慧图书馆基础设施建设的人力资源需求，提出以下人力资源策略。

1. 加强人才培养

智慧图书馆需要有大量具备相关专业背景的人才来支持其建设和运行。因此，高校图书馆应该加强人才培养，提供相关专业课程和培训，吸引更多的人才加入智慧图书馆的建设中来。

2. 优化人力资源结构

智慧图书馆需要有大量具备不同专业背景的人才来支持其建设和运行。因此，应该优化人力资源结构，加强不同专业背景的人才的培养和引进，以满足智慧图书馆的多样化需求。

3. 建立激励机制

智慧图书馆需要有大量具备良好服务意识和技能的人才来为读者提供服务。因此，应该建立激励机制，鼓励人才积极参与智慧图书馆的建设和发展，以提高智慧图书馆的服务质量和效率。

4. 建立人力资源储备机制

智慧图书馆需要有大量具备不同专业背景的人才来支持其建设和运行。因此，应该建立人力资源储备机制，以应对智慧图书馆建设和运行过程中可能出现的人力资源短缺问题。

综上所述，智慧图书馆基础设施建设的人力资源策略主要包括：加强人才培养、优化人力资源结构、建立激励机制和建立人力资源储备机制。只有这样，才能确保智慧图书馆能够顺利地建设和运行，为读者提供更加优质的服务。

四、智慧图书馆基础设施建设的技术策略

智慧图书馆基础设施建设是元宇宙时代的重要组成部分，其技术策略对于智慧图书馆的发展至关重要。

（一）智慧图书馆基础设施建设面临的技术挑战

1. 技术更新快速

随着科技的不断进步，新的技术和应用不断涌现，智慧图书馆需要不断更

新和完善其技术基础设施，以适应不断变化的需求和环境。

2. 数据安全问题

在智慧图书馆中，大量的数据被用于存储和处理，因此数据安全问题显得尤为重要。图书馆需要采取一系列的安全措施来保护数据的安全性，包括加密、访问控制等。

3. 用户体验问题

智慧图书馆需要提供良好的用户体验，以吸引更多的用户。因此，图书馆需要不断优化其用户界面和交互设计，以提高用户体验。

（二）智慧图书馆基础设施建设技术策略

1. 采用云计算技术

云计算技术可以为智慧图书馆提供强大的计算能力和存储能力，同时还可以实现数据的快速共享。因此，智慧图书馆应该采用云计算技术来构建其技术基础设施。

2. 采用人工智能技术

人工智能技术可以为智慧图书馆提供智能化服务，例如自动分类、智能推荐等。因此，智慧图书馆应该采用人工智能技术来提高其服务水平和用户体验。

3. 采用物联网技术

物联网技术可以为智慧图书馆提供实时的监测和管理能力，例如智能传感器、智能监控等。因此，智慧图书馆应该采用物联网技术来提高其安全性和运行效率。

4. 采用区块链技术

区块链技术可以为智慧图书馆提供安全的数据共享和协作能力，例如智能合约、去中心化存储等。因此，智慧图书馆应该采用区块链技术来提高数据安全性和协作效率。

5. 采用虚拟现实技术

虚拟现实技术可以为智慧图书馆提供全新的用户体验，例如智能导览、虚拟展览等。因此，智慧图书馆应该采用虚拟现实技术来提高用户体验和用户参与度。

　　智慧图书馆基础设施建设面临的技术挑战较大，但采用一系列技术策略，可以有效提高智慧图书馆的服务水平和用户体验，实现可持续发展。

第五节　高校智慧图书馆基础设施建设的影响与挑战

　　在元宇宙时代，智慧图书馆基础设施建设可以为用户提供更加便捷、高效的服务，同时也可以促进图书馆的可持续发展。

一、智慧图书馆基础设施建设的影响因素

（一）政策支持

　　政策支持是智慧图书馆基础设施建设的重要影响因素之一。政府出台的相关政策可以为智慧图书馆的建设提供资金支持、技术支持等，促进智慧图书馆的建设和发展。例如，政府可以出台相关政策，鼓励高校和公共图书馆建设智慧图书馆，提供相应的资金和技术支持。

（二）市场需求

　　市场需求是智慧图书馆基础设施建设的重要影响因素之一。随着数字化、网络化、智能化等技术的不断发展，人们对图书馆的需求也在不断变化。智慧图书馆的建设可以满足人们对于高效、便捷、个性化的图书馆服务的需求，因此市场需求也是智慧图书馆建设的重要影响因素之一。

（三）技术发展

　　技术发展是智慧图书馆基础设施建设的重要影响因素之一。随着信息技术的不断发展，如云计算、大数据、人工智能等技术的应用，可以提高图书馆的服务效率和服务质量。例如，智慧图书馆可以通过云计算技术，实现图书馆资源的共享和优化，提高图书馆的服务效率。

（四）用户需求

　　用户需求是智慧图书馆基础设施建设的重要影响因素之一。图书馆的用户

需求决定了图书馆的服务方向和服务内容。例如，图书馆可以通过调查、问卷等方式，了解用户对于图书馆服务的需求，从而提供更加符合用户需求的服务。

（五）社会文化背景

社会文化背景是智慧图书馆基础设施建设的重要影响因素之一。不同的社会文化背景会对图书馆服务的需求产生影响。例如，不同地区、不同文化背景的用户对图书馆服务的需求可能存在差异，因此智慧图书馆的建设需要考虑不同地区、不同文化背景的用户需求。

智慧图书馆基础设施建设的影响因素包括政策支持、市场需求、技术发展、用户需求和社会文化背景等。智慧图书馆建设需要充分考虑这些影响因素，才能提供高效、便捷、个性化的图书馆服务，从而促进图书馆的可持续发展。

二、智慧图书馆基础设施建设面临的挑战

随着科技的不断发展、元宇宙时代的到来，智慧图书馆基础设施建设也面临着一系列的挑战。下面将从技术更新、信息安全、用户体验等方面进行分析。

（一）技术更新

智慧图书馆的建设需要不断更新技术，以满足不断变化的需求。当前，图书馆正在经历一场由人工智能、云计算、大数据等技术驱动的革命。这些技术为图书馆的发展提供了更多可能性，例如，图书馆可以通过人工智能技术来提高书目的推荐精度，通过云计算技术来提高服务效率，通过大数据技术来提高图书馆的管理效率。然而，这些技术的更新也需要图书馆投入大量的资金和人力资源，这对图书馆的预算和人员配置提出了更高的要求。

（二）信息安全

在智慧图书馆的建设过程中，信息安全是一个不可忽视的问题。图书馆拥有大量的文献资料和用户数据，这些数据对于图书馆的发展至关重要。然而，随着网络的普及，图书馆也面临着信息安全的威胁，例如黑客攻击、数据泄露等。因此，图书馆需要采取一系列的安全措施来保护用户数据和文献资料。（例如加密技术、防火墙技术等）这些安全措施需要图书馆投入大量的资金和

人力资源，这对图书馆的预算和人员配置提出了更高的要求。

（三）用户体验

智慧图书馆的建设需要关注用户体验。在智慧图书馆的建设过程中，需要充分考虑用户的实际需求，例如，提供便捷的检索功能、舒适的阅读环境等。此外，图书馆还需要提供多元化的服务，例如，提供电子书、音视频资源、在线咨询等。这些服务需要图书馆投入大量的资金和人力资源，这对图书馆的预算和人员配置提出了更高的要求。

综上所述，智慧图书馆基础设施建设面临的挑战包括技术更新、信息安全、用户体验等方面。为了应对这些挑战，图书馆需要充分考虑各种因素，并采取有效的措施来确保图书馆的建设能够更好地满足用户的需求。

三、智慧图书馆基础设施建设的发展趋势

随着元宇宙时代的到来，智慧图书馆基础设施建设的发展趋势越来越明显。智能化和个性化将成为未来智慧图书馆建设的重要方向。

（1）智能化。首先，智慧图书馆需要采用更加先进的信息技术，如人工智能、物联网、大数据等，以提高图书馆的智能化水平。例如，图书馆可以采用人工智能技术来提供智能化的服务，如智能推荐、智能搜索、智能咨询等，以提高用户体验。其次，智慧图书馆需要采用更加智能化的设备，如自助借还书机、智能阅读灯、智能语音助手等，以提高图书馆设备的智能化水平。最后，智慧图书馆需要采用更加智能化的管理系统，如智能化的图书馆门户、智能化的图书馆自动化系统等，以提高图书馆的管理效率。

（2）个性化。首先，智慧图书馆需要采用更加个性化的服务，如个性化推荐、个性化咨询、个性化阅读等，以满足用户个性化需求。例如，图书馆可以根据用户的阅读历史、兴趣爱好等信息，提供个性化的推荐服务，以提高用户满意度。其次，智慧图书馆需要采用更加个性化的设备，如智能阅读灯、智能语音助手等，以提高用户体验。最后，智慧图书馆需要采用更加个性化的管理系统，如智能化的图书馆门户、智能化的图书馆自动化系统等，以提高图书馆的管理效率。

总之，未来智慧图书馆基础设施建设的发展趋势主要体现在智能化和个性化两方面。智慧图书馆需要采用更加先进的信息技术、更加智能化的设备、更

加智能化的管理系统，以提高图书馆的智能化和个性化水平。同时，智慧图书馆还需要注重用户体验和服务质量，以满足用户日益增长的需求。

本章小结

随着科技的不断进步，元宇宙技术的发展为图书馆带来了全新的发展模式，为图书馆的数字化转型提供了新的可能性。同时，也为图书馆提供了更加丰富、多样化的服务模式。在元宇宙时代，图书馆需要运用先进的技术手段，更加注重用户体验及与其他机构的合作，为用户提供更加便捷、高效的服务，提高图书馆的服务质量和水平，促进图书馆的可持续发展。

元宇宙时代高校智慧图书馆的基础设施建设是一个系统工程，它不仅要求有先进的硬件支持，还要求有完善的软件支持、网络基础、数据处理能力和智能化应用。这些技术基础设施的建设将为高校图书馆提供高效、智能、个性化的服务环境，满足新时代背景下用户的多元化需求。

第五章　元宇宙时代高校智慧图书馆
文献资源建设

随着科技的飞速发展，元宇宙时代已经来临，智慧图书馆作为一种新型图书馆模式，越来越受到人们的关注。文献资源建设是高校智慧图书馆发展的重要基础和核心内容。对于高校智慧图书馆来说，其主要任务是提供高质量、高效率的文献资源查询服务，以满足高校师生对知识的需求。随着元宇宙技术的不断发展，高校智慧图书馆的文献资源建设也需要不断创新，提高文献资源建设水平，适应新的技术环境，促进高校智慧图书馆的高质量发展。提高图书馆的服务水平，更好地服务于高校的教学和科研，服务于读者的学习、研究和生活，是当下亟须解决的重要问题。

第一节　文献资源建设概述

元宇宙时代，智慧图书馆不仅具备传统图书馆的功能，还通过运用人工智能、大数据、虚拟现实等技术，提供了更高效、更便捷的服务方式，更好地满足了现代社会人们的学习需求。而文献资源建设作为图书馆的核心任务之一，是图书馆为用户提供服务的基础和前提。一个优秀的图书馆必须具备丰富的文献资源，为读者提供优质的服务。

一、文献资源建设的概念和内容

文献资源建设包含宏观和微观两方面意义。从宏观意义上来说，文献资源建设是指一个地区、一个系统、一个国家等众多图书情报机构对文献资源的统一规划、协作、协调发展，来满足社会对文献的需求。它不仅包括图书馆文献资源的收集、整理、保管、流通、服务等基本职能，还包括文献资源的数字化、网络化、智能化等新型服务手段。从微观意义上来说，文献资源建设是指某个图书馆对文献的收集、组织、管理、存储等工作，也就是我国图书情报界传称的"藏书建设"。

文献资源建设概念的提出经历了一个漫长的过程，在不同历史阶段称谓也有所不同。早在20世纪80年代中后期到90年代，纸质资源收藏作为图书馆建设的主要内容，称为"藏书建设"，图书馆的相关建设部门称为"图书采访部""图书编目部"。随着图书馆资源日益丰富，特别是数字资源建设内容的逐渐增加，2000年之后，"藏书建设"的表述在业界逐渐减少，而"文献资源建设"一词开始在业界大范围使用，成为图书馆界更为贴切的用语。大多数图书馆将采访部、编目部、数字资源采购部等部门合并，叫"资源建设部"。随着信息技术的不断发展、元宇宙时代的到来，高校图书馆的文献资源建设面临着新的挑战。特别是数字资源的获取、存储、共享和利用等方面的问题；同时，随着元宇宙时代的到来、智慧图书馆的建设，图书馆的文献资源建设变得更加复杂。智慧图书馆需要考虑如何整合各类文献资源，提高文献资源的利用效率。

文献资源建设主要包括文献资源、文献资源建设、文献资源建设规划、文献资源建设标准、文献资源建设评价等方面。其中，文献资源是指图书馆所拥有的各种文献，包括纸质文献、电子文献、数字文献等；文献资源建设是指图书馆通过各种手段和方式，对文献资源进行收集、整理、保管、流通、服务等，以满足读者需求；文献资源建设规划是指图书馆根据自身特点和读者需求，制定文献资源建设的发展战略和规划；文献资源建设标准是指图书馆在文献资源建设过程中所遵循的一系列规范和标准；文献资源建设评价是指对文献资源建设过程和成果进行评价和分析，以促进文献资源建设的可持续发展。

二、文献资源建设的发展历程

文献资源建设的发展历程可以追溯到古代图书馆的发展。古代图书馆主要是以书籍、文献为主要资源，为学者、官员等提供文献服务。随着科技的发展，图书馆开始采用各种手段和方式，对文献资源进行收集、整理、保管、流通、服务等，以满足读者需求。20世纪初，图书馆学作为一门独立的学科开始发展，为文献资源建设提供了理论支持。20世纪中期，图书馆开始采用信息技术手段，对文献资源进行数字化、网络化、智能化整合，为文献资源建设提供了新的发展机遇。

三、文献资源建设在智慧图书馆中的重要性

在当今信息化、数字化的大背景下，高校智慧图书馆的建设成为图书馆发展的重要趋势。文献资源建设作为图书馆的核心职能，对于高校智慧图书馆来说具有举足轻重的地位。文献资源建设不仅是图书馆提供服务的基础，更是提高图书馆服务质量、满足师生学习需求的重要环节。

首先，文献资源建设对于高校智慧图书馆提高服务质量具有重要意义。图书馆作为高校教学和科研的重要信息服务中心，其服务质量直接影响着学生的学习效果和教师的教学质量。随着信息技术的快速发展，图书馆的服务职能也在不断拓展和深化。文献资源建设是图书馆实现这一目标的重要手段。只有拥有丰富的文献资源，图书馆才能为师生提供更加全面、高效的服务，满足他们在教学、科研、学习等方面的需求。

其次，文献资源建设对于高校智慧图书馆满足学生学习需求具有关键作用。高校学生的学习需求日益多样化、个性化，传统的文献资源已难以满足这些需求。因此，高校智慧图书馆必须加强文献资源建设，以提供更多、更优质的学习资源。通过引进、采购、共建等多种途径，丰富图书馆的文献资源，为师生提供更加丰富、全面的信息服务，满足他们在学术研究、课程学习、实践创新等方面的需求。

最后，文献资源建设对于高校智慧图书馆的创新发展具有重要意义。在新时期，图书馆面临着诸多挑战，如信息资源多样化、用户需求个性化、技术更新迅速等。这些挑战对图书馆的文献资源建设提出了新的要求。图书馆必须紧跟时代发展，积极拓展文献资源建设的途径和方式，以适应新形势下的图书馆发展需求。例如，可以加强与其他图书馆、信息服务机构的合作，共享资源、互补优势，实现文献资源建设的创新；还可以充分利用大数据、人工智能等技术，提高文献资源建设的效率和质量，为图书馆的创新发展提供有力支持。

总之，文献资源建设在高校智慧图书馆的建设中具有举足轻重的地位。它对于提高图书馆服务质量、满足学生学习需求，以及推动图书馆的创新发展具有重要作用。因此，高校智慧图书馆必须重视文献资源建设，加强文献资源建设的研究和实践，以更好地服务于高校教学和科研事业的发展。

随着科技的不断进步，智慧图书馆已经成为现代图书馆发展的趋势。智慧图书馆的核心是实现资源优化配置，提高服务质量。而文献资源建设正是实现这一目标的关键。

首先，文献资源建设是智慧图书馆实现资源优化配置的重要基础。智慧图书馆的资源包括实体资源、电子资源和数字资源等，而文献资源建设则是实体资源的核心部分。通过文献资源建设，可以有效地整合图书馆的实体资源，实现资源的优化配置。例如，可以根据读者的需求，将不同类型的文献资源进行合理的分类、排列和展示，提高读者检索文献的效率。此外，还可以通过文献资源建设，实现图书馆内部资源的共享和互借，提高图书馆的利用率。

其次，文献资源建设是智慧图书馆提高服务质量的关键。智慧图书馆的服务质量不仅取决于图书馆的建筑和设施，更取决于图书馆所提供的文献资源。通过文献资源建设，可以为读者提供更加丰富、全面、精准的服务，满足读者不同的阅读需求。此外，还可以通过文献资源建设，实现图书馆服务的个性化和智能化，提高图书馆服务的质量。例如，可以通过人工智能技术，实现文献资源的智能推荐，提高读者检索文献的满意度。

最后，文献资源建设是智慧图书馆实现创新发展的必要条件。随着科技的发展，图书馆的职能和角色也在发生变化。文献资源建设可以帮助图书馆实现创新，提高图书馆的核心竞争力。例如，可以通过文献资源建设，促进图书馆与企业的合作，推动图书馆与企业共同发展。此外，还可以通过文献资源建设，实现图书馆与社会的互动，推动图书馆与社会共同进步。

四、文献资源建设在元宇宙时代的重要性

在元宇宙时代，文献资源建设的重要性日益凸显。在这个全新的时代背景下，图书馆需要适应新的技术发展，不断优化和升级文献资源建设，以满足元宇宙时代下读者的需求。

首先，元宇宙时代为文献资源建设带来了新的挑战。一方面，随着虚拟现实技术的发展，图书馆需要关注如何将实体文献资源与虚拟现实技术相结合，以提供更加丰富多样的文献服务。另一方面，大数据和人工智能技术的应用使得文献资源的获取、整理和分析变得更加高效，图书馆需要关注如何利用这些技术提升文献资源建设水平。

其次，元宇宙时代为文献资源建设带来了新的机遇。一方面，虚拟现实技

术可以为文献资源建设提供全新的展示方式，使读者能够在沉浸式的环境中查找文献资源，从而提高文献资源的吸引力。另一方面，大数据和人工智能技术可以帮助图书馆更加精准地了解读者的需求，为文献资源建设提供有针对性的指导，从而提升文献资源建设的质量。

最后，文献资源建设在元宇宙时代具有重要意义。一方面，文献资源建设是图书馆服务的重要组成部分，可以为读者提供丰富的文献资源，满足读者的学术需求。另一方面，文献资源建设是图书馆在元宇宙时代发展的基石，可以为图书馆提供持续的动力，推动图书馆在元宇宙时代的繁荣发展。

综上所述，文献资源建设在元宇宙时代具有极其重要的意义。图书馆需要关注新技术的发展，不断优化和升级文献资源建设，以满足元宇宙时代下读者的需求。同时，文献资源建设在元宇宙时代的发展也需要关注如何将实体文献资源与虚拟现实技术相结合，如何利用大数据和人工智能技术提升文献资源建设水平，以及如何提供更加丰富多样的文献服务，以满足元宇宙时代下读者的需求。

综上所述，文献资源建设对智慧图书馆的发展具有重要影响。它是智慧图书馆实现资源优化配置、提高服务质量的关键。因此，图书馆应该重视并加强文献资源建设，以实现图书馆的可持续发展。

第二节　智慧图书馆文献资源建设概述

智慧图书馆文献资源建设是指利用现代信息技术手段，对图书馆的文献资源进行数字化、网络化、智能化、个性化等方面的建设，从而提高图书馆的服务水平和效率，满足用户需求，促进图书馆的可持续发展。

一、智慧图书馆文献资源建设的概念和特征

概念：智慧图书馆文献资源建设是指图书馆在数字化、网络化、智能化、个性化等方面建设，以提高图书馆的服务水平和效率，满足用户需求，促进图书馆的可持续发展。

特征：智慧图书馆文献资源建设的特征包括智能化、个性化、绿色化等。

智能化是指图书馆利用人工智能、机器学习等技术，实现文献资源的智能管理和服务，提高图书馆的服务水平和效率。例如，图书馆可以利用人工智能

技术，对文献资源进行分类、标签、索引等管理，实现文献资源的智能检索。同时，图书馆可以利用机器学习技术，对用户行为和需求进行分析，实现文献资源的智能推荐。智能化技术的应用，可以提高图书馆的服务水平和效率，提高用户满意度。

个性化是指图书馆根据用户需求和行为，提供个性化的文献资源推荐服务，提高用户满意度。例如，图书馆可以利用用户行为数据和偏好数据，对用户进行分类和标签，提供个性化的文献资源推荐服务。同时，图书馆可以利用用户反馈和评价，不断优化个性化服务，提高用户满意度。个性化服务的应用，可以提高用户对图书馆的信任度和忠诚度，促进图书馆的可持续发展。

绿色化是指图书馆在文献资源建设过程中，注重环保和可持续发展，减少对环境的影响，提高图书馆的社会责任感和形象。例如，图书馆可以利用绿色技术，对文献资源进行数字化、网络化、智能化等建设，实现文献资源的绿色化。同时，图书馆可以利用环保材料和绿色设计，减少文献资源建设对环境的影响，提高图书馆的社会责任感和形象。绿色化服务的应用，可以提高图书馆的社会形象和信誉度，促进图书馆的可持续发展。

综上所述，智慧图书馆文献资源建设是指图书馆在数字化、网络化、智能化、个性化等方面的建设，其概念和特征定义包括智能化、个性化、绿色化等，这些特征的应用，可以提高图书馆的服务水平和效率，提高用户满意度，促进图书馆的可持续发展。

二、智慧图书馆文献资源建设的原则

随着信息化社会的到来，高校图书馆面临着前所未有的挑战和机遇。为了更好地适应新时代的需求，高校智慧图书馆的文献资源建设需要遵循一些基本原则。这些原则将指导图书馆在文献资源建设过程中做出正确的决策，从而更好地满足读者的需求，提升图书馆的服务水平。以下将详细论述这些原则，以期为高校智慧图书馆的文献资源建设提供参考。

首先，实用性原则是文献资源建设的基本原则之一。高校图书馆的文献资源建设应立足于服务读者，注重文献资源的实际应用价值。实用性原则要求图书馆在选购、收藏和利用文献资源时，要充分考虑读者的需求，以提高文献资源的利用率。例如，在选购文献时，要根据学科特点、读者需求和图书馆实际，选购具有实际应用价值的文献。在收藏文献时，要注重文献的质量、完整性和时效性，确保文献资源的可用性。在利用文献资源时，要注重文献资源的共享、传递和利用，提高文献资源的利用率。

其次，系统性原则是文献资源建设的关键原则。高校图书馆的文献资源建设应具有系统性，即要建立一个完整的文献资源体系，使各个学科、各个领域、各个层次的文献资源相互补充、相互支持，形成一个有机的整体。系统性原则要求图书馆在选购、收藏和利用文献资源时，注重文献资源的整合，确保各个学科、各个领域、各个层次的文献资源能够相互补充、相互支持。例如，在选购、收藏、利用文献时，要注重各个学科、各个领域、各个层次的文献资源的选购、收藏、利用，以形成一个完整的文献资源体系。

再次，前瞻性原则是文献资源建设的长远原则。高校图书馆的文献资源建设应具有前瞻性，即要关注未来的需求，为未来的发展预留空间。前瞻性原则要求图书馆在选购、收藏和利用文献资源时，要充分考虑未来发展的需求，以提高文献资源的适应性。例如，在选购文献时，要关注未来的学科发展趋势、读者需求变化和图书馆实际，选购具有前瞻性的文献。在收藏文献时，要关注未来的文献资源需求变化、学科发展趋势和图书馆实际，收藏具有前瞻性的文献。在利用文献资源时，要关注未来的文献资源需求变化、学科发展趋势和图书馆实际，利用具有前瞻性的文献。

最后，文献资源建设的根本原则即可持续性原则。高校图书馆的文献资源建设应具有可持续性，即要注重文献资源的长期保存和利用，以保证文献资源的持续发展。可持续性原则要求图书馆在选购、收藏和利用文献资源时，要注重文献资源的长期保存和利用，以保证文献资源的可持续发展。例如，在选购、收藏、利用文献时，要注重文献资源的长期保存价值、学科价值和实用价值，选购具有可持续性的文献。

总之，高校智慧图书馆文献资源建设应遵循实用性原则、系统性原则、前瞻性原则和可持续性原则，这些原则可以指导图书馆在文献资源建设中做出正确的决策，从而更好地满足读者的需求，提升服务水平。

三、智慧图书馆文献资源建设面临的问题和挑战

文献资源建设是高校智慧图书馆的核心任务之一，其面临的问题和挑战也是影响图书馆服务质量和发展的重要因素。以下从资源短缺、服务不足、技术瓶颈三个方面探讨文献资源建设面临的问题和挑战。

1. 资源短缺

随着高校图书馆用户数量的持续增长，图书馆的文献资源需求也在不断上升。然而，图书馆的文献资源建设往往受到资金、空间和人力资源的限制。图书馆需要大量资金投入，包括购买新的文献资源、更新旧有文献资源以及维护图书馆设施等。此外，图书馆还需要一定的空间和人力来管理、维护和更新文献资源。因此，图书馆需要建立完善的采购、编目、分类、整理等管理制度，确保文献资源的质量。同时，图书馆还需要与相关机构（如出版社、学术机构、数据库提供商等）合作，获取更多的文献资源，以满足用户的需求。

2. 服务不足

图书馆的服务质量直接影响到用户对图书馆的满意度和使用率。然而，当前高校图书馆的服务质量存在一定问题，如开放时间有限、借阅规则和流程不清晰以及文献资源不够丰富等。为了提高服务质量，图书馆可以采取改善服务流程、提高服务质量、加强用户体验等方式。图书馆可以提供更加灵活的借阅方式，如预约借阅和电子借阅等，以方便用户借阅文献资源；同时，图书馆可以提供更加专业的咨询服务，如文献检索和文献综述等，以帮助用户更好地利用图书馆的资源。

3. 技术瓶颈

随着互联网和信息技术的快速发展，图书馆的文献资源建设也遇到了技术瓶颈。图书馆需要不断地更新和升级其信息系统和数字资源，以满足用户对文献资源的需求。然而，图书馆在数字资源建设方面面临着不少挑战，如数字资源的版权问题、质量问题、更新和维护问题等。为解决这些问题，图书馆需要加强数字资源建设，可以通过采用先进的信息技术、构建数字图书馆以及加强数字资源管理等方式来实现。例如，图书馆可以采用云计算、大数据等技术，提高数字资源的获取、存储、管理、利用等能力；同时，图书馆可以构建数字图书馆，通过互联网和移动终端等渠道，为用户提供更加便捷、高效、安全的数字资源服务。

总之，文献资源建设是高校智慧图书馆的核心任务之一，其面临的问题和挑战对图书馆服务质量和发展具有重要影响。在未来，随着人工智能、大数据等新技术的不断发展，图书馆还需要不断探索新的发展模式，不断更新观念，提升自身的服务水平和能力，以满足读者用户日益增长的需求，进而推动图书馆的可持续发展。

四、智慧图书馆文献资源建设的意义

在信息化时代背景下，智慧图书馆的建设已成为图书馆发展的必然趋势。智慧图书馆不仅具有自主更新、信息融合、资源互动、主动服务的能力，更具有信息共享、精准服务、资源集成的显著优势。智慧图书馆文献资源建设是实现图书馆服务智能化、个性化和高效化的重要手段，对于提升图书馆的服务质量、满足用户需求、推动图书馆的可持续发展具有重要意义。

首先，智慧图书馆文献资源建设有助于提高图书馆的服务质量。通过引入数字化、网络化、智能化等技术，智慧图书馆能够提供更便捷、更高效的服务，满足用户多样化的需求。例如，通过智能检索系统，用户可以快速地获取所需文献资源；通过 RFID 技术，用户可以实现对文献资源的实时定位和跟踪；通过大数据分析，图书馆可以更好地了解用户需求，为用户提供更加精准、个性化的服务。

其次，智慧图书馆文献资源建设有助于推动图书馆的可持续发展。通过智慧图书馆的建设，可以实现图书馆内部资源的优化整合，提高图书馆的资源利用效率。同时，智慧图书馆还可以通过与外部资源的融合，拓宽图书馆的服务范围，提高图书馆的影响力和竞争力。此外，智慧图书馆还可以通过创新服务模式，实现资源共享和服务创新，降低图书馆运营成本，提高图书馆的经济效益。

再次，智慧图书馆文献资源建设有助于满足用户需求。通过智慧图书馆的建设，可以实现图书馆服务内容的个性化、差异化，满足用户多样化的需求。例如，图书馆可以根据用户的阅读习惯和兴趣，推荐相应的文献资源；可以根据用户的研究领域和需求，提供专业的文献咨询服务；可以根据用户的地理位置和时间，提供实时的文献资源服务。

最后，智慧图书馆文献资源建设有助于促进图书馆与其他图书馆的合作与交流。通过智慧图书馆的建设，可以实现图书馆之间的资源共享和服务共享，促进图书馆之间的合作与交流。例如，图书馆可以通过云服务，实现图书馆之间的文献资源共建共享；可以通过数据共享和信息共享，实现图书馆之间的知识创新和人才培养；可以通过图书馆之间的合作与交流，实现图书馆之间的共同发展。

总之，智慧图书馆文献资源建设是实现图书馆服务智能化、个性化和高效化的重要手段，对于提升图书馆的服务质量、满足用户需求、推动图书馆的可持续发展具有重要意义。在信息化时代背景下，我们应该重视智慧图书馆文献资源建设，积极探索智慧图书馆的建设途径，为图书馆的发展提供新的动力和活力。

第三节　元宇宙时代高校智慧图书馆文献资源建设现状

随着我国高等教育的发展，高校图书馆的文献资源建设也得到了长足的发展。当前，高校图书馆的文献资源数量不断增加，覆盖了各个学科领域，包括纸质图书、电子图书、期刊、报纸、会议论文、学位论文、研究报告等。同时，高校图书馆的文献资源结构也得到了优化，更加注重学科交叉和综合性，为高校教师和学生提供了更加全面、更加便捷的文献资源服务。

一、高校智慧图书馆文献资源建设的基本特点描述

（一）文献资源总量与结构

文献资源总量逐年增长，但结构失衡。随着高校图书馆的不断发展，图书馆的文献资源总量也在逐年增长。然而，当前高校智慧图书馆的文献资源结构失衡，纸质资源与数字资源比例失调。一方面，纸质资源仍然占据着主导地位，另一方面，数字资源的数量和质量也不尽如人意。这种失衡导致了图书馆的文献资源无法满足读者多元化的需求，也影响了图书馆的服务水平。

缺乏特色资源。特色资源是高校智慧图书馆文献资源建设中的重要组成部分，也是图书馆的亮点和特色。当前，许多高校智慧图书馆缺乏特色资源，导致图书馆的文献资源无法满足读者多元化的需求。例如，一些学科领域的专业文献、经典文献等，如果没有足够的特色资源支持，就难以满足读者对学术研究的深入需求。

高校智慧图书馆的文献资源建设是一项长期而复杂的工作，需要图书馆的不断努力和创新。只有注重文献资源结构的优化，加强对特色资源的挖掘和整理，才能真正提高图书馆的服务水平，满足读者多元化的需求。

（二）文献资源获取与利用

在高校智慧图书馆文献资源建设的过程中，文献资源的获取与利用是一个重要环节。随着互联网技术的发展，文献资源获取的渠道越来越多样化，利用方式也不断创新。然而，在这个过程中，我们也面临着信息过载和资源浪费等问题。

首先，文献资源的获取渠道越来越多样化。传统图书馆获取资源的方式主要包括图书馆购买、图书馆自编、文献传递、馆际互借等。而随着互联网技术的发展，我们可以通过网络平台、电子数据库等多种方式获取文献资源。这些新的文献资源获取渠道为我们提供了更广泛、更便捷的途径，有助于满足高校师生日益增长的信息需求。

其次，文献资源的利用方式不断创新。传统的文献资源利用方式主要包括阅读、借阅、参考等。然而，随着互联网技术的发展，我们可以通过在线阅读、下载、打印、推送等方式对文献资源进行利用。这些新的利用方式不仅提高了文献资源的利用效率，也使得文献资源的获取和利用更加便捷、灵活。

然而，在文献资源获取与利用的过程中，我们也面临着信息过载和资源浪费等问题。在获取的大量文献资源中，我们很难找到有价值的信息。这不仅浪费了时间和精力，也影响了学习和工作效率。同时，在文献资源的获取与利用过程中造成了资源浪费，且由于各种原因，导致部分文献资源没有被充分利用，甚至被丢弃或销毁。这不仅造成了资源的浪费，也加重了环境负担。

因此，在文献资源的获取与利用过程中，要注重效率和效益，避免信息过载和资源浪费等问题。只有这样，才能更好地满足高校师生对文献资源的需求，推动高校智慧图书馆的发展。

（三）文献资源建设与服务策略

在高校智慧图书馆文献资源建设中，我们需要提升文献资源建设的质量、优化文献资源建设的结构以及加强文献资源建设与其他资源的融合，从而进一步促进智慧图书馆的高质量发展。

首先，我们需要顶层设计与规划，对图书馆的文献资源建设进行全面、系统的分析，明确图书馆的战略定位、资源需求和建设目标，结合图书馆的实际情况，充分了解图书馆的读者需求、学科发展动态以及社会需求，以此为基础进行文献资源建设的规划和设计。还要注重文献资源建设的可持续发展，确保图书馆在满足当前需求的同时，能为未来的发展预留足够的空间。更要注重文献资源建设的创新，积极探索新的文献资源建设模式，以适应时代发展的需求。

其次，在文献资源建设过程中，提升文献资源建设质量。我们要注重资源的质量、适用性和时效性，确保图书馆的文献资源能够满足读者的需求。为此，我们需要建立严格的文献资源采购、编目、保管、利用等环节的质量控制体系，确保每一项工作都符合质量标准。同时，我们还需要加强文献资源的评估工作，定期对图书馆的文献资源进行评估，及时发现并解决存在的问题，提升文献资源建设的质量。

再次，优化文献资源建设结构也是文献资源建设过程中的重要原则。我们要根据图书馆的实际情况，合理配置各类文献资源，形成科学、合理、完整的文献资源体系。为此，我们需要对图书馆的文献资源进行分类、编目、索引，确保文献资源的查找、利用更加便捷。同时，我们还需要注重文献资源的跨学科、跨领域、跨文化等方面的建设，以满足不同读者的需求。

最后，加强文献资源建设与其他资源的融合。在高校智慧图书馆的文献资源建设中，我们要注重与其他资源的融合，实现图书馆资源与其他资源的共享、互补、协同。为此，我们需要加强与其他图书馆、数据库、数字资源的共建共享，实现资源的互借、互认、互操作，提升图书馆的服务水平。同时，我们还需要加强图书馆与其他学科领域的融合，实现图书馆资源与其他学科资源的共享、互补、协同，提升图书馆的服务能力。

综上所述，在高校智慧图书馆文献资源建设中，加强顶层设计与规划、提升文献资源建设质量、优化文献资源建设结构以及加强文献资源建设与其他资源的融合，是实现图书馆文献资源建设的重要原则。只有遵循这些原则，才能提升图书馆的文献资源建设质量，更好地服务于高校的教学和科研工作。

（四）文献资源建设呈现的特征

首先，随着信息技术的不断发展和普及，图书馆的文献资源建设呈现出多样化和个性化的特点。传统的图书馆文献资源建设主要是以纸质文献为主，而随着数字化、网络化、智能化和自动化技术的发展，图书馆的文献资源建设也发生了根本性的变化。现在，图书馆的文献资源已经包括了纸质文献、电子文献、数字资源、多媒体资源等多种形式，这些资源不仅满足了读者的基本需求，还提供了更加丰富的选择和更加个性化的服务。

其次，在元宇宙时代，高校智慧图书馆文献资源建设呈现出开放性和共享性的特点。传统的图书馆文献资源建设主要是以封闭式管理为主，而现代的智慧图书馆文献资源建设则更加注重开放性和共享性。图书馆的文献资源不仅为本校师生提供服务，还可以为其他学校、其他地区的读者提供服务，同时也可以为公众提供服务。这种开放性和共享性不仅促进了图书馆文献资源的建设，也促进了图书馆文献资源的共享和利用。

最后，在元宇宙时代，高校智慧图书馆文献资源建设呈现出高效性和便捷性的特点。传统的图书馆文献资源建设主要是以人工管理为主，而现代的智慧图书馆文献资源建设则更加注重高效性和便捷性。图书馆的文献资源建设已经实现了自动化、数字化、网络化、智能化，这些技术手段不仅大大提高了图书馆文献资源建设的效率，还提供了更加便捷的服务。读者可以通过网络、移动设备等方式快速获取图书馆文献资源，大大提高了图书馆文献资源建设的效率和便捷性。

综上所述，在元宇宙时代，高校智慧图书馆文献资源建设呈现出多样化和个性化、开放性和共享性、高效性和便捷性的特点。这些特点不仅促进了图书馆文献资源的建设，也促进了图书馆文献资源的共享和利用，同时也为读者提供了更加便捷、高效、个性化的服务。

二、高校智慧图书馆文献资源建设存在的问题

虽然高校图书馆的文献资源建设取得了一定的进展，但仍存在一些问题，主要表现在以下几个方面。

（一）文献资源建设存在结构性问题

随着科技的进步和信息时代的到来，高校图书馆的文献资源建设也进入了新的阶段。目前，高校图书馆的文献资源建设主要侧重于纸质文献资源的建设，而电子文献资源的建设相对滞后。此外，文献资源建设中还存在学科不平衡、资源重复等问题。

在文献资源建设中，纸质文献资源的建设是基础。纸质文献资源具有独特的历史、文化和学术价值，对于保存和传承人类文明具有不可替代的作用。纸质文献资源的建设主要依赖于图书馆的采购、编目、整理和保管等工作。图书

馆需要根据学科设置和教学科研需求，采购相关的纸质文献资源。编目工作是对采购的纸质文献资源进行分类、标引和编目，使其能够被有效地管理和检索。整理工作是对纸质文献资源进行鉴定、修整和保护，以延长其使用寿命。保管工作是对纸质文献资源进行安全存放和妥善保管，防止文献资源的丢失和损坏。

然而，随着科技的进步和信息时代的到来，电子文献资源的建设逐渐成为图书馆文献资源建设的重要方向。电子文献资源具有体积小、重量轻、易存储、易检索和易共享等特点，能够为图书馆用户提供更加便捷、高效的服务。

同时，在高校智慧图书馆的文献资源建设中，存在有些学科的文献资源建设相对滞后，导致这些学科的教学科研工作受到限制的问题。还存在资源重复的问题。在高校图书馆的文献资源建设中，有些文献资源重复采购，导致资源浪费和重复建设。

为了提高高校图书馆文献资源建设的质量，我们需要采取一些措施。首先，我们需要加强对纸质文献资源建设的投入，提高纸质文献资源的采购、编目、整理和保管水平。我们需要加强对电子文献资源建设的投入，提高电子文献资源的利用率。加强对文献资源建设的管理，提高文献资源建设的效率和质量。建立完善的文献资源管理制度，加强对文献资源建设的规划、组织、协调和监督工作。我们还可以建立高效的文献资源建设团队，加强对文献资源建设的专业知识和技能培训工作等。

总之，高校图书馆文献资源建设是一个系统工程，需要我们共同努力。在增加对纸质文献资源和电子文献资源建设投入的同时，提高纸质文献和电子文献资源的采购、编目、整理和保管水平。提高文献资源建设的效率和质量，为高校图书馆用户提供更加优质、高效的文献资源服务。

（二）文献资源建设存在服务方式问题

当前，高校图书馆作为学术研究和教学的重要支撑，其文献资源建设的重要性不言而喻。然而，在实际的服务过程中，高校图书馆的服务方式还比较单一，主要采用实体借阅和电子资源借阅两种方式。此外，文献资源服务的范围和深度还不够，不能满足高校教师和学生的多元化需求。

为了满足高校教师和学生的多元化需求，我国高校图书馆正在积极探索新的服务方式。例如，部分高校图书馆已经开始尝试利用人工智能技术，实现图书馆服务的智能化。通过人工智能技术，图书馆可以实现图书馆资源的智能推荐，为学生和教师提供个性化的阅读推荐服务。此外，人工智能还可以实现图书馆资源的智能管理，提高图书馆资源的使用效率。

除了智能服务，高校图书馆还可以通过与其他机构的合作，扩大文献资源的服务范围。高校图书馆可以与其他学术机构、公共图书馆、企业图书馆等机构进行合作，共享文献资源，提高文献资源的利用率。通过与国内外文献资源提供商的合作，引进更多的文献资源，满足高校教师和学生的多元化需求。

此外，高校图书馆还可以通过提高馆员的素质和服务水平，提升文献资源的服务质量。高校图书馆可以定期对馆员进行培训，提高他们的专业知识和技能。通过引进先进的服务理念和管理模式，提升图书馆的服务水平，提高图书馆的服务质量。

（三）文献资源建设存在数字化建设问题

当前，高校图书馆的数字化建设的主要问题集中在数字化资源质量参差不齐、数字化资源访问途径不畅、数字化资源维护困难等方面。

首先，数字化资源质量参差不齐。一方面，一些数字化资源的来源不明，质量无法保证；另一方面，即使来源明确的数字化资源，其质量也可能存在问题，比如一些资源的更新频率不够快，或者一些资源的内容已经过时。这些问题都严重影响了高校图书馆数字化资源的利用效率，也影响了图书馆的形象。

其次，数字化资源的访问途径不畅。由于数字化资源是通过互联网进行传播和访问的，因此网络环境的稳定性和速度对数字化资源的访问有着直接的影响。然而，在实际使用过程中，我们经常会遇到网络不稳定、速度慢等问题，这些问题都可能导致数字化资源的访问困难，影响用户的使用体验。

最后，数字化资源的维护困难。数字化资源是通过计算机技术进行存储和管理的，因此，计算机系统的稳定性和安全性对数字化资源的维护有着直接的影响。然而，在实际使用过程中，我们经常会遇到计算机系统故障、数据丢失等问题，这些问题都可能导致数字化资源的维护困难，影响图书馆的数字化建设。

总的来说，高校图书馆的数字化建设是一个长期、复杂的过程，需要我们不断探索和研究。只有解决了上述问题，高校图书馆的数字化建设才能取得实质性进展，才能更好地服务于高校的教学和科研工作。

第四节　元宇宙时代高校智慧图书馆文献资源建设的策略和建议

针对上节内容所探讨的元宇宙时代高校智慧图书馆文献资源建设的现状分析，以及图书馆文献信息资源多样化、个性化和智能化等特点，为进一步提高高校智慧图书馆的文献资源建设水平、推动创新发展、提高服务质量以及促进图书馆行业的可持续发展，提出以下措施。

一、优化文献资源配置

在元宇宙时代高校智慧图书馆文献资源建设中，优化资源配置是实现图书馆服务转型升级的重要环节。优化资源配置主要包括对图书馆内外部资源的整合、共享和优化，从而提高图书馆文献资源的利用率和满足用户需求。

首先，内部资源优化配置是智慧图书馆建设的基础。智慧图书馆需要对图书馆内部的资源进行整合，打破传统的资源壁垒，实现资源共享。需要建立统一的图书馆信息平台，将各类文献资源进行统一管理和检索，方便用户快速获取所需信息。此外，智慧图书馆还需要优化图书馆内部的布局，提高空间利用率，满足用户多样化需求。例如，设立阅览室、研讨室、培训室等功能区域，满足用户阅读、研讨、培训等多种需求。

其次，外部资源优化配置是智慧图书馆拓展服务的重要途径。智慧图书馆需要与外部机构建立合作，共享外部资源，为用户提供更丰富的服务内容。这可以通过与高校其他部门、企业、研究机构等合作，共享学术资源、实践资源、技术资源等。同时，智慧图书馆还可以利用互联网技术，与国内外知名图书馆、学术机构建立合作关系，引进优质的文献资源，丰富图书馆的文献资源体系。

再次，用户需求优化配置是智慧图书馆服务创新的关键。智慧图书馆需要深入了解用户需求，对文献资源进行个性化配置，提高用户满意度。这可以通过开展用户需求调查、用户满意度调查等活动，了解用户对文献资源的需求和偏好。同时，智慧图书馆还可以利用大数据、人工智能等技术，对用户行为进行分析，为用户提供更加精准、个性化的服务。

最后，智慧图书馆还需要注重资源配置的可持续发展。在优化资源配置的过程中，要充分考虑资源的可持续利用，避免资源的浪费和重复建设。这可以通过制定合理的资源利用政策和措施，引导用户合理利用文献资源，提高文献资源的利用率。同时，智慧图书馆还可以通过定期评估资源配置效果，不断优化资源配置，提高图书馆的服务质量。

总之，优化资源配置是实现智慧图书馆服务转型升级的关键环节。智慧图书馆需要在内部资源、外部资源和用户需求等方面进行优化配置，提高文献资源的利用率和满足用户需求。同时，智慧图书馆还需要注重资源配置的可持续发展，实现图书馆服务的持续改进和提升。

二、加强数字化建设

随着数字化技术的不断发展和普及，数字化建设已经成为图书馆发展的重要趋势。在数字化建设方面，高校智慧图书馆应该注重以下几个方面。

1. 加强数字资源建设

数字资源是数字化建设的基础，高校智慧图书馆应该积极采购数字化资源，如电子图书、电子期刊、电子报纸、电子视频等，同时还要注重数字资源的更新和维护，确保数字资源的质量和可用性。

2. 加强数字技术应用

数字技术是数字化建设的关键，高校智慧图书馆应该加强数字技术的应用，如采用云计算、大数据、人工智能等技术，提高数字资源的获取、管理和利用效率，同时还要注重数字技术的创新和应用，推动数字资源的不断发展。

3. 加强数字资源服务

数字资源服务是数字化建设的目的，高校智慧图书馆应该加强数字资源服务，如提供数字资源检索、借阅、下载、共享等服务，同时还要注重数字资源服务的创新和优化，提高数字资源服务的质量和效率。

4. 加强数字资源管理

数字资源管理是数字化建设的重要保障，高校智慧图书馆应该加强数字资源管理，如建立健全数字资源管理机制，规范数字资源的管理流程，确保数字资源的完整性和安全性，同时还要注重数字资源管理的创新和优化，提高数字资源管理的效率和质量。

5.加强数字资源合作

数字资源合作是数字化建设的重要手段，高校智慧图书馆应该加强数字资源合作，如与其他高校、图书馆、机构等进行数字资源的共享、合作、交流等，推动数字资源的共建共享，提高数字资源的利用效率和价值。

综上所述，加强数字化建设是高校智慧图书馆文献资源建设的重要内容，高校智慧图书馆应该从加强数字资源建设、数字技术应用、数字资源服务、数字资源管理、数字资源合作等方面入手，推动数字化建设的发展，提高图书馆的服务水平和效率。

三、构建智能化的文献资源管理系统

在元宇宙时代，构建智能化的文献资源管理系统是高校智慧图书馆文献资源建设的重要手段之一。智能化文献资源管理系统能够实现文献资源的智能化检索、推荐和服务，从而提高用户体验，进一步推动图书馆的发展。

首先，智能化的文献资源管理系统可以有效地提高文献资源的检索效率。传统的图书馆检索方式往往需要用户通过复杂的关键词搜索或者分类目录来寻找所需的文献资源，这种方式既费时又费力。而智能化的文献资源管理系统可以通过自然语言处理、机器学习等技术，自动识别用户的检索需求，从而大大提高了文献资源的检索效率。

其次，智能化的文献资源管理系统可以实现文献资源的个性化推荐。每个用户的需求和兴趣都是不同的，传统的图书馆服务往往无法满足用户的个性化需求。而智能化的文献资源管理系统可以通过分析用户的历史检索记录、阅读习惯等信息，提供个性化的文献资源推荐，从而提高用户对图书馆的满意度。

最后，智能化的文献资源管理系统可以提供全面、深入的文献资源服务。传统的图书馆服务往往只能提供文献资源的借阅、阅览等服务，而智能化的文献资源管理系统则可以通过数字资源、在线阅读等方式，提供全面、深入的文献资源服务，从而满足用户对文献资源的不同需求。

然而，构建智能化的文献资源管理系统并非易事。首先，需要有足够的文献资源支持，包括电子书、期刊、报纸、数据库等。其次，需要有强大的技术支持，包括自然语言处理、机器学习、数据库管理等。此外，还需要有专业的团队进行管理和维护。

总的来说，构建智能化的文献资源管理系统是高校智慧图书馆文献资源建设的重要策略之一。这一系统能够提高文献资源的检索效率，实现文献资源的个性化推荐，提供全面、深入的文献资源服务，从而提升用户体验感，推动图书馆的发展。

四、加强文献资源的组织和管理

在元宇宙时代，高校智慧图书馆作为知识服务的重要载体，其文献资源建设的重要性不言而喻。为了适应新时代的需求，高校智慧图书馆应加强文献资源的组织和管理，提高文献资源的利用率和服务质量。

首先，文献资源的组织管理是高校智慧图书馆实现文献资源价值的关键。通过对文献资源的分类、编目、标引等环节进行深入研究，建立科学合理的文献资源组织体系，有助于提高文献资源的检索效率，降低查找成本，从而提高文献资源的利用率。此外，文献资源的组织管理还需要关注文献资源的更新和淘汰问题，对过时、重复、低效的文献资源进行及时更新和淘汰，以提高文献资源的利用效益。

其次，高校智慧图书馆应加强文献资源的服务质量提升。在元宇宙时代，高校智慧图书馆的服务对象不仅仅是学生和教师，还包括社会公众。因此，文献资源的服务质量需要不断提高，以满足用户的需求。为此，高校智慧图书馆应加强文献资源的个性化服务，根据用户的阅读习惯和需求，提供精准的文献推荐服务；同时，应加强文献资源的共享服务，通过数字化、网络化等技术手段，实现文献资源的跨库、跨平台、跨学科共享，提高文献资源的利用率。

此外，高校智慧图书馆还应加强文献资源的保护工作。在元宇宙时代，文献资源的保护工作面临着新的挑战，如文献资源的数字版权保护、文献资源的网络安全保护等。因此，高校智慧图书馆应加强文献资源的保护工作，提高文献资源的保护意识和保护能力，确保文献资源的长期保存和可持续利用。

综上所述，高校智慧图书馆在元宇宙时代应加强文献资源的组织和管理，提高文献资源的利用率和服务质量。具体而言，应加强文献资源的组织管理，建立科学合理的文献资源组织体系；提升文献资源的服务质量提升，提供个性化服务，提高文献资源的利用率；加强文献资源的保护工作，提高图书馆工作人员对文献资源的保护意识和保护能力。通过这些措施，高校智慧图书馆将为元宇宙时代提供更加优质、高效的知识服务。

五、提升图书馆文献资源服务质量

在元宇宙时代，高校智慧图书馆作为知识服务的重要载体，不仅要关注文献资源的建设和利用，还要注重提升服务质量，以满足师生日益增长的信息需求。提升服务质量是智慧图书馆发展的关键，它包括提高馆员的素质、优化服务流程、创新服务模式等多个方面。

首先，馆员是图书馆服务的主要提供者，他们的专业素质和服务态度直接影响着图书馆服务质量的高低。因此，图书馆应注重对馆员的培训和选拔，提高他们的专业素质和服务意识。此外，图书馆还应制定一套完善的激励机制，鼓励馆员不断提高自身素质，为师生提供更优质的服务。

其次，优化服务流程是提升服务质量的重要途径。智慧图书馆应根据师生需求，对图书馆的服务流程进行梳理和优化，简化操作步骤，提高服务效率。例如，可以引入自助借还书、在线咨询、预约等便捷服务，降低师生使用图书馆的门槛，提高服务质量。

再者，创新服务模式是提高图书馆服务质量的有效手段。智慧图书馆应积极探索新的服务模式，如开展线上线下的讲座、培训、展览等活动，丰富图书馆的服务内容，提高图书馆的吸引力。此外，还可以利用人工智能、大数据等技术，提供个性化推荐、智能问答等服务。

最后，加强与其他图书馆的合作与交流也是提升图书馆服务质量的重要途径。智慧图书馆应积极参与国内外图书馆的交流与合作，共享文献资源，提高图书馆的服务水平。此外，还可以通过与高校其他部门的合作，共同举办各类学术活动，提高图书馆的影响力和知名度。

总之，提升服务质量是高校智慧图书馆文献资源建设的重要任务。图书馆应从提高馆员的素质、优化服务流程、创新服务模式等方面入手，努力提高服务质量，为师生提供更加优质、高效的知识服务。同时，图书馆还应注重与其他图书馆的合作与交流，共同推动图书馆事业的发展。

六、促进文献资源的共享与协作

随着元宇宙时代的到来，高校智慧图书馆文献资源共享和协作成为促进高校智慧图书馆发展的重要手段。

首先，高校智慧图书馆应该加强与其他图书馆之间的资源共享和业务协作。在传统的图书馆资源建设中，各个图书馆之间的资源往往孤立地存在，难以共享和协作。而在元宇宙时代，这种孤立的状态已经不再适用。高校智慧图书馆应该与其他图书馆建立良好的合作关系，共享各自的文献资源，实现资源的优化配置。例如，高校智慧图书馆可以与其他图书馆合作，共同购买文献资源，实现资源共享；或者与其他图书馆合作，共同开展文献资源的研究和开发，实现文献资源的创新。

其次，高校智慧图书馆应该加强文献资源的数字化和开放获取。在元宇宙时代，文献资源的数字化和开放获取已经成为一种新的趋势。高校智慧图书馆应该加强文献资源的数字化和开放获取，以提高文献资源的利用效率。例如，高校智慧图书馆可以建立自己的数字图书馆，将图书馆的文献资源数字化，并提供开放获取服务，方便读者随时随地进行访问和利用。同时，高校智慧图书馆还可以与其他数字图书馆合作，实现文献资源的共享和协作。

最后，高校智慧图书馆应该加强文献资源的个性化服务。在元宇宙时代，读者对文献资源的需求已经发生了变化，他们更加注重文献资源的个性化服务。高校智慧图书馆应该加强文献资源的个性化服务，以满足读者日益增长的需求。例如，高校智慧图书馆可以建立自己的文献资源推荐系统，根据读者的阅读历史和兴趣，推荐相关的文献资源。同时，高校智慧图书馆还可以与其他文献资源推荐系统合作，实现文献资源的共享和协作。

第五节　元宇宙时代高校智慧图书馆文献资源建设发展趋势

随着元宇宙时代的到来，高校智慧图书馆文献资源建设与元宇宙技术相结合，通过虚拟现实、大数据和人工智能等技术，实现文献资源的快速检索、分类、整理和利用，从而提高文献资源建设的效率。此外，通过元宇宙技术，还可以实现文献资源的共享和协作，为用户提供更为丰富和多元化的服务。

一、虚拟现实技术的应用

在当前信息技术高速发展的背景下，虚拟现实技术（VR）逐渐成为图书馆文献资源建设领域的一项重要技术手段。

首先，虚拟现实技术可以帮助图书馆提供沉浸式的阅读体验。在传统的图书馆环境中，读者通常需要在有限的物理空间中阅读文献。然而，通过虚拟现实技术的应用，图书馆可以为读者提供更加立体、直观的阅读体验。例如，在虚拟现实环境下，读者可以身临其境地参观各种博物馆、历史遗迹等，通过亲身体验的方式加深对文献内容的理解。此外，虚拟现实技术还可以为图书馆创造一个独特的阅读空间，让读者在其中享受更加愉悦的阅读体验。

其次，虚拟现实技术可以提高图书馆的吸引力。在互联网的普及下，人们获取信息的方式越来越多样化。而图书馆作为传统的教育资源中心，仍然具有不可替代的优势。通过运用虚拟现实技术，图书馆可以打破传统的时空限制，为读者提供更加丰富的文献资源。此外，图书馆还可以通过虚拟现实技术举办各种线上线下活动，如文献展览、讲座等，吸引更多读者关注和参与。

此外，虚拟现实技术还可以帮助图书馆提高文献资源的利用率。传统的图书馆资源往往受到时间和空间限制，而虚拟现实技术可以将文献资源从实体空间转移到线上平台。这样，读者可以在任何时间、任何地点访问文献资源，大大提高了文献资源的利用率。同时，通过虚拟现实技术，图书馆还可以实现文献资源的共享和协作，促进图书馆与其他机构之间的合作与交流。

最后，虚拟现实技术可以帮助图书馆提供更加个性化的服务。在传统的图书馆环境中，读者往往需要面对大量的文献资源，很难找到自己感兴趣的内容。而通过虚拟现实技术，图书馆可以为读者提供更加个性化的服务。例如，图书馆可以根据读者的兴趣爱好和阅读习惯，推荐相关的文献资源。此外，虚拟现实技术还可以为读者提供交互式、体验式的阅读服务，让读者在阅读过程中获得更加愉悦的体验。

总之，虚拟现实技术在高校智慧图书馆文献资源建设中的应用具有重要的意义。它不仅帮助图书馆提供更加沉浸式的阅读体验，提高了图书馆的吸引力，还可以提高文献资源的利用率，为图书馆提供更加个性化的服务。然而，虚拟现实技术在图书馆领域的应用仍然处于初级阶段，还有待进一步研究和推广。

二、大数据和人工智能技术的应用

随着大数据和人工智能技术的不断发展，图书馆文献资源建设也在不断更新和发展。大数据和人工智能技术的应用可以提高图书馆文献资源的挖掘、分析和利用效率，为图书馆提供更加个性化的服务。

（一）大数据和人工智能技术在图书馆文献资源建设中的应用

1. 文献资源挖掘

大数据技术可以帮助图书馆挖掘出更加丰富的文献资源。通过对海量文献进行分析和挖掘，图书馆可以发现更多的文献资源，提高文献资源的利用率。例如，通过使用自然语言处理技术，可以快速地从文献中提取出主题和关键词，帮助馆员更好地理解和利用文献资源。

2. 文献资源分析

人工智能技术可以帮助图书馆对文献资源进行更深入的分析。例如，使用机器学习算法可以对文献进行分类和聚类，从而更好地理解和组织文献资源。此外，使用自然语言处理技术可以对文献进行情感分析，更好地了解读者的需求和喜好，从而为读者提供更加个性化的服务。

3. 文献资源利用

大数据和人工智能技术还可以帮助图书馆提高文献资源的利用效率。例如，通过使用数据挖掘技术，可以发现文献资源之间的相互关系，从而更好地利用文献资源。此外，通过使用自然语言处理技术，可以快速地从文献中提取出关键信息，帮助读者更好地理解和利用文献资源。

（二）大数据和人工智能技术在图书馆文献资源建设中的作用

1. 提高文献资源的挖掘效率

大数据和人工智能技术可以帮助图书馆挖掘出更多的文献资源，从而提高文献资源的利用率。通过使用自然语言处理技术，可以从文献中提取出主题和关键词，帮助馆员更好地理解和利用文献资源。

2. 提高文献资源的分析效率

人工智能技术可以帮助图书馆对文献资源进行更深入的分析，从而更好地理解和组织文献资源。通过使用机器学习算法，可以对文献进行分类和聚类，从而更好地了解读者的需求和喜好，为读者提供更加个性化的服务。

3. 提高文献资源的利用效率

大数据和人工智能技术还可以帮助图书馆提高文献资源的利用效率。通过使用数据挖掘技术，可以发现文献资源之间的相互关系，从而更好地利用文献资源。此外，通过使用自然语言处理技术，可以快速地从文献中提取出关键信息，帮助读者更好地理解和利用文献资源。

大数据和人工智能技术在图书馆文献资源建设中的应用，可以提高文献资源的挖掘、分析和利用效率，为图书馆提供更加个性化的服务。随着技术的不断发展和进步，相信在未来，大数据和人工智能技术将为图书馆文献资源建设带来更多的创新和机遇。

三、开放获取和知识共享的发展

在元宇宙时代高校智慧图书馆文献资源建设中，开放获取和知识共享的发展是图书馆获取更多文献资源的重要途径，同时也能提高图书馆的开放性和共享性。

开放获取（open access，OA）是一种新型的文献资源获取方式，它允许任何用户通过互联网免费获取学术文献。开放获取的文献通常是在出版前通过预印本的形式发布的，或者是在出版后立即开放给公众。开放获取的文献质量通常较高，因为它们需要经过同行评审，而且作者通常会对文献进行高质量的控制。

知识共享（knowledge sharing，KS）是指在信息社会中，人们通过各种方式共享知识和信息。知识共享可以提高知识的传播速度和效率，促进知识的创新和发展。在图书馆领域，知识共享通常是指图书馆与其他图书馆或信息机构之间的资源共享和合作。

图书馆可以获取到更多的学术文献，这些文献通常具有较高的学术价值和研究质量，可以为图书馆提供更多的研究支持和教学资源。通过知识共享，图书馆可以与其他图书馆或信息机构共享文献和信息资源，从而提高图书馆的开放性和共享性。图书馆可以通过与其他图书馆或信息机构的合作，提供更全面、更专业的文献服务，满足读者多元化的信息需求。

开放获取和知识共享的发展也为图书馆带来了新的挑战和机遇。首先，开放获取和知识共享的文献质量参差不齐，需要图书馆进行严格的筛选和评估，以确保文献的质量。其次，开放获取和知识共享的文献通常以数字化形式存在，需要图书馆具备相应的数字资源管理和利用能力。此外，开放获取和知识共享的文献资源通常需要图书馆进行长期保存和维护，以确保文献的长期可用性和可持续性。

综上所述，开放获取和知识共享的发展为图书馆提供了更多的文献资源，提高了图书馆的开放性和共享性。图书馆应该充分利用开放获取和知识共享的资源，为读者提供更好的服务。同时，图书馆需要面对新的挑战和机遇，不断提高自身的文献资源建设和管理能力，以适应信息社会的发展。

四、跨学科与国际化视野下的文献资源建设

元宇宙时代，高校智慧图书馆文献资源建设需要紧跟时代步伐，加强跨学科合作，拓宽国际视野，提高文献资源建设水平。

跨学科合作意味着图书馆需要与其他学科领域的专家、学者、教师等进行深度合作，共同推动图书馆文献资源建设的发展。这种合作不仅可以提高图书馆文献资源的质量，还可以拓宽图书馆文献资源的范围，满足不同学科领域的研究需求。此外，跨学科合作可以促进图书馆与其他学科领域之间的资源共享，提高图书馆文献资源的利用率。

在全球化的背景下，国际交流与合作日益密切，高校图书馆需要紧跟国际潮流，拓宽国际视野，引进国际一流的学术期刊、图书、数据库等文献资源。文献资源建设不仅包括国内图书馆的文献资源建设，也包括国际合作文献资源建设。国际合作文献资源建设需要各国图书馆的共同参与，且国际合作可以促进文献资源的共享和利用。

国际合作文献资源建设可以带来许多好处。

首先，各国图书馆可以共享自己的文献资源，提高资源的利用率，扩大资源的覆盖面。例如，一些大型图书馆拥有丰富的文献资源，但这些资源可能只在其所在国家或地区得到利用。通过国际合作，这些资源可以被其他国家的图书馆利用，从而提高资源的利用率。

其次，国际合作文献资源建设可以促进文献资源的更新和升级。不同国家的图书馆拥有不同的文献资源，但随着时间的推移，这些资源的质量可能会下降。通过国际合作，各国图书馆可以共享最新的文献资源，并互相学习和交流，从而促进文献资源的更新和升级。

再次，国际合作文献资源建设可以提高图书馆的国际影响力。一个国家的图书馆在国际上的影响力取决于其拥有多少高质量的文献资源。通过国际合作，各国图书馆可以共享自己的文献资源，并与其他国家的图书馆建立合作关

系，从而提高图书馆的国际影响力。

最后，国际合作文献资源建设需要各国图书馆的共同参与。各国图书馆需要共同制定文献资源共享和利用的标准和规范，并建立合作机制，以便更好地共享和利用文献资源。此外，各国图书馆还需要加强交流和合作，以便更好地了解和利用其他国家的文献资源。

综上所述，国际合作文献资源建设是当前图书馆界的重要课题之一。通过国际合作，各国图书馆可以共享文献资源，促进文献资源的更新和升级，提高图书馆的国际影响力。因此，各国图书馆需要共同参与国际合作文献资源建设，以便更好地利用和管理文献资源。

五、智慧图书馆与元宇宙的深度融合

随着科技的不断进步，智慧图书馆与元宇宙的深度融合成为一种新的趋势。智慧图书馆作为一种新型的图书馆形态，它将传统图书馆的功能与数字技术相结合，提供更加丰富、便捷的服务。而元宇宙则是一种全新的虚拟世界，它将现实世界与虚拟世界相结合，提供更加沉浸式的体验。

智慧图书馆与元宇宙的深度融合，能够推动智慧图书馆与元宇宙的创新发展。在智慧图书馆中，通过引入元宇宙技术，可以实现图书馆文献资源的数字化、智能化，提高文献资源的利用率和传播范围。同时，智慧图书馆也可以通过元宇宙技术，为读者提供更加丰富、有趣的阅读体验，吸引更多的读者进入图书馆，提高图书馆的知名度和影响力。

智慧图书馆与元宇宙的深度融合还可以推动图书馆服务的创新。在智慧图书馆中，可以通过引入元宇宙技术，实现图书馆服务的智能化、个性化。例如，读者可以通过智慧图书馆的虚拟现实技术，进入图书馆的虚拟空间，根据自己的需求选择不同的文献资源，同时也可以与其他读者进行交流和互动。这种智能化、个性化的服务，可以提升读者的阅读体验，也能够提高图书馆的服务质量。

智慧图书馆与元宇宙的深度融合还可以推动图书馆管理模式的改革。在智慧图书馆中，可以通过引入元宇宙技术，实现图书馆管理模式的智能化、自动化。例如，图书馆可以通过智慧图书馆的虚拟现实技术，实现图书馆管理人员的远程监控和管理，同时也可以实现图书馆文献资源的自动管理和维护。这种智能化、自动化的管理模式，可以提高图书馆的管理效率和精度，同时也能够降低图书馆管理成本。

　　智慧图书馆与元宇宙的深度融合是一种新型的图书馆发展模式，它能够推动智慧图书馆与元宇宙的创新发展，实现文献资源建设的创新。

本章小节

　　总的来说，利用元宇宙技术实现高校智慧图书馆文献资源建设是一种具有前瞻性的图书馆服务模式，它不仅能够满足读者的阅读需求，提高图书馆的服务质量，还能够促进图书馆文献资源建设的资源共享和利用，提高图书馆文献资源建设的效率。

　　首先，元宇宙时代的高校智慧图书馆文献资源建设需要注重用户体验。用户体验是图书馆的核心服务，也是图书馆在元宇宙时代能否吸引用户、留住用户的关键因素。因此，图书馆应该从用户的角度出发，提供更加人性化的服务，例如智能搜索、个性化推荐、虚拟服务等，以提高用户的使用体验。

　　其次，元宇宙时代的高校智慧图书馆文献资源建设需要注重资源的整合和共享。在元宇宙时代，图书馆的文献资源已经不再局限于纸质书籍和电子书籍，还包括各种数字资源、虚拟资源等。因此，图书馆需要将这些资源进行整合和共享，以提高资源的使用效率和价值。同时，图书馆还需要与其他图书馆、机构、企业等进行合作，共享文献资源，以扩大图书馆的文献资源规模和范围。

　　再次，元宇宙时代的高校智慧图书馆文献资源建设需要注重技术的应用和创新。在元宇宙时代，图书馆需要运用各种新技术，例如人工智能、虚拟现实、区块链等，以提高文献资源的获取、存储、管理、利用等方面的效率和质量。同时，图书馆还需要不断创新，开展创新服务、推出新的应用、探索新的合作等，以提高图书馆的竞争力和影响力。

　　最后，元宇宙时代的高校智慧图书馆文献资源建设需要注重用户的参与和反馈。用户是图书馆服务的最终受益者，他们的需求和反馈对于图书馆的文献资源建设至关重要。因此，图书馆需要与用户进行深入的沟通和交流，了解用户的需求和反馈，并根据用户的反馈进行调整和改进，以提高文献资源建设的质量和效益。

　　总之，通过对元宇宙时代高校智慧图书馆文献资源建设的深入研究，我们得出了一些有价值的结论。这些结论包括注重用户体验、注重资源的整合和共享、注重技术的应用和创新、注重用户的参与和反馈等。这些结论为高校智慧图书馆的文献资源建设提供了新的思路和方法，也为高校智慧图书馆在元宇宙时代的发展指明了方向。

第六章　元宇宙时代高校智慧图书馆学习共享空间构建

　　随着信息技术的飞速发展，智慧图书馆和元宇宙的概念逐渐深入人心。智慧图书馆是一种新型的图书馆，它不仅提供传统的图书借阅服务，还提供了丰富的数字资源和服务。元宇宙是一种虚拟世界，通过计算机技术构建出一个虚拟空间，用户可以在其中进行各种活动。在当前的时代背景下，智慧图书馆和元宇宙的结合成为图书馆发展的新趋势。智慧图书馆的数字资源和服务可以通过元宇宙得到更好的展示和推广，而元宇宙技术也为智慧图书馆发展提供了先进的技术。构建基于元宇宙技术的图书馆学习共享空间，不仅可以为读者提供更加丰富的学习体验，还可以为图书馆的发展提供新的契机。

　　在高校智慧图书馆建设中，随着数字化、网络化的加速发展，图书馆的资源越来越丰富，传统的图书馆服务已经无法满足用户的需求，构建学习共享空间提供更加丰富、更加个性化的服务，以满足用户的学习需求已成为必然趋势。

　　总之，元宇宙时代高校智慧图书馆学习共享空间的构建，是一个富有挑战性和机遇性的研究领域。通过对这一主题的研究，可以为图书馆学领域提供新的理论指导，推动图书馆的发展。同时，也为我国高校智慧图书馆的建设提供有益的借鉴和启示。在未来的研究中，我们将继续深入探讨这一主题，为学习共享空间的研究做出创新探索，为高校图书馆学习空间实践应用提供新思路，也为图书馆学的繁荣和发展做出更大的贡献。

第一节　学习共享空间概述

　　基于元宇宙时代背景下，高校智慧图书馆构建支持教育教学、学术科研的新型学习共享空间，成为数字时代图书馆空间转型的必经之路。学习共享空间（learning sharing space，LSS）是集"学习"和"共享"、信息资源与技术支持、先进理念与真实体验于一体的智慧型图书馆服务模式。本章从图书馆学习共享空间的概念、特点，国内外研究现状及其发展历程，以及建设智慧图书馆的重要意义出发，为我国高校智慧图书馆学习共享空间的建设提供新的思路和方向，推动图书馆服务的创新和升级。

一、学习共享空间的概念

学习共享空间（LSS）是一种新型的图书馆服务模式，它以用户为中心，以信息共享和知识交流为核心，旨在为用户提供一个舒适、便捷的学习环境。LSS 将传统的图书馆资源、设施和服务进行整合和创新，提供多种学习方式，满足用户多样化的学习需求。同时，学习共享空间不仅为学习者提供了丰富的学习资源，还通过社交互动和协作学习等方式，促进了学习者之间的交流和合作，从而提高学习者的学习效果和满意度。这一模式的出现，是图书馆服务理念和模式创新的体现，有助于推动图书馆事业的发展。

首先，学习共享空间是一种新型的图书馆服务模式，它以用户为中心，将图书馆资源、设施和服务进行整合和创新，提供多种学习方式。这一模式强调用户的需求和体验，转变了传统的图书馆服务模式。传统的图书馆服务模式，主要是以馆员为中心，提供传统的图书馆资源、设施和服务。而学习共享空间强调用户的需求和体验，将图书馆资源、设施和服务进行整合和创新，提供多种学习方式，以满足用户多样化的学习需求。

其次，学习共享空间以信息共享和知识交流为核心，旨在为用户提供一个舒适、便捷的学习环境。信息共享和知识交流是图书馆的核心功能，也是图书馆存在的重要意义。学习共享空间通过信息共享和知识交流，为用户提供了一个舒适、便捷的学习环境，使得用户可以更好地学习和交流知识。

此外，传统的图书馆资源、设施和服务主要是以图书、期刊、报纸等为主，而学习共享空间将传统的图书馆资源、设施和服务进行了整合和创新，提供多种学习方式，如电子图书、电子期刊、电子报纸、电子数据库等。这些学习方式，可以满足用户多样化的学习需求，使得用户可以更好地学习和利用图书馆资源。

最后，学习共享空间的出现，是图书馆服务理念和模式创新的体现，有助于推动图书馆事业的发展。学习共享空间的出现，不仅为用户提供了一个舒适、便捷的学习环境，还推动了图书馆服务理念和模式的创新。学习共享空间的出现，使得图书馆服务更加注重用户的需求和体验，推动了图书馆服务理念和模式的创新，还推动了图书馆事业的发展，并为其提供了新的动力。

总之，学习共享空间是一种新型的图书馆服务模式，它以用户为中心，以信息共享和知识交流为核心，旨在为用户提供一个舒适、便捷的学习环境。学习共享空间的出现，是图书馆服务理念和模式创新的体现，有助于推动图书馆事业的发展。

二、学习共享空间与智慧图书馆的关系

学习共享空间与智慧图书馆的关系可以从多个方面进行阐述。

首先，学习共享空间是智慧图书馆的一种延伸和拓展。智慧图书馆是一个集成了图书馆资源、技术和服务的综合信息平台，它为学习者提供了丰富的学习资源和便捷的学习服务。学习共享空间则是在智慧图书馆的基础上，进一步扩展和深化了图书馆的服务功能，通过社交互动和协作学习等方式，为学习者提供了更加开放、互动和个性化的学习体验。

其次，学习共享空间与智慧图书馆共享了相同的资源和服务。智慧图书馆拥有丰富的图书资源和图书馆服务，而学习共享空间将这些资源和服务进行了整合和共享，学习者可以在学习共享空间中获取到与智慧图书馆相同的资源和服务，从而获得更加全面和深入的学习体验。

最后，学习共享空间与智慧图书馆之间也存在一些差异和互补性。学习共享空间更加注重学习者的互动和协作，而智慧图书馆更加注重图书馆资源的整合和服务。因此，学习共享空间与智慧图书馆之间需要相互补充、相互支持，共同推动图书馆服务的发展和进步。

学习共享空间是一种新兴的学习环境，它通过将不同学科领域的资源和专业知识整合在一起，为学习者提供一个开放、共享和互动的学习平台。学习共享空间与智慧图书馆的关系可以从多个方面进行阐述，学习共享空间是智慧图书馆的一种延伸和拓展，与智慧图书馆共享资源和服务，同时也存在一些差异性和互补性，需要相互补充、相互支持，共同推动图书馆服务的发展和进步。

三、学习共享空间的特点

智慧图书馆学习共享空间是现代图书馆发展的新趋势，它将传统图书馆的资源与数字技术相结合，以满足用户对知识服务的需求。智慧图书馆学习共享空间的特点主要表现在资源共享、智能化、开放性和共享性、个性化、社会化等方面。

1. 资源共享

传统图书馆的资源往往存在空间和时间的限制，而智慧图书馆学习共享空间打破了这些限制，实现了资源的共享。智慧图书馆学习共享空间将图书馆的纸质文献、电子书、期刊、数据库等资源进行整合，用户可以随时随地地获取所需资源。此外，智慧图书馆学习共享空间还通过与其他图书馆、学术机构、企业等合作，进一步扩大了资源的共享范围，为用户提供了更加丰富的知识资源。

2. 智能化

智慧图书馆通过引入人工智能、大数据、云计算等先进技术，实现图书馆的自动化、数字化和智能化。例如，智慧图书馆可以通过自动化系统实现图书馆的自动化管理，包括图书的自动化借还、自动化盘点、自动化消毒等，大大提高了图书馆的管理效率和安全性。同时，智慧图书馆还可以通过大数据和云计算等技术，实现图书馆资源的智能推荐和智能搜索，为学生和教职员工提供更加个性化和精准的学习资源和服务。

3. 开放性和共享性

智慧图书馆学习共享空间强调开放性，鼓励用户进行知识共享和创新，通过开放平台、共享空间等手段，促进知识的交流和传播。同时，智慧图书馆学习共享空间还强调共享性，将图书馆的资源、技术和服务进行共享，为用户提供更加便捷、高效的知识服务。

4. 个性化

智慧图书馆通过引入人工智能、大数据等技术，可以实现对学生的学习行为、兴趣爱好、知识需求等方面的分析，从而提供更加个性化和精准的学习资源及服务。例如，智慧图书馆可以通过人工智能技术，分析学生的阅读行为和阅读习惯，向学生推荐更加符合他们兴趣和需求的学习资源。同时，智慧图书馆还可以通过大数据技术，分析学生的学习行为和偏好，为图书馆工作人员和学生提供更加精准的数据支持，以便更好地满足学生的学习需求。

5. 社会化

智慧图书馆通过引入社交媒体、移动终端等技术，实现图书馆的社交化和信息化。例如，智慧图书馆可以通过社交媒体平台，为学生和教职员工提供更加便捷的社会交流和信息分享平台，促进图书馆的学习交流和资源共享。同时，智慧图书馆还可以通过移动终端技术，实现图书馆的移动化和智能化，为学生和教职员工提供更加便捷的学习资源和服务。

综上所述，高校智慧图书馆学习共享空间具有资源共享、智能化、开放性、共享性、个性化、社会化等特点。通过引入人工智能、大数据、社交媒体等先进技术，实现图书馆的自动化、数字化、智能化、个性化和社会化，以满足学生和教职员工的学习需求，为高等教育机构的发展做出积极贡献。

四、学习共享空间构建的研究现状

学习共享空间构建作为图书馆创新服务的重要内容，受到了学者的广泛关注。然而，智慧图书馆学习共享空间构建的研究尚处于起步阶段，缺乏深入的研究和实践。当前的研究主要集中在学习共享空间的理论构建、设计原则、空间布局和功能等方面，缺乏对其在实际应用中的效果和反馈的研究。此外，智慧图书馆学习共享空间构建的研究也缺乏跨学科的整合和深入的思考，需要进一步拓宽研究视野，加强跨学科的合作和交流。

在理论构建方面，为图书馆虚拟学习共享空间模式构建提供理论支持与指导的是交互影响距离理论和建构主义学习理论。首先是交互影响距离理论。所谓交互影响距离是由美国宾夕法尼亚大学的 Michael Gmoore 提出的，他认为学习者在数字时代网络环境下进行学习时，其交流和心理就会感觉存在一定的"距离感"。为了减少学习者所经历的"距离感"，他建议从学习者、对话和结构着手，为图书馆虚拟学习共享空间的建设、提升读者在线学习感知提供框架。其理论指导图书馆应构建与读者保持实时对话的学习共享空间，以促进读者与空间的深度交互。同时，通过优化学习资源和服务计划完善空间结构，建成一个高质量线上学习平台，以促进读者的积极参与，提升读者的自主学习能力。其次是建构主义学习理论。建构主义学习理论是认知学习理论的一个重要分支。该理论认为，图书馆学习共享空间应拥有更完善的资源检索库和数据处理中心，并根据读者的需求，创造多种在线学习情境，促进共享性、交互性学习，从而提高学习体验感，提升学习过程的有效性和价值。

在设计原则方面，学习共享空间的设计需要遵循人性化、绿色化、数字化、社交化等原则。人性化原则要求学习空间的设计要考虑学习者的需求和舒适度，绿色化原则要求学习空间的设计要注重环保和可持续发展，数字化原则要求学习空间的设计要充分利用数字化技术和工具，社交化原则要求学习空间的设计要促进学习者之间的互动和交流。

在空间布局方面，探讨了如何将图书馆的空间进行合理布局，以满足用户的需求。例如，学者提出了一种基于用户行为分析的学习空间布局方法，该方法通过监测和分析用户在图书馆中的行为，以了解用户的需求和偏好，进而调整图书馆的空间布局，以提高用户的学习效率和满意度。此外，还有一些研究探讨了如何将图书馆的空间与城市环境相结合，以创造出更加舒适和宜人的学习空间。

在功能方面，学者探讨了如何设计出更加符合用户需求的学习空间。如提供数字化资源、网络服务、参考咨询服务等。此外，学者提出了一种基于用户需求的学习空间设计方法，该方法通过对用户的需求进行分析和评估，以确定学习空间的功能和布局，从而创造出更加高效和舒适的学习环境。还有一些研究探讨了如何将图书馆的功能与其他领域相结合，以创造出更加多样化和丰富的学习空间，促进学习者之间的互动和交流，提高学习者的学习体验和满意度。

在技术应用方面，学者探讨了如何利用技术手段来提升图书馆的学习共享空间。例如，学者提出了一种基于人工智能的学习空间技术应用方法，通过对图书馆中的用户行为进行监测和分析，以提供更加个性化和智能化的学习服务。此外，还有一些研究探讨了如何利用虚拟现实技术来创造出更加生动和逼真的学习空间。

总而言之，智慧图书馆学习共享空间构建的研究尚处于起步阶段，缺乏深入的研究和实践。当前的研究主要集中在学习空间的理论指导、设计原则、空间布局、功能和技术应用等方面，缺乏对其在实际应用中的效果和反馈的研究。此外，智慧图书馆学习空间构建的研究也缺乏跨学科的整合和深入的思考，需要进一步拓宽研究视野，加强跨学科的合作和交流。

五、智慧图书馆学习共享空间的发展历程

1992 年，美国爱荷华大学（ University of Iowa ）图书馆运用数字技术，建立了"信息拱廊"（ information arcade，IA ），不仅可以让用户在网上利用"爱荷华在线"进行参考咨询，还可以共享与之合作的任意一家图书馆的信息资源，这种为用户提供在线参考咨询的方法，成为早期图书馆信息共享空间（ information commons，IC ）服务模式的标志[①]。这也是学习共享空间的演变基础。而后，随着 Web2.0 技术席卷全球，"新媒体"改变了固有的交流模式，对 IC 服务模式的博弈逐渐渗透到各行各业，人们慢慢地发现 IC 带给图书馆服务方式的转变，还可以协助教学，为人才培养方式提供服务。在 2000 年前后，我国开始注重引入学习共享空间理念，一些高校图书馆逐渐开始探讨这种创新服务模式。2004 年，美国南加利福尼亚大学主办全国性会议，集中研讨关于"信息共享：学习空间超越课堂"（ Information Commons：Learning Space Beyond the Classroom ）的课题，至此，"学习共享"这一术语开始被广泛使用。中国香港地区高校更是于 2005 年先提出了图书馆信息共享空间的建立需求（后期演变为学习共享空间），可以说学习共享空间是以当前世界上最大图书馆为基础建立的一种新型服务模式，是创造协同学习、科研共享、读者个性化以及协同研究的过程。[②]

随着互联网技术的不断发展，智慧图书馆学习共享空间经历了以下几个阶段。

（1）初期阶段（1990—2000 年），学习共享空间的概念逐渐引起教育研究者的关注。这一阶段的研究主要集中在学习共享空间的理论基础、实践模式以及与传统教育模式的比较。研究者认为，学习共享空间能够有效地促进学习者之间的交流与合作，提高学习者的学习兴趣和动机，同时有助于培养其创新能力和团队精神。此外，研究者还关注学习共享空间的实践模式，如小组学习、项目式学习、合作学习等，并尝试将这些模式应用于实际教学场景。

---

① DONALD BEAGLE. From Learning Commons to Learning · 131 · Outcomes：Assessing Collaborative Servicesand Spaces［EB/OL］. EDUCAUSE Research Bulletin，1-11，2011 -09-27．http：//net. educause. edu/ir /library / pdf /ERB1114. pdf.

② 何林 . 高校图书馆未来学习共享空间构建策略 [J]. 湖北开放职业学院学报，2023，36（20）：29-31.

在实践探索方面，学习共享空间的应用范围逐渐扩大。研究者们开始关注学习共享空间在各个教育领域中的应用，如高等教育、基础教育、在线教育等。同时，研究者们还关注学习共享空间在不同国家、地区和民族背景下的应用与实践，以期为全球教育改革提供有益借鉴。通过对比分析，探讨学习共享空间与传统教育模式之间的优缺点，从而为教育改革提供理论支持。

综上所述，在初期阶段，学习共享空间的概念得到了理论研究和实践探索。这一阶段的研究成果为后续学习共享空间的发展奠定了基础，同时也为教育改革提供了有益启示。随着学习共享空间在教育领域的不断深入应用，我们有理由相信，学习共享空间将在未来教育发展中发挥更加重要的作用。

（2）发展阶段（2000—2010 年），智慧图书馆开始将传统的图书馆服务与互联网技术相结合，开发出一些在线学习工具和平台，如电子书、在线数据库、电子期刊等，以满足读者对知识获取和共享的需求。同时，智慧图书馆也开始注重学习共享空间的社交属性，通过建立学习小组、交流讨论等方式，促进读者之间的互动和交流，提高学习的效果。

首先，智慧图书馆利用人工智能、区块链等技术开发一些在线学习工具和平台，极大地拓宽了读者的知识获取渠道，同时也提供了更多的学习资源。电子图书可以随时随地进行阅读，大大方便了读者的学习。在线数据库和电子期刊则提供了更加丰富和深入的学习内容，读者可以通过搜索引擎快速找到所需的信息。

其次，学习共享空间是指读者可以在图书馆内或者通过互联网平台进行交流和合作学习的场所。智慧图书馆开始注重学习共享空间的社交属性。通过建立学习小组、交流讨论等方式，读者可以更好地分享自己的知识和经验，同时也能够从其他读者那里学习到新的知识。这种社交属性的学习共享空间，可以提高读者的学习效果，同时也能够促进读者之间的互动和交流。

最后，智慧图书馆通过人工智能技术，提供一些智能化、个性化的推荐服务。根据读者的阅读习惯和兴趣，推荐合适的图书和文章。此外，智慧图书馆还可以通过大数据分析，了解读者的阅读行为，为读者提供更加精准和高效的服务。

总的来说，2000—2010 年是智慧图书馆发展的关键时期，智慧图书馆在这个阶段开始将传统的图书馆服务与互联网技术相结合，提供更多的在线学习工具和平台，注重学习共享空间的社交属性，同时提供一些智能化的服务。这些改变不仅极大地丰富了图书馆的服务内容，也提升了图书馆的服务质量，为读者提供了更加便捷和高效的学习方式。

（3）成熟阶段（2010年至今），智慧图书馆学习共享空间已经形成了较为完善的体系，包括线上和线下的学习资源、工具和服务，以及良好的社交互动机制。在这个阶段，智慧图书馆学习共享空间已经不再仅仅是一个提供学习资源的场所，而是成为一个集知识获取、交流、共享、创新于一体的学习生态系统。

智慧图书馆学习共享空间不仅为学习者提供了丰富的学习资源，还提供了各种工具和服务，如电子图书、在线数据库、学术搜索引擎、在线学习平台等。这些工具和服务为学习者提供了便捷的学习方式，可以随时随地地获取所需的学习资源。

同时，智慧图书馆学习共享空间还提供了良好的社交互动机制，如小组讨论、在线交流、社交媒体等。这些社交互动机制可以促进学习者之间的交流和合作，共同探讨学习问题，分享学习经验，提高学习效果。

智慧图书馆学习共享空间已经成为一个集知识获取、交流、共享、创新于一体的学习生态系统。在这个生态系统中，学习者可以获取所需的知识资源，与同伴进行交流和合作，共同探讨问题，进行创新性的思考和探索。

在这个阶段，智慧图书馆学习共享空间已经成为一个重要的学习场所，不仅可以提供丰富的学习资源，还可以提供良好的社交互动机制，促进学习者之间的交流和合作，提高学习效果。未来，智慧图书馆学习共享空间还将继续发展，不断探索新的学习方式和资源，为学习者提供更加优质的服务，推动学习共享空间的不断发展和完善。

总之，在元宇宙技术的赋能下，智慧图书馆学习共享空间的发展历程是一个不断演进的过程，从初期的单一学习资源和服务，到发展阶段的注重社交属性和互动交流，再到成熟阶段的完善体系，每一个阶段都为智慧图书馆学习共享空间的发展做出了重要的贡献。

六、智慧图书馆学习共享空间构建的意义

在当前信息爆炸的时代，图书馆作为高校的重要学术资源库，承担着知识传播和学术研究的重要使命。然而，传统的图书馆服务模式已经无法满足

现代大学生的需求。随着元宇宙技术的发展，元宇宙时代高校智慧图书馆学习共享空间的构建成为图书馆发展的新趋势。研究这一主题具有重要的理论和实践意义。

首先，从理论层面来看，元宇宙时代高校智慧图书馆学习共享空间的构建研究，有助于丰富和发展图书馆学领域的理论体系。当前，图书馆学领域的研究主要集中在图书馆资源建设、服务模式创新等方面，而元宇宙时代高校智慧图书馆学习共享空间的构建，涉及的领域更加广泛，如元宇宙技术、用户体验、空间设计等。通过研究这一主题，可以推动图书馆学领域的理论创新，为图书馆发展提供理论指导。

其次，从实践层面来看，元宇宙时代高校智慧图书馆学习共享空间的构建，可以为我国高校智慧图书馆的发展提供有益的借鉴和启示。第一，它为高校教学科研提供了更加丰富的学习资源。传统的图书馆服务模式往往受到空间和时间的限制，而智慧图书馆学习共享空间可以打破这些限制，为用户提供全天候、全方位的学习资源。第二，它提供了更加便捷的学习方式。传统的图书馆服务模式需要用户到图书馆实体空间进行查阅，而智慧图书馆学习共享空间可以通过虚拟现实、人工智能等技术，为用户提供更加便捷的学习方式。第三，它提供了更加广阔的交流平台。传统的图书馆服务模式往往局限于图书馆实体空间，而智慧图书馆学习共享空间可以通过虚拟现实、人工智能等技术，为用户提供更加广阔的交流平台，促进用户之间的交流和合作。

当前，我国高校智慧图书馆的建设面临着诸多挑战，如资源整合、技术应用、用户体验等。通过对元宇宙时代高校智慧图书馆学习共享空间的构建进行研究，可以为我国高校智慧图书馆的建设提供新的思路和方向，推动图书馆服务的创新和升级。

总之，元宇宙时代高校智慧图书馆学习共享空间的构建，是一个富有挑战性和机遇性的研究领域。通过对这一主题的研究，可以为图书馆学领域提供新的理论指导，推动图书馆的发展。同时，也为我国高校智慧图书馆的建设提供了有益的借鉴和启示。在未来的研究中，我们将继续深入探讨这一主题，为图书馆学的繁荣和发展做出更大的贡献。

第二节　元宇宙时代高校智慧图书馆学习共享空间构建的理论框架

智慧图书馆学习共享空间是以图书馆为核心，通过互联网、物联网、人工智能等现代科技手段，打造出一个集学习、交流、研究、休闲等功能于一体的公共空间。它打破了传统图书馆的物理界限，让读者可以在任何时间、任何地点进行学习，提升了图书馆的服务效率和用户体验。其构建理论是今后高校智慧图书馆学习共享空间建设的重要依据。本节内容从智慧图书馆学习共享空间的核心要素、构建原则、元宇宙技术在智慧图书馆学习共享空间中的应用以及对理论建构的分析，更好地阐释了当前在元宇宙技术的赋能下，高校智慧图书馆学习共享空间的特点和规律，为今后高校智慧图书馆建设和发展提供有益的指导和支持。

一、智慧图书馆学习共享空间的核心要素

智慧图书馆学习共享空间是一种新兴的学习环境，旨在为读者提供更加便捷、高效的学习方式。其核心要素包括学习资源、学习环境、学习工具和服务等。

学习资源是智慧图书馆学习共享空间的重要组成部分。它包括各种形式的学习材料，如图书、期刊、报纸、电子书、电子期刊、音视频资料等。学习资源的选择和提供需要考虑读者的需求和兴趣，同时也需要根据图书馆的资源和能力进行合理的规划和配置。同时，学习资源的更新和维护也是非常重要的，以确保读者能够获得最新的知识和信息。

学习环境包括图书馆的物理空间、设施和氛围等。图书馆应提供舒适的学习环境，如宽敞明亮的阅读室、舒适的座椅、空调、照明等，以及安静的学习区域，以保证读者可以专注于学习。此外，图书馆还应该提供多样化的学习空间，如小组讨论室、阅读室、研讨室等，这些空间可以根据读者的需求进行灵活的配置。氛围方面，图书馆需要营造一种积极、友好、开放的氛围，鼓励读者之间的交流和合作。

学习工具包括计算机、打印机、扫描仪、投影仪等，这些工具可以方便读者进行各种学习活动。在互联网时代，元宇宙技术逐渐深入到图书馆的各个层

面，特别是通过学习共享空间的构建，读者可以借助于人工智能、区块链等技术，在图书馆里，利用计算机、投影仪等实现人机对话，从而得到更为多元化和个性化的服务，提升学习者的学习体验。

学习服务是智慧图书馆学习共享空间的重要核心。高校智慧图书馆作为服务部门，其宗旨就是为师生提供高效、便捷的服务。如参考咨询、信息检索、阅读指导等，以帮助读者解决学习中遇到的各种问题。首先是参考咨询服务。在图书馆里，读者可以通过电话、邮件、在线聊天等方式向馆员咨询问题，馆员会根据读者的问题提供相应的帮助和解答。同时，还可以提供在线参考咨询服务，读者可以通过图书馆的网站或移动应用程序向馆员咨询问题，馆员会在第一时间内回复读者的问题。其次是信息检索服务。图书馆可以提供各种类型的数据库，如学术期刊、电子书、音乐、电影等，读者可以通过图书馆的网站或移动应用程序进行信息检索，找到自己需要的资料。图书馆还可以提供专业化的信息检索服务，如专利检索、标准文献检索等，以帮助读者在特定领域内进行深入的研究。最后是阅读指导服务。馆员可以利用馆藏资源，如图书、报纸、杂志等，为读者提供阅读指导服务，如阅读技巧、阅读策略、阅读兴趣等，以帮助读者更好地理解和欣赏阅读材料。

总之，智慧图书馆学习共享空间是一种新兴的学习环境，旨在为读者提供更加便捷、高效的学习方式。通过对其核心要素（包括学习资源、学习环境、学习工具和服务等）的阐述，利用元宇宙技术为读者提供多元化的服务，满足读者不同的学习需求。

二、智慧图书馆学习共享空间的构建原则

（一）用户需求至上原则

用户需求是图书馆服务的基础，也是图书馆资源配置的核心。智慧图书馆学习共享空间的构建应以用户需求为导向，提供符合用户需求的学习资源和服务，以满足用户的学习需求。用户需求可以分为物质需求、信息需求、社交需求和心理需求等。物质需求包括图书馆空间、设施和设备等；信息需求包括信息资源、信息检索工具和信息咨询服务等；社交需求包括交流、合作和分享等；心理需求包括情感支持、自我实现和认同感等。在深入了解用户需求的基础上，我们不仅在空间布局上需要合理规划图书馆的学习区域、讨论区和休息

区等，以满足不同用户的需求。在设施上，我们需要提供充足的座位、电源插座、网络接口等，以满足用户的学习和信息需求。在服务上，我们需要提供信息咨询、参考咨询、文献传递等服务，以满足用户的心理需求。

同时，我们需要定期对用户需求进行反馈和调整。用户需求是动态变化的，我们需要定期收集用户的反馈意见，对图书馆学习共享空间的设施和服务进行调整和改进，以满足用户的需求变化。

综上所述，高校图书馆学习共享空间的构建应以用户需求为中心，关注用户在使用过程中的需求变化，提供符合用户需求的设施和服务。同时，我们需要对用户需求进行深入分析，根据用户需求进行图书馆学习共享空间的设施和服务设计，并定期对用户需求进行反馈和调整，从而促进图书馆的学习共享空间的利用率和服务质量，满足学生的学习需求。

（二）开放性原则

元宇宙时代高校智慧图书馆学习共享空间的构建，成为图书馆事业发展的新趋势。在此背景下，开放性原则成为构建智慧图书馆学习共享空间的重要原则之一。

首先，开放性原则强调图书馆资源的共享和开放，可以提高图书馆资源的利用率。在传统图书馆中，图书馆资源往往被限制在图书馆内部，读者需要到图书馆内才能借阅图书、查阅资料等。而在智慧图书馆中，图书馆资源将实现数字化、网络化，读者可以随时随地地访问、使用这些资源。

其次，开放性原则有助于推动图书馆与其他机构的合作与交流。在智慧图书馆中，图书馆不仅需要与其他图书馆、学术机构、企业等合作，共享各类资源，还可以与其他机构共同开展各类活动，如讲座、研讨会、培训等，推动图书馆与其他机构的合作与交流。这种合作与交流不仅可以促进图书馆资源的共享与开放，还可以推动图书馆与其他机构在技术、服务、管理等方面的共同发展。

最后，开放性原则有助于提升图书馆服务的便捷性和高效性。在智慧图书馆中，图书馆资源将实现数字化、网络化，读者可以随时随地地访问、使用这些资源。智慧图书馆还可以通过人工智能、大数据等技术，为读者提供个性化的服务，如推荐书籍、推送资讯等，提升图书馆服务的便捷性和高效性。

然而，开放性原则的实施也需要注意一些问题。例如，在开放图书馆资源的同时，需要保障图书馆资源的质量和安全。同时，还需要制定相应的政策和规定，规范图书馆资源的开放与使用，防止资源被滥用、泄露等问题的发生。

综上所述，开放性在高校智慧图书馆学习共享空间的构建中具有重要意义。通过强调图书馆资源的共享和开放，可以提高图书馆资源的利用率，推动图书馆与其他机构的合作与交流，提高图书馆服务的便捷性和高效性。然而，在实施开放性原则的过程中，也需要注意一些问题，以保障图书馆资源的质量和安全。

（三）共享性原则

共享性原则要求图书馆为读者提供便捷、高效的学习共享服务，满足读者需求。在当前的元宇宙时代，高校智慧图书馆需要适应时代发展的需求，加强共享性原则的实践和应用，以提供更优质的服务，满足读者的学习需求。

第一，高校智慧图书馆需要提供多样化的学习资源。在元宇宙时代，读者的学习需求变得更加多样化，他们需要获取更多的学习资源来满足自己的需求。因此，高校智慧图书馆需要加强资源建设，提供更多样化的学习资源，如电子图书、电子期刊、数据库、在线课程等，以满足读者的学习需求。

第二，高校智慧图书馆需要加强服务设施的建设。在元宇宙时代，读者的学习方式变得更加灵活多样，他们需要更加便捷的服务设施来支持自己的学习。因此，高校智慧图书馆需要加强服务设施的建设，如自助借还书机、自助打印机、学习中心等，以提供更加便捷的学习服务。

第三，高校智慧图书馆需要加强在线服务的提供。在元宇宙时代，读者的学习方式变得更加在线化，他们需要更多的在线服务来支持自己的学习。因此，高校智慧图书馆需要加强在线服务的提供，如在线咨询、在线阅读、在线讨论等，以提供更加高效的学习服务。

第四，高校智慧图书馆需要提高用户参与度。在元宇宙时代，读者的学习需求变得更加个性化，他们需要更多的参与度来满足自己的需求。因此，高校智慧图书馆需要提高读者参与度，如开展用户培训、用户调研、用户反馈等，以更好地了解读者需求，提供更加优质的服务。

第五，高校智慧图书馆需要加强与社会资源的融合。在元宇宙时代，读者的学习资源需要更加丰富多样，他们需要更多的社会资源来支持自己的学习。因此，高校智慧图书馆需要加强与社会资源的融合，如与社区图书馆、公共图书馆等合作，共享资源，以提供更优质的服务。

综上所述，元宇宙时代高校智慧图书馆学习共享空间的构建需要加强共享性原则的实践和应用，以提供更加优质的服务，满足读者的学习需求。具体而言，高校智慧图书馆需要提供多样化的学习资源，加强服务设施的建设，加强在线服务的提供，提高用户参与度，以及加强与社会资源的融合。只有这样，高校智慧图书馆才能更好地适应元宇宙时代的发展，为读者提供更加优质的学习共享服务。

（四）智能化原则

在元宇宙时代，高校智慧图书馆学习共享空间的构建中智能化原则是其中一个重要的方面，它利用人工智能技术，提高图书馆服务的智能化水平，提升读者体验。

首先，提高图书馆服务的智能化水平。在元宇宙时代，人工智能技术的发展已经到了一个新的阶段，可以应用于图书馆服务的各个方面。例如，人工智能可以用于图书推荐系统，通过分析读者的阅读历史和兴趣，为读者推荐相关的图书。人工智能还可以用于图书馆的自动化管理系统，提高图书馆的效率和准确性。

其次，提升读者智能化体验。在元宇宙时代，读者对于图书馆的需求已经发生了变化。他们希望能够享受到更加智能化、个性化的服务。智能化原则可以满足读者的需求，提高读者体验。例如，图书馆可以利用人工智能技术，为读者提供个性化的阅读推荐，让读者能够更好地享受阅读的乐趣。

最后，促进图书馆的智能化可持续发展。在元宇宙时代，图书馆需要不断地更新和改进，以适应新的需求和挑战。智能化原则可以帮助图书馆实现可持续发展，提高图书馆的效率和效益。例如，图书馆可以利用人工智能技术，实现图书资源的共享和优化，提高图书馆的利用率和服务质量。

综上所述，智能化在高校智慧图书馆学习共享空间的构建中起着重要作用。它可以提高图书馆服务的智能化水平，提升读者体验，促进图书馆的可持续发展。因此，在元宇宙时代，高校智慧图书馆学习共享空间的构建需要充分考虑智能化原则的应用。

（五）可持续发展原则

可持续发展是构建元宇宙时代高校智慧图书馆学习共享空间的重要考虑因素。在当前全球环境日益恶化和资源紧张的情况下，图书馆作为知识和文化的重要载体，其建设和运营必须考虑环保和节能等方面，实现绿色图书馆建设。具体而言，构建绿色图书馆所必须遵循的原则如下。

1. 环保

环保是绿色图书馆建设的基础。图书馆在设计和建造过程中，应该尽可能减少对环境的影响。这包括选择环保材料，减少建筑垃圾的产生，合理利用水资源和能源，以及加强图书馆内部的环境管理等方面。

2. 节能

节能是实现绿色图书馆建设的重要手段。图书馆在建设和运营过程中，应该尽可能减少能源的消耗。这包括采用节能技术和设备，如 LED 照明、智能空调和高效制冷系统等；合理控制图书馆内部的照明和空调等设施的使用，以降低能耗；加强图书馆内部的能源管理和监测，及时发现和解决能源浪费问题。

3. 可持续性

可持续性是绿色图书馆建设的核心。图书馆应该从长远发展的角度出发，考虑图书馆的可持续性和长期效益。这包括加强图书馆与社会的互动和合作，推动图书馆与社会、文化、经济等方面的融合；建立图书馆内部的知识共享和信息共享机制，促进图书馆与读者之间的互动和合作；加强图书馆与周边环境和自然资源的联系和保护，促进图书馆与自然环境的和谐发展。

4. 创新

创新是绿色图书馆建设的动力。图书馆应该积极探索和应用新的技术和方法，以实现绿色图书馆建设，包括采用云计算、大数据、人工智能等新技术，提高图书馆的智能化和服务水平；利用互联网、移动终端等新兴渠道，拓展图书馆的服务范围和受众群体；加强图书馆与周边机构和社会组织的合作，共同推进图书馆的创新和发展。

综上所述，构建元宇宙时代高校智慧图书馆学习共享空间必须遵循可持续性原则，以实现绿色图书馆建设。只有综合考虑环保、节能、可持续和创新等方面，才能构建出既满足当前需求，又兼顾未来发展的绿色图书馆，为高校提供更加优质、高效、可持续的学习共享空间。

三、元宇宙技术在智慧图书馆学习共享空间中的应用

随着信息技术的不断发展和进步，图书馆已经从传统的纸质书籍和文献资源时代进入到数字化、网络化、智能化的新时代。在这样的背景下，元宇宙技术作为一种新型的数字技术，被广泛应用于智慧图书馆学习共享空间的构建中。

（1）虚拟现实技术（VR）是一种通过计算机技术模拟出三维空间的虚拟技术，可以让读者身临其境地感受到虚拟世界中的各种体验。在智慧图书馆学习共享空间中，虚拟现实技术可以被用来创建虚拟图书馆空间，读者可以通过VR设备进入虚拟空间，进行虚拟阅读、学习和交流等活动。此外，虚拟现实技术还可以被用来模拟图书馆内的各种场景，如书架、阅览室、讲座等，帮助读者更好地理解和利用图书馆资源。

（2）增强现实技术（AR）是一种将虚拟信息与现实世界中的物体进行融合的技术，可以让用户在现实世界中看到虚拟信息，增强现实体验。在智慧图书馆学习共享空间中，增强现实技术可以被用来为用户提供更加丰富和生动的学习体验。例如，在图书馆内设置增强现实导览标识，用户可以通过AR设备扫描标识，获得图书馆内各个区域的详细信息，包括书籍分类、位置、借阅状态等等。此外，增强现实技术还可以被用来展示图书馆内的各种展览和活动，让用户更好地了解图书馆的文化和价值。

（3）智能搜索技术（IS）是一种基于人工智能技术的搜索技术，可以通过自然语言处理、机器学习等方式实现智能搜索。在智慧图书馆学习共享空间中，智能搜索技术可以被用来帮助用户快速、准确地找到所需的文献资源。例如，读者可以通过智能搜索系统，输入关键词或者提问，智能搜索系统就自动搜索到相关的文献资源，并返回给读者详细的信息和链接。此外，智能搜索技术还可以通过推荐系统，为读者推荐相关的文献资源，帮助读者更好地利用图书馆资源。

综上所述，元宇宙技术在智慧图书馆学习共享空间中的应用主要包括虚拟现实、增强现实、智能搜索等技术。这些技术可以有效地提高图书馆学习共享空间的智能化程度，为读者提供更加丰富和多样的学习体验。同时，这些技术还可以帮助图书馆更好地管理和利用文献资源，提高图书馆的服务质量和

效率。

四、理论框架的构建与分析

在对智慧图书馆学习共享空间的核心要素和元宇宙技术的特点进行研究的基础上，我们将构建一个适用于智慧图书馆学习共享空间的理论框架，并进行分析。

智慧图书馆学习共享空间的核心要素包括图书馆空间、读者、技术和资源。图书馆空间是智慧图书馆学习共享空间的基础，包括图书馆的布局、设施和氛围等。读者是智慧图书馆学习共享空间的主体，包括图书馆的馆员、学生和教师等。技术是智慧图书馆学习共享空间的支撑，包括图书馆的数字化、智能化和网络化等。资源是智慧图书馆学习共享空间的保障，包括图书馆的文献、数据库和数字化资源等。

元宇宙技术的应用是智慧图书馆学习共享空间的重要特点之一。元宇宙技术是一种虚拟现实技术，可以将现实世界和虚拟世界相结合，为读者提供更加丰富和多样的学习体验。在智慧图书馆学习共享空间中，元宇宙技术可以用于创建虚拟学习空间、虚拟图书馆和虚拟课程等，为读者提供更加灵活和自由的学习方式。

基于以上分析，我们将构建一个适用于智慧图书馆学习共享空间的理论框架，包括以下几个方面。

（1）智慧图书馆学习共享空间的定义和特征。智慧图书馆学习共享空间是一种基于图书馆的新型学习共享空间，具有数字化、智能化、网络化和虚拟化等特点。

（2）智慧图书馆学习共享空间的核心要素和作用。智慧图书馆学习共享空间的核心要素包括图书馆空间、读者、技术和资源，这些要素相互依存、相互促进，共同构成了智慧图书馆学习共享空间的本质和特征。

（3）智慧图书馆学习共享空间的构建和设计。智慧图书馆学习共享空间的构建和设计需要考虑图书馆空间、读者、技术和资源等因素，需要结合实际情况，进行科学合理的设计和规划。

（4）智慧图书馆学习共享空间的使用和管理。智慧图书馆学习共享空间的使用和管理需要制定相关的规章制度和操作指南，需要加强技术支持和维护管理，确保满足读者的需求。

通过以上理论框架的构建和分析，我们可以更好地理解和把握智慧图书馆学习共享空间的特点和规律，为智慧图书馆建设和发展提供有益的指导和支持。

第三节　元宇宙时代高校智慧图书馆学习共享空间构建策略

随着互联网技术的飞速发展，智慧图书馆学习共享空间的构建成为图书馆建设的重要方向，如何构建学习共享空间也成为当今时代智慧图书馆的研究课题。本节内容综合智慧图书馆学习共享空间的含义、特点以及构建原则等内容，提出以下构建策略。

一、空间布局设计

智慧图书馆学习共享空间作为现代图书馆的重要组成部分，旨在提供舒适、高效的学习环境，满足读者多样化的需求。空间布局设计是实现这一目标的关键，涉及功能区域的划分、空间风格的选择等多个方面。

首先，功能区域的划分应充分考虑图书馆的各个功能需求。一般来说，智慧图书馆学习共享空间可以划分为阅览区、研讨区、资料查询区、电子阅览区等功能区域。阅览区主要用于阅读和浏览图书、报纸、杂志等纸质文献；研讨区则提供小组讨论、研究等空间，以满足读者进行深入研究的需求；资料查询区主要提供各类数据库、电子资源等的查询服务；电子阅览区则提供电子图书、期刊、报纸等电子资源的阅读服务。

其次，空间风格的选择对学习共享空间的使用体验具有重要影响。智慧图书馆学习共享空间的空间风格应体现现代、简约、舒适的特点，以满足读者追求高效、舒适的学习环境的需求。具体来说，可以从以下几个方面进行设计。

（1）色彩选择：以白色、灰色等中性色调为主，避免过于鲜艳或暗淡的颜色对阅读产生干扰。

（2）照明设计：合理设置照明设备，确保阅读环境的光线充足且柔和。

（3）家具布置：选择舒适、实用的家具，如阅读桌、座椅等，以提高读者的阅读体验。

（4）装饰元素：在适当的位置添加一些艺术作品、绿植等装饰元素，以增加空间的活力和美感。

总之，智慧图书馆学习共享空间的布局设计应充分考虑功能需求和空间风格，以提供舒适、高效的学习环境，满足读者多样化的需求。在实际设计过程中，应注重空间的合理利用，提高图书馆的运营效益。

二、设施设备配置

智慧图书馆学习共享空间是一种新型的图书馆服务模式，它通过信息技术的应用，为读者提供更加便捷、高效的学习和交流平台。在这个空间中，设施设备的配置是至关重要的。

计算机是智慧图书馆学习共享空间中必不可少的一部分。这些计算机应该具备高性能、高可靠性、高安全性等特点，能够满足读者不同的需求。例如，可以配置高性能的计算机用于处理复杂的学术研究，也可以配置轻便的笔记本电脑供读者随时随地进行学习。为了保证网络安全，应该配置防火墙、入侵检测等安全设备，防止数据泄露和恶意攻击。

网络设备也是智慧图书馆学习共享空间的重要组成部分。这些设备应该具备高速、稳定的网络连接能力，能够支持多种网络应用和设备连接。例如，可以配置高速无线网络和有线网络，以满足不同读者的使用需求。此外，为了保证网络的安全性，应该配置 VPN 和 DNS 安全设备，防止网络攻击和数据泄露。

阅读空间为读者提供了一个安静、舒适的阅读环境。这些阅读空间应该配备舒适的座椅、明亮的照明等设施，以满足读者的需求。此外，为了提高阅读效率，可以配置阅读灯、书架等设施，以方便读者查找和借阅图书。

此外，除了上述设施设备，智慧图书馆学习共享空间还可以配置其他设备，如打印机、扫描仪、投影仪等。这些设备应该具备高性能、高可靠性、高安全性等特点，能够满足读者不同的需求。例如，可以配置高速打印机和扫描仪，以方便读者进行打印和扫描工作。为了保证设备的安全性，应该配置防火墙、入侵检测等安全设备，防止设备损坏和数据泄露。

总之，智慧图书馆学习共享空间是一种新型的图书馆服务模式，它通过信息技术手段，为读者提供更加便捷、高效的学习和交流平台。在建设智慧图书馆学习共享空间时，应该注重设施设备的配置，确保其具备高性能、高可靠性、高安全性等特点，以满足读者不同的需求。

三、馆员配置和管理

智慧图书馆是一个以知识共享为核心、提供全方位学习服务的新型图书馆。馆员配置与管理直接关系到图书馆的服务质量、用户体验以及图书馆的长远发展。

首先，人员素质是智慧图书馆学习共享空间馆员配置与管理的基础。馆员需要具备一定的专业知识和技能，能够为读者提供准确、全面、及时的信息服务。此外，他们还需要具备良好的沟通能力、服务意识和团队协作能力，以满足读者多样化、个性化的需求。因此，图书馆在人员配置时，应注重选拔具备以上素质的员工，并进行定期的培训和考核，以提高馆员的服务水平。

其次，培训是智慧图书馆学习共享空间馆员配置与管理的关键。随着图书馆的发展，新的技术和理念不断涌现，馆员需要不断更新知识结构，提高服务能力。因此，图书馆应定期组织培训活动，为馆员提供专业知识和技能的学习机会，帮助他们适应图书馆发展的需求。同时，培训活动还应注重员工的实际操作能力，鼓励他们在实际工作中运用所学知识，提高服务质量。

再次，馆员配置要合理。智慧图书馆的学习共享空间涉及多个领域，如图书阅览、信息咨询、教育培训等。因此，图书馆在人员配置时，应充分考虑各个领域的需求，合理分配人力资源。同时，图书馆还应根据员工的专长和兴趣进行人员配置，激发员工的积极性和创造力，提高工作效率。

最后，馆员配置与管理应注重团队合作。智慧图书馆的学习共享空间的管理队伍是一个多元化的团队，包括图书管理员、信息咨询师、教育培训师等。他们需要密切合作，共同为用户提供优质的服务。因此，图书馆在人员配置与管理过程中，应注重培养员工的团队意识，提高团队的协作能力，以实现图书馆的共同目标。

总之，智慧图书馆学习共享空间的馆员配置与管理是一个复杂且多元的过程。图书馆需要从馆员素质、培训、馆员配置和团队合作等方面进行综合考虑，以提高图书馆的服务质量，满足读者的需求，推动图书馆的发展。

四、引进先进技术

高校智慧图书馆学习共享空间作为学术研究和教学的重要场所，不仅需要提供传统的图书借阅服务，还需要不断地引入先进技术以提升读者体验。它利用虚拟现实技术和增强现实技术，为读者提供更加真实、生动、可交互的学习体验。元宇宙学习共享空间的构建需要对学习空间的环境进行营造，包括虚拟环境的构建、交互设计的实现、学习资源的整合等。同时，元宇宙学习空间还需要利用虚拟现实技术和增强现实技术，实现学习者与虚拟环境的交互，提高学习者的学习兴趣和学习效果。

此外，学习共享空间的构建利用人工智能技术，实现图书馆服务的智能化，提高图书馆服务的效率和质量。在元宇宙学习共享空间中，虚拟现实技术和增强现实技术的应用也是非常重要的。这些技术可以为读者提供更加真实、生动、可交互的学习体验，提高读者的学习兴趣和学习效果。

综上所述，高校图书馆引入先进技术（如人工智能、大数据等）以提升读者体验。这些技术的应用可以提高图书馆的服务效率和质量，提供更加个性化的读者服务，同时还可以提高图书馆的信息安全水平。因此，高校图书馆应该积极引入先进技术，以满足读者的需求，提高图书馆的服务水平。

五、读者体验设计

在元宇宙时代高校智慧图书馆学习共享空间的构建中，读者体验设计是重要方式之一。通过交互设计和个性化推荐，来提高读者体验，从而使读者更加愿意使用图书馆服务。

交互设计通过人工智能技术可以实现与读者的自然交互，提高读者体验。在元宇宙时代高校智慧图书馆学习共享空间的构建中，交互设计通过自然语言处理、机器学习等技术，可以实现与读者的自然交互，提升读者体验。

同时，个性化推荐系统是一种根据读者行为和偏好进行信息推荐的技术，通过分析读者的历史行为和偏好，为用户推荐最符合其需求的信息和资源。在高校智慧图书馆学习共享空间中，个性化推荐系统可以根据读者的阅读习惯、搜索历史、借阅记录等信息，为读者推荐相关书籍、文献、课程、讲座等信息和资源，提高读者的学习效率和满意度。然而，在构建个性化推荐系统时，还需要注意一些问题。例如，个性化推荐系统需要保护读者的隐私和信息安全，防止读者信息被泄露和滥用；避免推荐读者不需要的信息和资源；个性化推荐系统需要不断学习和优化，以提高推荐效果和准确性。

综上所述，元宇宙时代高校智慧图书馆学习共享空间的构建需从空间布局设计、设施设备配置、馆员配置和管理、引进先进技术以及读者体验设计五个方面进行探讨，为读者提供一种新型的服务模式，提升读者的使用体验，促进智慧图书馆的发展，也为元宇宙时代背景下智慧图书馆的发展提供借鉴和指导。

第四节　元宇宙时代智慧图书馆学习共享空间的发展趋势

随着元宇宙技术在高校智慧图书馆学习共享空间构建中的运用，学习共享空间以读者体验为中心，利用人工智能、云计算等多种技术旨在建立一个舒适、交互、共享的学习服务模式。未来的学习共享空间将向以下几个方面发展。

一、智能化和个性化

随着科技的发展，图书馆也正在经历一场深刻的变革。智能化与个性化的融合，成为智慧图书馆学习共享空间的发展趋势之一。这一发展趋势，不仅能够为读者提供更加智能、个性化的服务，同时也能够推动图书馆服务模式的转型。

首先，人工智能和大数据技术的发展，为智能化与个性化的融合提供了技术支持。人工智能技术的发展，使得图书馆能够更加精准地了解读者的需求，为读者提供更加个性化的服务。例如，通过人工智能技术，图书馆可以根据读者的阅读历史和兴趣爱好，推荐相应的阅读材料，从而提升读者的阅读体验。大数据技术的发展，使得图书馆能够更加全面地了解读者的需求，为读者提供更加智能的服务。例如，通过大数据技术，图书馆可以对读者的阅读行为进行分析，为读者提供更加精准的阅读推荐。

其次，智能化与个性化的融合也是图书馆服务模式转型的必然趋势。传统的图书馆服务模式，主要是以借阅为主，图书馆为读者提供的是被动的服务。而智能化与个性化的融合，则使得图书馆能够更加主动地为读者提供服务，从而提高图书馆的服务效率和质量。例如，通过人工智能技术，图书馆可以对读者的阅读行为进行分析，为读者提供更加精准的阅读推荐，从而提高读者的阅读效率。通过大数据技术，图书馆可以对读者的阅读行为进行分析，为读者提供更加精准的阅读推荐，从而提高读者的阅读体验。

最后，智能化与个性化的融合也是图书馆未来发展方向的重要体现。图书馆作为知识的重要载体，其服务模式的转型，也是知识服务模式的转型。智能化与个性化的融合，不仅能够为读者提供更加智能、个性化的服务，同时也能够推动图书馆服务模式的转型，从而更好地满足读者的需求。

综上所述，智能化与个性化的融合，是智慧图书馆学习共享空间的发展趋势之一。这一发展趋势，不仅能够为读者提供更加智能化、个性化的服务，同时也能够推动图书馆服务模式的转型。

二、多元文化与共享平台

多元文化与共享平台的融合，是指通过打造多元化的文化氛围，搭建共享平台，促进不同文化背景的读者之间的交流与互动。这一趋势的实现，不仅可以丰富图书馆的文化内涵，提高图书馆的服务质量，也可以提升读者的学习体验，促进图书馆的可持续发展。

首先，多元化的文化氛围是多元文化与共享平台融合的重要体现。在图书馆中，我们可以通过设置不同国家和地区的文化展示区，举办各种文化活动，如外国电影展映、音乐表演、手工制作等，来营造一个充满多元文化氛围的图书馆。这样，读者在阅读的过程中，不仅可以感受到不同文化的魅力，也可以拓宽自己的视野，增强自己的跨文化沟通能力。

其次，共享平台的搭建也是多元文化与共享平台融合的重要手段。在图书馆中，我们可以搭建一个公共学习平台，提供各种学习资源和服务，如电子图书、在线课程、学术会议等，让读者可以随时随地方便地获取学习资源。同时，我们还可以搭建一个交流平台，让读者可以分享自己的学习心得和经验，促进读者之间的交流与互动。

最后，多元文化与共享平台的融合，还可以通过举办各种文化交流活动来实现。例如，我们可以定期举办外国文学讲座，让读者了解外国文学的发展历程和特点；还可以举办跨文化交流活动，让读者有机会与来自不同文化背景的人交流，增进彼此的了解。

总的来说，多元文化与共享平台的融合，是智慧图书馆学习共享空间发展的重要趋势。通过打造多元化的文化氛围，搭建共享平台，促进不同文化背景的读者之间的交流与互动，我们可以为读者提供更加丰富、更加个性化的学习服务，同时也能够提高图书馆的服务质量和社会影响力。

三、技术与伦理的平衡

在当前的信息社会中，技术的进步和应用已经成为各个领域发展的重要驱动力。然而，随着技术的不断发展和应用，人们也越来越关注到技术发展对伦理道德的影响。因此，如何在充分应用技术手段的同时，注重伦理道德的约束，成为智慧图书馆学习共享空间发展的重要议题。

在智慧图书馆学习共享空间的发展趋势中，智慧图书馆学习共享空间的发展趋势之三是技术与伦理的平衡。这一趋势要求我们在应用技术手段的同时，注重伦理道德的约束，确保智慧图书馆学习共享空间的可持续发展。

首先，在技术应用方面，我们需要充分认识到技术手段在智慧图书馆学习共享空间中的重要性。例如，通过应用人工智能、大数据等技术，可以实现图书馆资源的智能管理、个性化推荐，提高图书馆服务的效率和质量。同时，我们还需要关注技术应用对用户隐私、信息安全等方面的影响，确保技术应用符合伦理道德的要求。

其次，在伦理道德方面，我们需要注重图书馆在技术应用过程中对伦理道德的约束。例如，在信息资源共享过程中，要尊重知识产权，防止知识产权侵权；在数据挖掘过程中，要尊重用户隐私，防止用户数据被泄露。同时，我们还需要加强图书馆工作人员的伦理道德教育，提高其服务意识和社会责任感。

最后，在可持续发展方面，我们需要将技术与伦理的平衡原则贯穿于智慧图书馆学习共享空间的各个环节。例如，在图书馆资源建设过程中，要充分考虑资源的价值、适用性、可持续性等因素；在图书馆服务过程中，要注重用户体验和服务质量，提高用户满意度；在图书馆管理过程中，要注重资源利用效率和环境友好性，实现绿色、低碳、可持续的图书馆发展。

总之，技术与伦理的平衡是智慧图书馆学习共享空间发展的又一趋势。这一趋势要求我们在充分应用技术手段的同时，注重伦理道德的约束，确保智慧图书馆学习共享空间的可持续发展。只有这样，我们才能在信息社会中实现图书馆事业的繁荣发展，为读者提供更加优质、高效、便捷的服务。

四、绿色与可持续的发展

随着社会的发展，人们对环境保护和可持续发展的意识越来越强，这也逐渐成为图书馆行业的发展趋势之一。智慧图书馆学习共享空间作为图书馆的一个重要组成部分，也需要注重绿色与可持续的发展。在设计、运营、维护等各个环节中，都需要注重环保、节能、低碳等原则，实现智慧图书馆学习共享空间的绿色、可持续发展。

在设计阶段，智慧图书馆学习共享空间需要注重环保和节能。例如，在建筑设计中，可以采用绿色建筑材料，减少对环境的污染，同时也可以提高建筑的节能性能。在空间布局中，可以合理利用自然光线和通风，减少能源的消耗。此外，还可以通过设计可重利用的设施，减少浪费。

在运营阶段，智慧图书馆学习共享空间需要注重节能和低碳。例如，可以通过使用节能灯具和电器，减少能源的消耗。同时，可以推广使用自行车、电动车等低碳交通工具，减少对环境的污染。此外，还可以通过组织各种低碳活动，如环保宣传、低碳阅读等，提高员工的环保意识和低碳意识。

在维护阶段，智慧图书馆学习共享空间需要注重环保和可持续性。例如，在图书馆的清洁工作中，可以使用环保清洁剂和清洁工具，减少对环境的污染。同时，可以定期对设施进行检查和维护，确保其正常运转，减少能源的浪费。此外，还可以通过定期回收和再利用图书馆的资源，实现资源可持续利用。

智慧图书馆学习共享空间需要向绿色与可持续方向发展。在设计、运营、维护等各个环节中，需要注重环保、节能、低碳等原则，实现智慧图书馆学习共享空间的绿色、可持续发展。只有这样，才能更好地满足人们对环境保护和可持续发展的需求，同时也为图书馆行业的发展提供新的机遇。

本章小节

基于元宇宙技术，智慧图书馆的学习共享空间构建以其沉浸式的体验、无限的创造力和高度的可交互性，成为人们学习、工作和娱乐的新型场所。研究元宇宙智慧图书馆学习共享空间的构建具有重要意义，对于图书馆的发展具有重要的指导作用。通过构建元宇宙智慧图书馆学习共享空间，图书馆可以为读者提供更加优质、高效、便捷的服务，推动图书馆的数字化转型，拓展图书馆的社交功能，促进图书馆与其他领域的融合发展，为图书馆的发展提供新的思路。

第七章 元宇宙时代高校智慧图书馆
读者服务建设

高校图书馆作为高校三大支柱之一，内部储存有大量的图书文献信息资源，是读者自主学习的主要场所，肩负着高校教育教学的重要职能。[①]随着大数据、人工智能技术的不断发展，元宇宙和智慧图书馆成为当前科技发展的重要方向，也是未来图书馆发展的趋势。高校图书馆作为高等教育机构的重要组成部分，承担着为祖国培养优秀人才的重任。高校图书馆不仅需要提供传统的图书馆服务，而且更应适应新时代的发展需求，注重以读者为本，利用元宇宙技术，为读者提供更加智能化、个性化的服务，提高读者的学习和工作效率。同时，在元宇宙赋能下，高校图书馆还需要不断优化读者服务质量，提高读者服务水平，为高校图书馆事业的建设和发展提供有价值的参考依据，从而更好地构建出高校智慧型图书馆。

第一节 高校智慧图书馆读者服务概述

读者服务是高校智慧图书馆建设的重要内容之一。读者是图书馆的服务对象，图书馆在发展中应以读者为中心展开各项工作，包括优化资源、购置设备和资源等，只有将"读者服务"工作做好，才能更好地满足读者的需求，提高图书馆的服务效率和质量，推动图书馆事业的发展。本节立足读者服务的理论基础，探讨其在高校智慧图书馆中呈现出的特点，以及在智慧图书馆建设中的重要性，从而提出读者服务对于智慧图书馆建设的重要意义。

---

① 王圣宏，赵秀琴．新时代高校图书馆思想政治教育使命与责任探究［J］．黑龙江教育（理论与实践），2021（12）：8-12.

一、智慧图书馆读者服务建设的理论基础

（一）图书馆服务理论

图书馆服务理论是指图书馆在服务过程中所遵循的理论和原则。这些理论和原则旨在指导图书馆如何有效地为读者提供服务。以下是一些图书馆服务理论和原则的主要内容。

（1）读者至上原则。这一原则强调图书馆应以读者的需求为中心，提供高质量的服务。图书馆应根据读者的需求调整服务内容，提供个性化服务，提高服务质量。在坚持读者至上原则的过程中，图书馆还可以运用科学文献语言，使图书馆的服务更加专业化和规范化，提高图书馆的服务质量。此外，有效的写作技巧也是提高图书馆服务质量的重要手段。通过运用有效的写作技巧，图书馆的文献可以更加简洁明了，提高读者的阅读体验。通过这些措施，图书馆可以为读者提供更加优质的服务，满足读者的需求。

（2）服务第一原则。这一原则是图书馆服务的基本要求，也是馆员应当遵循的核心价值观。通过具备专业知识、关注用户需求、保持积极态度、加强团队合作和持续学习，馆员在服务过程中要积极主动、热情周到，为读者提供更加优质、高效的服务，满足读者日益增长的信息需求，进而推动图书馆的可持续发展。

（3）合作原则。这一原则强调图书馆与其他机构之间的合作，共同为读者提供更好的服务。具体而言，包括与其他图书馆共享资源，与信息服务机构合作提供信息服务，与企业合作推出创新服务项目等。通过这些合作，图书馆可以实现资源共享，提高服务质量，从而更好地满足读者的需求。

（4）持续改进原则。这一原则要求图书馆要不断地对服务进行改进，以满足读者的需求。包括服务流程优化、服务效率提升、服务环境改善和读者需求满足等。只有通过这些方面的综合改进，图书馆才能更好地满足读者需求，提高服务质量，促进图书馆的可持续发展。

（5）信息素养教育原则。信息素养教育原则是图书馆服务的重要组成部分，强调图书馆要为读者提供信息素养教育，提供全面、多样化的信息素养教育服务，注重实践性和应用性、互动性和合作性、创新性和前瞻性、可持续性和可操作性等。通过这些原则和方法，图书馆可以帮助读者提高信息检索、评

价、利用等能力，为读者提供更加优质、高效的信息素养教育服务，从而更好地利用图书馆资源，促进图书馆服务的长期可持续发展。

（6）知识产权保护原则。这一原则要求图书馆在服务过程中要尊重知识产权，保护作者的版权，避免侵权行为。为了实现这一目标，图书馆需要采取一系列措施，包括合理使用、知识共享、版权教育等。通过这些措施，图书馆可以为读者提供更加优质、安全的知识服务，同时也为整个社会营造一个尊重知识产权、鼓励创新的环境。

（7）读者隐私保护原则。这一原则在图书馆领域至关重要。图书馆必须严格尊重读者隐私，保护读者个人信息，遵守相关法律法规，以确保读者信息被泄露。提高图书馆读者隐私保护水平需要图书馆和读者的共同努力，以确保读者信息得到充分保护。

总之，图书馆服务理论是指导图书馆如何为读者提供优质服务的理论框架。在实际操作中，图书馆应根据实际情况灵活运用这些理论和原则，不断提高服务质量，为读者提供更好的服务。

（二）用户需求理论

用户需求理论是图书馆学领域的一个重要概念，其基本思想是图书馆应该以用户为中心，通过深入了解用户的需求和行为，为用户提供更好的服务。在智慧图书馆读者服务建设中，用户需求理论的应用非常重要，可以帮助图书馆更好地满足用户的需求，提高用户满意度。

用户需求理论的基本概念包括用户、需求和行为。用户是图书馆的服务对象，他们对图书馆的需求和行为是图书馆服务的基础。需求是指用户对图书馆服务的需求和期望，包括信息需求、服务需求、社交需求等。行为是指用户在使用图书馆服务时的行为，包括借阅、阅览、咨询等。

用户需求理论的原则和方法主要包括以下几个方面。

（1）以用户为中心。图书馆应该以用户为中心，深入了解用户的需求和行为，为用户提供更好的服务。这需要图书馆工作人员与用户进行沟通，了解用户的需求和期望，并根据这些需求和期望来提供服务。

（2）需求分析。图书馆应该对用户的需求进行分析，了解用户的需求和期望，并根据这些需求和期望来提供服务。需求分析可以通过问卷调查、访谈等方式进行。

（3）服务设计。根据用户的需求和期望，图书馆应该设计出合适的服务。服务设计需要考虑用户的使用习惯、用户体验等因素，以确保服务能够满足用户的需求。

（4）服务提供。图书馆应该提供优质的服务，满足用户的需求和期望。服务提供需要考虑用户的使用习惯、用户体验等因素，以确保服务能够满足用户的需求。

在智慧图书馆读者服务建设中，用户需求理论的应用非常重要。首先，图书馆应该通过用户需求分析，了解用户的需求和期望，并根据这些需求和期望来提供服务。其次，图书馆应该通过服务设计，设计出合适的服务。最后，图书馆应该通过服务提供，满足用户的需求和期望。

（三）信息传播理论

信息传播理论是研究信息在传播过程中所涉及的各种因素和规律的学科。它包括信息传播的基本概念、原则和方法。信息传播理论不仅可以帮助我们更好地理解和掌握信息传播的基本规律，也可以为智慧图书馆读者服务建设提供有益的指导。

信息传播理论作为一种研究信息在社会生活中传播、接受、处理和利用的学科，其基本概念是理解这一理论的基础，其中包括信息、媒介、受众、传播过程等。其中，信息是传播的载体，是社会生活中传播、交流和共享的基本单元。信息可以是任何形式的内容，如文字、图片、声音、视频等。媒介是信息传播的媒介，是信息传播过程中的一种物质实体。媒介具有传递信息、沟通思想、塑造观念等功能，是信息传播过程中不可或缺的环节。受众是信息传播的对象，接受信息传播的人或群体。在信息传播过程中，了解受众的需求和特点，对提高信息传播的效果具有重要意义。传播过程是信息从产生到传播、接受、处理和利用的整个过程，传播过程包括信息的产生、传递、接收、反馈等多个环节，这些环节相互作用，共同构成了信息传播的完整过程。以上概念是信息传播理论的基础，也是智慧图书馆读者服务建设的前提。对信息传播理论的研究有助于我们更好地把握信息传播的规律，为图书馆提供更加高效、优质的服务。

信息传播理论的原则包括受众中心原则、互动原则、及时原则、选择性原则等。这些原则可以帮助我们更好地理解和掌握信息传播的基本规律，也可以为智慧图书馆读者服务建设提供有益的指导。

信息传播方法包括信息加工、信息传递、信息接受、信息反馈等。这些方法可以帮助我们更好地理解和掌握信息传播的基本规律，也可以为智慧图书馆读者服务建设提供有益的指导。

信息传播理论在智慧图书馆读者服务建设中的应用主要包括以下几个方面。

（1）信息资源建设。信息传播理论可以帮助我们更好地理解和掌握信息资源建设的原则和方法，如信息加工、信息传递、信息接受、信息反馈等，可以帮助我们更好地构建智慧图书馆的信息资源，为读者提供更好的服务。

（2）读者服务方式。信息传播理论可以帮助我们更好地理解和掌握读者服务的方式和方法，如信息传递、信息接受、信息反馈等。这些方法可以帮助我们更好地为读者提供服务，提升读者的满意度。

（3）信息传播策略。信息传播理论可以帮助我们制定信息传播策略，如信息加工、信息传递、信息接受、信息反馈等。这些策略可以帮助我们更好地为读者提供服务，提升读者的满意度。

综上所述，信息传播理论在智慧图书馆读者服务建设中是非常重要的。通过运用信息传播理论，可以更好地理解和掌握信息传播的基本规律，为智慧图书馆读者服务建设提供有益的指导。

（四）元宇宙理论

元宇宙理论是指导智慧图书馆建设在元宇宙环境中如何为读者提供服务的理论。元宇宙理论为图书馆提供了全新的服务方式和理念，使得图书馆能够在元宇宙环境中为读者提供更加个性化和多元化的服务。例如，图书馆可以在元宇宙中设立虚拟分馆，读者可以通过虚拟现实技术进行参观和查阅，从而在虚拟世界中获取更多的知识和信息。

元宇宙是一种虚拟世界，图书馆可以在元宇宙中建立虚拟图书馆，为读者提供虚拟服务。这种理论强调了图书馆的智能化和数字化，可以为读者提供更加便捷、高效的服务。例如，读者可以在元宇宙中进行在线借阅、阅读、学习等活动，也可以与其他读者进行交流和互动。

二、高校智慧图书馆读者服务特征分析

读者服务是指图书馆或信息服务机构为读者提供的各种服务，旨在满足读者的信息需求，提升读者的学习、研究和娱乐体验。读者服务的定义可以从多个角度进行理解。从图书馆的角度来看，读者服务是指馆员为读者提供的各种服务，包括借阅、阅览、咨询、参考咨询、培训等。从读者的角度来看，读者服务是读者从图书馆或信息服务机构获取的线上线下各种服务包括参考咨询、资源获取、培训等。

读者服务的特征主要包括以下几个方面。

（1）专业性。读者服务是一项专业性很强的工作，需要具备一定的专业知识和技能。馆员不仅需要具备一定的图书馆学、信息学、心理学等方面的知识和技能，还需要不断更新自己的知识体系，掌握新的服务理念与技能。此外，馆员需具备一定的服务意识和职业素养，熟练掌握各种信息检索工具，如图书馆数据库、网络资源等，并具备良好的沟通能力、团队协作能力和应变能力，以便在遇到各种问题时，能够迅速有效地解决问题。只有这样，馆员才能为读者提供高效、优质的服务，推动图书馆的发展。

（2）服务性。图书馆读者服务的主要目标在于为读者提供全面的服务，满足其需求。馆员应具备优秀的服务意识和能力，主动为读者提供帮助，解决阅读过程中遇到的问题，提升读者的阅读体验和满意度。同时，图书馆读者服务应注重服务质量、创新性、个性化、互动性和可持续性等方面的提升，以满足读者多样化的需求。

（3）多样性。在图书馆服务领域，读者需求日益多样化，服务内容亦随之丰富化，多样性成为图书馆服务的主要特征。读者服务的多样性主要体现在服务内容的丰富性、服务方式的多样性以及服务对象的多样性。馆员需要具备丰富的专业知识、良好的服务意识和丰富的实践经验，能够根据读者的需求提供不同的服务。这需要馆员不断提升自己的知识和技能，以满足读者日益多样化的需求。

（4）持续性。持续性是读者服务的重要特性，需要馆员具备一定的服务意识和能力，能够长期地持续地为读者提供优质的服务。馆员需要不断更新知识和技能，关注读者的需求和反馈，注重服务的连续性和连贯性、创新性和可持续性，以满足读者不断变化的需求和期望。

（5）互动性。读者服务需要与读者进行互动，馆员可以更好地了解读者的需求和反馈，从而调整服务内容和方式，提高服务质量。此外，良好的互动关系还可以促进馆员与读者之间的信任和合作，有助于提升图书馆的服务效果。因此，馆员需要具备一定的沟通和交流能力，能够与读者建立良好的互动关系。

读者服务是一项具有专业性、多样性、持续性和互动性的工作，需要馆员具备一定的专业知识和技能，才能够为读者提供高效、优质的服务。读者服务对于提高读者的学习、研究和娱乐体验具有重要意义，为后续研究图书馆的相关服务提供了重要的参考。

三、智慧图书馆读者服务的发展历程

智慧图书馆的读者服务可以追溯到 20 世纪 60 年代。当时，图书馆的主要任务是为学术研究提供文献支持，馆员的主要职责是管理和维护图书馆的文献资源。然而，随着科技的发展和人们对信息需求的增加，图书馆的服务方式也在不断变化。

20 世纪 80 年代，随着计算机技术的兴起，图书馆开始采用计算机系统来管理和维护文献资源。这些系统可以快速检索和分类文献，为读者提供更加便捷的服务。同时，图书馆也开始注重读者的需求和反馈，通过开展用户调研和需求分析，不断改进和完善服务。

21 世纪初，随着互联网的普及和移动设备的兴起，图书馆的服务方式再次发生了革命性的变化。图书馆开始提供在线资源和数字化服务，如电子图书、电子期刊、电子数据库等。这些资源不仅可以方便读者在任何时间、任何地点获取文献，还可以通过多种方式进行检索和筛选，如关键词搜索、主题分类等。同时，图书馆还开展了各种线上服务，如在线咨询、在线借阅、在线预约等，为读者提供了便利。

此外，智慧图书馆读者服务的发展历程和变化，还体现在馆员角色的转变上。传统馆员主要负责文献的管理和维护，而现代馆员则需要具备更高的信息素养和用户服务能力，能够为读者提供更加全面和深入的服务。馆员需要不断更新知识和技能，以适应图书馆的发展和变化。

智慧图书馆读者服务的发展变化，还体现在图书馆与社会的互动上。图书馆不再是孤立的存在，而是与社会各个领域紧密相连。图书馆开始与政府、企业、社区等组织合作，提供更加广泛和深入的服务，如文化传承、创新创业、教育培训等。同时，图书馆也积极参与社会公益活动，为公众提供免费或低收费的服务。

智慧图书馆读者服务的发展历程和变化，为图书馆的发展提供了新的机遇和挑战。图书馆需要不断更新知识和技能，以适应图书馆的发展和变化，同时也需要与社会各个领域紧密相连，为读者提供更加全面和深入的服务。

四、读者服务在智慧图书馆中的重要性

智慧图书馆是一种采用先进技术和手段的新型图书馆，旨在提高图书馆的服务质量和效率。在智慧图书馆中，读者服务被认为是图书馆的核心功能，因为图书馆的主要目的是为读者提供所需的信息和服务。

首先，智慧图书馆通过引入先进的技术和手段，如自动化、人工智能、大数据分析等，可以大大提高读者服务的质量和效率。例如，自动化系统可以快速处理大量的读者查询请求，并提供准确的答案。人工智能可以提供个性化的服务，如推荐系统，根据读者的阅读历史和偏好，提供个性化的书籍推荐。大数据分析可以帮助图书馆了解读者的需求和行为，以便更好地满足他们的需求。

其次，智慧图书馆还可以通过提供在线服务，如数字图书馆、电子书、数据库等，为读者提供更多的信息和服务。在数字图书馆中，电子书作为一种新兴的阅读方式，为读者提供了全新的阅读体验。数据库为读者提供了更为丰富的信息资源，包括学术期刊、研究报告、政策法规等。在线服务实现了 24 小时不间断，为读者提供了更为便捷的服务。随着科技的发展，这些在线服务将会得到更为广泛的应用，为读者提供更加优质的服务。

再次，智慧图书馆作为一种新型的图书馆服务模式，通过提供一系列信息素养培训和教育服务，帮助读者了解和掌握信息检索的基本技能，提升读者的信息素养和检索能力。在信息爆炸的时代，如何快速、准确地获取所需信息成为人们面临的一个重要挑战。同时，通过开展教育活动，提高读者的学术素养和批判性思维能力。组织各类学术讲座、研讨会和读书会等活动，邀请专家学者分享学术成果和最新研究进展，引导读者深入了解学术领域的动态和发展趋势。此外，图书馆还可以开展文献阅读与批判性思维训练课程，帮助读者培养独立思考、分析问题和解决问题的能力，从而提高学术素养和批判性思维能

力。这些服务不仅可以增强读者对图书馆和信息资源的理解和利用，还能有效满足他们的信息需求，从而更好地发挥图书馆在信息社会中的关键作用。

此外，智慧图书馆还可以通过提供在线教育和远程培训服务，拓宽读者的学习渠道。随着互联网技术的不断发展，越来越多的学习资源已经从传统的纸质书籍转向了电子书籍和在线课程。智慧图书馆可以充分利用这一趋势，提供丰富的在线教育和远程培训资源，满足读者多样化的学习需求。同时，图书馆还可以通过开展在线咨询服务，为读者提供便捷、高效的学习支持服务，帮助他们解决学习过程中遇到的问题。在未来的发展中，智慧图书馆需要不断创新服务模式，提高服务质量，以更好地服务于广大读者。

最后，在智慧图书馆中，通过提供社交和互动服务，可以有效地促进读者之间的交流和互动，提高读者的参与度和满意度，推动图书馆资源的共享和利用。在传统图书馆中，读者往往只能被动地接受图书馆提供的服务，而智慧图书馆通过社交媒体、在线论坛、读者俱乐部等互动平台，让读者有了更多的参与机会。读者可以在社交媒体平台上发表自己的阅读心得，与其他读者分享自己的阅读体验，从而激发读者的参与热情，还能实现图书馆资源的共享和利用。同时，读者在线论坛中可以相互之间讨论学术问题，让读者在阅读过程中得到更多的启发和帮助。此外，智慧图书馆还可以通过互动平台提供个性化服务，为读者推荐符合其阅读兴趣和需求的资源，从而提高读者的满意度，为读者提供了更加优质的服务体验。

读者服务在智慧图书馆中具有重要的地位和作用。智慧图书馆通过引入先进的技术和手段，可以大大提高读者服务的质量和效率，满足读者日益增长的信息需求。同时，智慧图书馆还可以通过提供多种服务（如培训和教育、社交和互动等），促进读者之间的交流和互动，提高读者的参与度和满意度。因此，读者服务是智慧图书馆的核心功能之一，对图书馆的发展和成功至关重要。

五、读者服务在智慧图书馆建设中的作用和意义

智慧图书馆是一种以现代信息技术为支撑、以读者需求为导向、以创新服务为核心的新型图书馆。在这种图书馆中，读者服务具有举足轻重的地位，其作用和意义主要表现在以下几个方面。

首先，提升读者满意度。读者服务是图书馆与读者之间联系的纽带，其服务质量直接影响着读者的阅读体验和满意度。在智慧图书馆中，读者服务应

重个性化、高效化，以满足读者多样化的需求。例如，提供线上预约、线下借阅、馆际互借等便捷服务，实现图书馆资源的共享与互补；设置专门的咨询台，为读者解答疑问，提供专业指导；开展丰富多彩的阅读推广活动，激发读者的阅读兴趣，提高读者满意度。

其次，促进图书馆发展。智慧图书馆的发展离不开读者服务的支持。读者服务可以有效地提升图书馆的知名度、影响力，吸引更多的读者关注和使用图书馆。此外，通过提供优质的服务，可以增加图书馆文献资源的利用率，降低图书馆运营成本，提高图书馆的竞争力和吸引力。同时，读者服务还可以为图书馆提供有价值的数据，帮助图书馆了解读者需求，优化图书馆资源配置，提升图书馆的服务水平。

再者，推动社会文化建设。智慧图书馆作为社会文化的重要组成部分，其读者服务具有传播文化、弘扬学术的作用。通过开展阅读推广活动，举办讲座、展览等形式，读者服务可以传播图书馆丰富的文化资源，推动社会文化的发展。同时，通过提供学术资源、研究工具等，读者服务还可以为学术研究提供支持，推动学术创新和知识传播。

最后，优化图书馆管理。智慧图书馆的读者服务有助于优化图书馆管理，提高图书馆的服务效率。通过提供线上预约、自助借还书等便捷服务，可以降低图书馆的人力物力成本；通过数据分析，图书馆可以了解读者阅读行为，为图书馆资源建设、服务优化提供依据，实现图书馆管理的智能化、现代化。

综上所述，读者服务在智慧图书馆中具有举足轻重的地位，其作用和意义表现在提升读者满意度、促进图书馆发展、推动社会文化建设、优化图书馆管理等方面。智慧图书馆应重视读者服务，不断完善和优化服务内容，以更好地满足读者需求，推动图书馆的发展。

第二节　元宇宙时代高校智慧图书馆读者服务的现状与挑战

在当前信息爆炸的时代，图书馆作为知识的宝库，承担着重要的教育职能。在元宇宙技术的赋能下，高校智慧图书馆读者服务方式丰富多彩，图书馆的读者服务更加智能化、个性化，为读者提供更为精准的服务推荐，从而提高图书馆的服务质量，推动整个社会服务行业的智能化、个性化发展。本节旨在分析高校智慧图书馆读者服务的现状、元宇宙时代高校智慧图书馆读者服务存在的问题及原因，探讨元宇宙技术在高校智慧图书馆读者服务中的应用以及元宇宙技术对高校智慧图书馆读者服务的影响，展望高校智慧图书馆未来发展趋势和前景。

一、智慧图书馆读者服务现状概述

（一）图书馆资源建设

随着我国高等教育的发展和信息技术的进步，高校智慧图书馆的建设已经成为图书馆发展的新趋势。智慧图书馆以数字化、网络化、智能化为特点，旨在提供更加高效、便捷、个性化的图书馆服务，满足读者日益增长的信息需求。然而，智慧图书馆资源种类单一，影响了图书馆的智能化、个性化服务。

在元宇宙时代，高校智慧图书馆读者服务建设面临着新的挑战和机遇。虽然近年来我国高校智慧图书馆在资源建设方面取得了一定的成绩，但部分图书馆的资源种类仍然较为单一，主要集中在纸质图书、电子图书、期刊论文等传统资源。虽然丰富，但往往需要人工进行检索和借阅，效率较低，而且资源更新速度慢，无法满足读者快速获取信息的需求。同时，这种资源种类的单一性，在一定程度上限制了图书馆的服务范围和深度，影响了图书馆在读者服务方面的竞争力和影响力。

因此，在元宇宙时代，高校智慧图书馆的读者服务建设，必须从传统的资源建设方式，转向以读者需求为导向、以科技创新为驱动、以提高服务质量为核心的新模式。这就要求图书馆必须加强资源建设，扩大服务范围，提高服务质量，以满足读者在元宇宙时代的需求。同时，图书馆还需要加强与其他图书馆的合作，共享资源，提高资源利用率，以提高图书馆的服务水平和影响力。

（二）图书馆服务方式

随着我国高校智慧图书馆的建设，其读者服务建设面临着巨大的挑战。图书馆作为信息资源的载体，其服务方式直接影响着读者的学习效果。因此，有必要对图书馆服务方式进行深入探讨，以满足读者日益增长的需求。

首先，智慧图书馆的服务方式应当从传统的被动服务转变为主动服务。传统的图书馆服务方式主要依赖于馆员主动为读者提供服务，而智慧图书馆的服务方式应当通过人工智能、大数据等技术手段，主动了解读者的需求，为读者提供个性化、精准化服务。图书馆可以通过推荐系统，根据读者的阅读习惯和兴趣爱好，推荐相应的图书、文献和信息资源，提高读者的阅读效率和满意度。

其次，智慧图书馆的服务方式应当从传统的集中式服务转变为分布式服务。传统的图书馆服务方式主要依赖于图书馆的实体资源，而智慧图书馆的服务方式应当通过云计算、移动通信等技术手段，实现图书馆资源的分布式管理和服务。图书馆可以通过移动图书馆、电子图书、电子期刊等数字资源，实现图书馆资源的共享和传播，提高读者的学习效果和满意度。

再次，智慧图书馆的服务方式应当从传统的单一服务转变为综合服务。传统的图书馆主要提供书籍、文献等传统信息资源的服务，而智慧图书馆应当提供包括信息咨询、知识管理、创新创业、教育培训等在内的综合服务，帮助读者解决学习和研究中的问题，提高读者的学习效果和满意度。

最后，智慧图书馆的服务方式应当从传统的被动接受服务转变为主动参与服务。传统的图书馆服务方式主要依赖于馆员提供的服务，而智慧图书馆的服务方式应当通过馆员和读者的互动，实现图书馆服务的共同参与。图书馆可以通过举办讲座、研讨会、读书会等活动，促进图书馆工作人员和读者的互动，提高读者的学习效果和满意度。

综上所述，智慧图书馆的服务方式应当从被动服务转变为主动服务，从集中式服务转变为分布式服务，从单一服务转变为综合服务，从被动接受服务转变为主动参与服务。通过这些服务方式的转变，智慧图书馆能够更好地满足读者日益增长的需求，为读者提供更加高效、便捷、个性化的服务。

（三）馆员服务现状

在图书馆服务领域，馆员作为核心服务人员，其服务现状直接关系到读者服务的质量和效率。随着信息时代的到来，馆员的服务现状呈现出新的特点和挑战，主要包括以下几个方面。

（1）服务内容丰富多样。馆员的服务内容在传统基础上有了很大的拓展，从文献信息咨询、阅读推广、参考咨询到文献传递、读者教育等，服务范围不断扩大，服务方式也日益多样化。馆员不再局限于传统文献服务，而是逐渐向数字资源、网络资源等领域拓展，为读者提供更加便捷的服务。

（2）服务对象广泛。馆员的服务对象已经不再局限于传统的学者和教师，而是扩展到了社会的各个阶层。随着社会的发展和进步，馆员的服务范围和内容也得到了相应的扩展和调整。在企业、政府机构、学校等各个领域，馆员都发挥着重要的作用，为人们提供着知识、信息、技能等方面的支持和帮助。

（3）服务手段现代化。馆员的服务手段也发生了很大的变化，从传统的手工服务逐渐转向了计算机、网络等现代化手段。馆员利用计算机技术，可以更加高效地处理大量的文献信息，为读者提供快速、准确的文献检索服务。此外，馆员还可以通过网络平台，为读者提供远程服务，提高服务效率。

然而，馆员服务现状中也存在一些问题，主要表现在以下几个方面。

（1）服务素质参差不齐。馆员的服务素质是衡量图书馆服务质量的重要指标。然而，在实际服务过程中，一些馆员的服务素质不高，影响了图书馆服务的整体质量，主要表现在知识储备不足、服务意识淡薄、业务能力有限等方面。

（2）服务方式单一。虽然馆员的服务手段在不断更新，但部分馆员的服务方式仍然比较单一，主要依赖传统的文献服务，这导致图书馆服务效率低下，无法满足读者多样化的需求。

（3）服务范围有限。馆员的服务范围受到一定的限制，主要表现在服务内容、服务对象和服务手段等方面。一些馆员的服务内容单一、服务对象有限、服务手段落后，无法满足读者的需求。

（四）读者需求和满意度分析

在图书馆学领域，读者需求与满意度是至关重要的主题之一。读者需求是指读者对于图书馆所提供的资源和服务的需求，而满意度则是指读者对于图书馆所提供的资源和服务满意程度。

首先，读者需求是图书馆的核心任务之一。图书馆的主要职责是满足读者的需求，为其提供所需的资源和服务。因此，了解读者需求是图书馆制定服务策略和资源采购策略的基础。图书馆需要通过各种方式收集读者的需求信息，例如问卷调查、访谈、用户反馈等，以便更好地了解读者的需求和偏好。这些信息可以帮助图书馆制定更符合读者需求的图书馆服务策略，提高读者的满意度和使用频率。

其次，读者满意度是衡量图书馆服务质量的重要指标。图书馆服务质量的好坏直接影响到读者对于图书馆的信任度和忠诚度。因此，图书馆需要重视读者的满意度，并采取措施提高其满意度。这可以通过定期进行读者满意度调查，了解读者对于图书馆服务的看法和建议，并及时采取措施加以改进。此外，图书馆还可以通过提供优质的服务和资源，提高读者的满意度和使用频率。

综上所述，读者需求与满意度分析是元宇宙时代高校智慧图书馆读者服务建设的重要指标，只有充分了解读者需求和读者对服务的满意度，才能采取措施提高图书馆的读者服务质量，促进智慧图书馆的高质量发展。

二、元宇宙时代高校智慧图书馆读者服务存在的问题及原因分析

元宇宙时代是虚拟世界与现实世界相互融合的时代，对高校智慧图书馆的读者服务提出了新的挑战。然而，在当前的读者服务中，仍然存在一些问题，这些问题在一定程度上影响了图书馆的服务质量，降低了读者满意度。

（1）服务内容单一，不能满足读者的多元化需求。随着社会的发展，读者对图书馆的需求（包括信息查询、学术研究、休闲娱乐等）日益多元化。然而，当前的高校智慧图书馆服务内容仍然较为单一，主要集中在传统文献借阅、信息查询等服务，无法满足现代读者的多元化需求。这主要是由于图书馆的管理体制、资金投入等方面的制约，导致图书馆在服务内容创新和拓展方面投入不足。

（2）服务方式落后，不能充分利用现代信息技术提高服务效率。在元宇宙时代，信息技术的发展为图书馆提供了丰富的服务手段，包括在线数据库、数字资源、智能检索等。然而，当前的高校智慧图书馆在服务方式上仍然较为落后，没有充分利用现代信息技术提高服务效率。这主要是由于图书馆的技术水平、管理体制等方面的制约，导致图书馆在服务方式更新和优化方面投入不足。

（3）服务水平参差不齐，部分图书馆的服务质量不高。虽然大部分高校智慧图书馆在服务内容和服务方式上已经取得了一定的进步，但仍有一部分图书馆的服务质量不高。这主要是由于图书馆的管理体制、资金投入等方面的制约，导致图书馆在服务水平提升和优化方面投入不足。

这些问题产生的原因主要有技术水平、管理体制、资金投入等方面的制约。技术水平是影响图书馆服务质量的基础，图书馆需要不断提升技术水平，

以满足读者对信息获取的需求。管理体制是影响图书馆服务效率的关键，图书馆需要不断完善管理体制，以提高服务效率。资金投入是影响图书馆服务水平提升的重要因素，图书馆需要增加资金投入，以提升服务水平。

总之，在元宇宙时代，高校智慧图书馆的读者服务面临诸多挑战。为了解决这些问题，图书馆需要从服务内容、服务方式和服务水平等方面进行创新和提升，以满足读者日益多元化、个性化的需求。同时，图书馆还需要在技术水平、管理体制、资金投入等方面进行改革，以提高服务效率和服务质量，从而更好地服务于读者。

三、元宇宙技术在智慧图书馆读者服务建设中的应用

元宇宙技术在智慧图书馆读者服务建设中的应用主要包括虚拟现实、增强现实、大数据分析等。这些技术的应用，不仅能够为图书馆读者提供更加丰富、更加便捷的服务，也能够提升图书馆的服务效率和质量。

（1）虚拟现实技术的应用。主要包括虚拟图书馆、虚拟书架、虚拟阅读室等。虚拟图书馆可以通过虚拟现实技术，为读者提供更加便捷的阅读服务。读者可以通过虚拟现实技术，在家中就能够阅读图书馆中的书籍，不需要到图书馆就能够获得所需要的知识。虚拟书架和虚拟阅读室可以通过虚拟现实技术，为读者提供更加舒适、更加便捷的阅读环境。读者可以通过虚拟现实技术，在家中就能够感受到图书馆中的环境。

（2）增强现实技术的应用。主要包括图书馆导览、图书馆展览、图书馆活动等。图书馆导览可以通过增强现实技术，为读者提供更加便捷的导览服务。读者可以通过增强现实技术，在图书馆中就能够获得图书馆的导览信息，不需要到图书馆导览处才能够获得导览信息。图书馆展览和图书馆活动可以通过增强现实技术，为读者提供更加丰富、更加生动的服务。读者可以通过增强现实技术，在图书馆中就能够感受到图书馆的展览和活动，不需要到图书馆展览和活动处才能够感受到图书馆的展览和活动。

（3）大数据分析技术的应用。主要包括图书馆读者行为分析、图书馆资源分析、图书馆服务质量分析等。图书馆读者行为分析可以通过大数据分析技术，为图书馆提供更加准确、更加详细的读者行为数据。图书馆可以根据这些数据，为读者提供更加个性化的服务，提升图书馆的服务效率和质量。图书馆资源分析可以通过大数据分析技术，为图书馆提供更加准确、更加详细的图书

馆资源数据。图书馆可以根据这些数据，为读者提供更加个性化的服务，提升图书馆的服务效率和质量。图书馆服务质量分析可以通过大数据分析技术，为图书馆提供更加准确、更加详细的图书馆服务质量数据。图书馆可以根据这些数据，为读者提供更加个性化的服务，提升图书馆的服务效率和质量。

四、元宇宙技术对高校智慧图书馆读者服务的影响

随着科技的不断进步，元宇宙技术作为一种新型的技术手段，将现实世界和虚拟世界相互融合，为人们提供了一个全新的数字生活体验。在这个虚拟世界中，人们可以自由地创造、交流、学习、娱乐等，这无疑为图书馆服务带来了新的机遇和挑战。

元宇宙技术的发展和应用，为高校智慧图书馆提供了更加丰富的服务内容。元宇宙技术能够将现实世界和虚拟世界相互融合，从而创造出一种全新的交互体验。在高校智慧图书馆中，可以利用元宇宙技术，创建各种虚拟图书馆，包括图书馆的各个角落、各个楼层、各个图书馆的藏书分布等。读者可以通过虚拟现实技术进入这些虚拟图书馆，进行虚拟参观，浏览各种书籍、文献。此外，图书馆还可以通过元宇宙技术，创建各种虚拟讲座、展览、研讨会等，读者可以通过虚拟现实技术在家中参加讲座和培训课程，与专家、学者等进行互动交流，为读者提供更加丰富的服务内容。

信息过载与隐私问题。随着元宇宙的发展，图书馆的数字资源将越来越丰富。然而，这也可能导致信息过载的问题。在元宇宙中，用户可以随时随地访问各种数字资源，这无疑增加了用户获取信息的难度。此外，元宇宙中的隐私问题也值得关注。用户在元宇宙中可能会暴露更多的个人信息，如位置、行为等，这可能导致隐私泄露的风险。因此，图书馆需要采取有效的措施，如加强用户隐私保护、提供个性化的信息推荐等，以应对元宇宙带来的信息过载和隐私问题。

用户体验与满意度。元宇宙为图书馆服务提供了更丰富的用户体验。用户可以在元宇宙中参观图书馆、借阅书籍、参加线上活动等，这无疑提高了用户体验。此外，元宇宙还可以根据用户的兴趣和需求，提供个性化的信息推荐服务，从而提高用户满意度。然而，这也对图书馆的服务模式和运营策略提出了更高的要求，图书馆需要不断优化服务，以满足用户在元宇宙中的需求。

图书馆资源整合与共享。元宇宙可以促进图书馆资源的整合与共享。在元

宇宙中，图书馆可以与其他图书馆、博物馆、档案馆等机构进行合作，共同开发数字资源，提高资源利用率。此外，元宇宙还可以为用户提供跨地域、跨学科的资源整合，满足用户多样化的需求。然而，在资源整合与共享的过程中，图书馆还需要注意知识产权保护、信息安全和用户隐私等问题。

图书馆服务创新与变革。元宇宙为图书馆服务创新提供了新的机遇。图书馆可以在元宇宙中开设虚拟图书馆、开展线上展览、提供虚拟咨询服务等，以提高图书馆的吸引力。此外，元宇宙还可以为图书馆提供新的服务模式，如基于区块链技术的图书馆服务、虚拟图书馆管理等，这些服务模式将有助于提高图书馆的服务效率和用户满意度。

更加便捷的访问方式。在传统的图书馆中，读者需要到图书馆的实体场所才能借阅图书和参加讲座。而通过应用元宇宙技术，读者可以通过虚拟现实设备，在家中就能够访问图书馆的资源，从而实现图书馆服务的现代化。此外，元宇宙技术还可以通过移动设备访问，让读者随时随地都可以访问图书馆。

多元化服务方式。在传统的图书馆中，读者需要到图书馆的实体场所才能够借阅图书和参加讲座。而在元宇宙技术中，读者可以通过虚拟现实设备，在家中就能够借阅图书和参加讲座。此外，元宇宙技术还可以为图书馆提供更加灵活的服务方式。

综上所述，元宇宙技术对图书馆读者服务产生了深远的影响。元宇宙技术的发展和应用，为高校智慧图书馆提供了更加丰富的服务内容、服务方式，以及更加便捷的访问方式，提高了读者满意度，推动了图书馆服务的现代化进程。同时，图书馆还需要与元宇宙中的其他机构进行合作，共同推动图书馆服务的创新与发展。未来，随着元宇宙技术的不断发展和普及，高校智慧图书馆的虚拟现实技术将更加完善，为读者提供更加便捷、高效的服务。

五、智慧图书馆读者服务未来发展趋势

（一）技术发展融合

（1）人工智能（AI）。人工智能是当前技术发展的热点之一，也是未来技术发展的主要方向之一。首先是深度学习技术的发展。深度学习是当前人工智能技术的主流方向之一，其应用范围广泛，包括计算机视觉、自然语言处理、语音识别等领域。随着深度学习算法的不断优化，其性能和效率将不断提高，

未来深度学习技术将会得到更广泛的应用。其次，自然语言处理（NLP）技术的发展。自然语言处理技术是人工智能技术的重要组成部分，其应用范围包括语音识别、机器翻译、情感分析等领域。随着自然语言处理技术的不断优化和升级，其性能和效率将不断提高，未来，自然语言处理技术将会得到更广泛的应用。最后，计算机视觉技术的发展。计算机视觉技术是人工智能技术的重要组成部分，其应用范围包括人脸识别、图像识别、视频分析等领域。随着计算机视觉技术的不断优化和升级，其性能和效率将不断提高，未来，计算机视觉技术将会得到更广泛的应用。

（2）区块链技术。首先，智能合约技术的发展。智能合约是区块链技术的重要组成部分，其应用范围包括金融、物流、保险等领域。随着智能合约技术的不断优化和升级，其性能和效率将不断提高，未来，智能合约技术将会得到更广泛的应用。其次，区块链安全技术的发展。区块链安全技术的安全性是其应用的主要障碍之一，其发展趋势包括安全漏洞的修复、隐私保护技术的发展等。随着区块链安全技术的不断优化和升级，其安全性将得到提高，未来，区块链技术将会得到更广泛的应用。最后，区块链生态系统的发展。区块链技术的发展需要一个完整的生态系统来支持，其发展趋势包括区块链平台的发展、区块链应用的开发等。随着区块链生态系统的发展，其应用范围将不断扩大，未来，区块链技术将会得到更广泛的应用。

（3）物联网（IoT）技术。首先，传感器技术的发展，其应用范围包括环境监测、智能家居、智能交通等领域。随着传感器技术的不断优化和升级，其性能和效率将不断提高，未来，传感器技术将会得到更广泛的应用。其次，云计算技术的发展。其应用范围包括智能城市、智能交通、智能医疗等领域。随着云计算技术的不断优化和升级，其性能和效率将不断提高，未来，云计算技术将会得到更广泛的应用。最后，物联网安全技术的发展。其发展趋势包括安全漏洞的修复、隐私保护技术的发展等。随着物联网安全技术的不断优化和升级，其安全性将得到提高，未来，物联网技术将会得到更广泛的应用。

未来，智慧图书馆读者服务技术发展趋势主要包括人工智能、区块链技术和物联网技术等方面。随着技术的不断优化和升级，这些技术将会得到更广泛的应用，为智慧图书馆的建设和发展带来更多的机遇和挑战。

（二）服务模式创新

（1）智能化。智慧图书馆的核心在于智能化，通过人工智能、机器学习等技术，实现图书馆服务的自动化、智能化，提高图书馆服务效率和质量。在智能化方面，高校智慧图书馆将采用多种技术手段，如自然语言处理、数据挖掘、机器学习等，实现图书馆的自动化、智能化。此外，高校智慧图书馆还将采用智能推荐系统，根据用户的使用行为和偏好，提供个性化的服务，提升用户体验。

（2）个性化。高校智慧图书馆的服务对象是广大学生和教师，他们的需求和偏好各不相同。因此，高校智慧图书馆需要提供个性化的服务，满足用户的需求。在个性化方面，高校智慧图书馆将采用多种技术手段，如数据挖掘、机器学习等，分析用户的行为和偏好，提供个性化的服务。此外，高校智慧图书馆还将采用智能推荐系统，根据用户的使用行为和偏好，提供个性化的服务，提升用户体验。

（3）多元化。高校智慧图书馆的服务对象是广大学生和教师，他们的需求和偏好各不相同。因此，高校智慧图书馆需要提供多元化的服务，满足用户的需求。在多元化方面，高校智慧图书馆将采用多种技术手段，如自然语言处理、数据挖掘、机器学习等，实现图书馆服务的多元化。此外，高校智慧图书馆还将采用智能推荐系统，根据用户的使用行为和偏好，提供多元化的服务，提升用户体验。

综上所述，随着元宇宙技术的不断发展，高校智慧图书馆读者服务模式的发展趋势将更加趋于智能化、个性化、多元化等方向。高校智慧图书馆将采用多种技术手段，实现图书馆读者服务的自动化、智能化、个性化、多元化，提高图书馆服务效率和质量，满足读者的需求，提升读者体验。

（三）用户体验提升

图书馆需要不断地提升用户体验，以吸引更多的读者和提高读者的满意度。

首先，提供更加舒适的阅读环境是提升用户体验的重要途径。阅读环境的舒适度直接影响到读者的阅读体验和满意度。通过增加阅读区域的数量和种类、提高阅读区域的舒适度、提供更加舒适的座椅和灯光照明等方式，为读者创造一个舒适、安静的阅读环境。

其次，便捷的检索系统直接影响读者检索信息的速度和效率。图书馆可以通过优化检索系统的设计和功能，提高检索结果的准确性和完整性，简化检索过程，提高检索效率，从而提高用户的满意度。

再次，丰富的阅读资源和活动也是提升用户体验的有效途径。丰富的阅读资源和活动可以满足读者的多样化需求，提高用户的阅读兴趣和满意度。图书馆可以通过采购丰富的图书、期刊、报纸、电子资源等，举办各种阅读活动，如读书会、讲座、展览等，提供多样化的阅读体验，满足读者的阅读需求。

此外，图书馆可以通过改进服务流程，提供人性化的服务，从而提高服务质量，提升用户的满意度。例如，可以提供一站式服务，减少读者在图书馆内的行走距离和时间；提供个性化服务，满足读者的个性化需求；提供快速响应的服务，提高读者解决问题的效率。

最后，图书馆还可以通过提供在线服务，提高用户阅读的便利性。在线服务可以打破时间和空间的限制，让读者在任何时间、任何地点都能享受到图书馆的服务。图书馆可以通过建立自己的网站、开发移动应用程序等方式，提供在线服务，提高用户的便利性。

综上所述，图书馆需要从多个方面进行改进和优化，以提升用户体验，吸引更多的读者。未来，只有不断改进和优化智慧图书馆读者服务建设，才能在竞争激烈的环境中保持优势，为读者提供更优质的服务。

（四）资源共享与合作

图书馆是知识共享的重要平台。元宇宙时代，知识共享将成为一种重要的社会现象。高校智慧图书馆可以利用其丰富的资源，为师生提供更多的学习、研究、交流的机会。例如，高校智慧图书馆可以举办各种讲座、研讨会、读书会等活动，让师生在轻松愉快的氛围中分享知识、交流思想，满足读者需求。

同时，高校智慧图书馆将加强与其他图书馆的合作与共享。在元宇宙时代，高校智慧图书馆将与其他图书馆建立合作关系，共享资源，提高图书馆的整体服务水平。首先，图书馆应当加强与其他图书馆的合作与共享。在当前信息爆炸的时代，图书馆之间的资源共享有助于提高图书馆的服务质量，满足读者的多元化需求。此外，图书馆之间可以共享电子书籍、数据库、参考文献等信息资源，为读者提供更加丰富的服务。例如，高校智慧图书馆可以与其他图书馆共享电子书籍，提高图书馆的文献资源丰富度，从而满足读者对学术资源的需求。其次，高校智慧图书馆应当制定合作共享策略，以实现资源的最大化利用，包括制定资源共享的规章制度，明确资源共享的范围、内容和责任；建立合作共享的信息平台，实现图书馆之间信息资源的快速传递和共享；加强图书馆之间的沟通与合作，定期召开合作共享研讨会，共同探讨资源共享的实践与问题。再次，图书馆应当注重人才培养，提高馆员的信息素养和信息检索能力，使其能够更好地利用合作共享的信息资源，为读者提供更加优质的服务。此外，馆员还应具备良好的沟通能力和团队协作精神，以实现图书馆之间的有效合作与共享。此外，智慧图书馆将充分利用现代信息技术，提高资源共享的效率，实现图书馆之间的信息资源快速传递和共享；提高馆员的信息检索和推荐能力，为读者提供更加个性化的服务。

综上所述，未来，高校智慧图书馆将加强与其他图书馆的合作与共享，提高图书馆的整体服务水平。在合作共享过程中，图书馆将制定合作共享策略，注重人才培养，充分利用现代信息技术，在元宇宙时代更好地服务于读者，推动图书馆行业的持续发展。

第三节　元宇宙时代高校智慧图书馆读者服务建设策略

针对目前在元宇宙时代高校智慧图书馆读者服务现状特征以及未来发展趋势，本节主要探讨其建设策略。

一、加强图书馆资源建设

在元宇宙时代，高校智慧图书馆作为信息资源的重要载体，应顺应时代发展，提升服务质量，满足读者需求。在此背景下，高校智慧图书馆应当从战略高度出发，加大图书馆资源建设力度，丰富资源种类，提高更新速度，减少重复建设，为读者提供更加优质、高效的信息服务，助力高校人才培养和科学研究。

第一，高校智慧图书馆应根据读者需求，加大资源建设力度。当前，高校智慧图书馆的资源建设应以读者需求为导向，以学科和专业为导向，充分考虑读者的需求，关注学科前沿，关注社会热点，关注国际动态。在收集、整理、加工各类资源的过程中，要充分挖掘资源的价值，提高资源的利用率，为读者提供更多优质的信息资源。此外，高校智慧图书馆还应加强与各学科、研究机构的合作，拓宽资源建设渠道，丰富资源类型，提升资源质量。

第二，高校智慧图书馆应丰富资源种类。在数字化、网络化的时代背景下，图书馆的资源形式已经从传统的纸质图书转变成了电子图书、数据库、在线期刊、电子期刊等多种形式。高校智慧图书馆应该积极引进和购买这些资源，为读者提供更加丰富的选择。同时，也可以通过与外部机构合作，共享资源，扩大图书馆的资源范围。

第三，高校智慧图书馆应提高资源更新速度。在元宇宙时代，信息更新速度极快，高校智慧图书馆应紧跟时代发展，提高资源更新速度。一方面，高校智慧图书馆应该建立健全信息资源更新机制，定期更新资源，保证资源的时效性和实用性；另一方面，图书馆还应关注新兴学科和领域的发展，及时引进相关资源，满足读者日益增长的信息需求。同时，也可以通过与外部机构合作，及时获取最新的资源信息。

第四，高校智慧图书馆应减少资源重复建设。在资源建设过程中，高校智慧图书馆应避免资源重复建设，提高资源利用效率。一方面，图书馆应建立资源共建共享机制，避免重复采购、重复建设；另一方面，图书馆还应加强资源整合，实现资源优化配置，提高资源利用率，为读者提供更加全面、深入的服务。

第五，提高服务质量。高校智慧图书馆应关注读者体验，优化服务流程，提升服务质量。引入智能问答系统，提高信息检索效率；利用大数据技术，实现个性化推荐，提高读者满意度。此外，还应加强馆员队伍建设，提高馆员的信息素养和业务能力，为读者提供更加专业、高效的服务。

总之，在元宇宙时代，高校智慧图书馆应加大资源建设力度，丰富资源种类，提高更新速度，减少重复建设，提高服务质量，为读者提供更加优质、高效的信息服务。同时，还应关注读者需求，优化服务流程，提高读者满意度。只有这样，高校智慧图书馆才能在元宇宙时代发挥更大的作用，为高校人才培养和科学研究提供有力支持。

二、创新图书馆读者服务方式

在元宇宙时代，高校智慧图书馆需要创新服务方式，以满足读者日益多样化的需求。高校智慧图书馆读者服务方式创新主要包括以下几个方面。

首先，高校智慧图书馆应充分利用现代信息技术，提高服务效率，为读者提供便捷的服务。通过开发图书馆网站、手机应用程序等，实现图书馆资源的在线检索、借阅、预约等功能，方便读者随时随地获取所需信息。此外，还可以利用大数据技术，对读者的阅读行为进行分析，为读者推荐个性化阅读内容，提高服务质量。

其次，高校智慧图书馆应拓展服务内容，提供更多元化的服务。除了传统的纸质图书、电子图书等资源外，还可以提供文献传递、信息咨询、参考咨询、教育培训等服务，满足读者在学术研究、职业发展等方面的需求。此外，还可以与校内其他机构合作，共同开展学术活动、讲座、展览等，丰富读者的学术生活。

最后，高校智慧图书馆应注重服务创新，培养具有创新精神的读者。通过开展阅读推广活动，激发读者的阅读兴趣，培养他们的阅读习惯。同时，还可以组织读者参加各类学术活动，提高他们的学术素养和创新能力，为图书馆的发展提供源源不断的人才支持。

总之，高校智慧图书馆应不断创新服务方式，提供多样化的服务内容，满足读者的多样化需求。只有这样，才能在元宇宙时代中，更好地服务于高校师生，推动图书馆事业的发展。

三、提高图书馆读者满意度

随着元宇宙时代的到来，高校智慧图书馆作为知识服务的重要场所，其读者服务建设也面临新的挑战和机遇。提高图书馆读者满意度是高校智慧图书馆建设的重要目标之一，需要从多个方面入手，提高服务质量，增强读者反馈渠道，加强读者教育，从而提高读者满意度。

（1）提高服务质量。高校智慧图书馆应该不断优化服务流程，提高服务效率和质量。通过引进新的图书馆自动化系统，提高图书馆管理效率，减少读者等待时间；同时，需要加强馆员教育培训，提高馆员的服务意识和技能水平，提升服务质量。

（2）完善读者反馈渠道。高校智慧图书馆应建立完善的读者反馈机制，及时了解读者需求和意见，不断改进服务。通过建立在线问卷调查系统、设立读者服务热线等方式，定期收集读者反馈，及时解决问题。同时，高校智慧图书馆还可以通过读者座谈会、读者俱乐部等方式，与读者建立密切联系，了解读者需求，提高服务质量。

（3）加强读者教育，提高读者信息素养。通过开展信息素养教育、培训等活动，提高读者的信息素养和信息检索能力，从而提高读者满意度。

综上所述，高校智慧图书馆应提高服务质量，完善读者反馈渠道，增强读者满意度。只有这样，才能更好地满足读者需求，提高读者满意度，为高校智慧图书馆的发展提供有力支持。

四、加强图书馆与读者的互动

在图书馆学领域中，读者与图书馆的互动直接关系到服务质量及读者的学习、研究、工作效率。因此，需加强图书馆与读者的互动。下面将从几个方面详细论述加强图书馆与读者互动的措施。

（1）通过社交媒体加强图书馆与读者的互动。社交媒体已经成为人们日常生活中不可或缺的一部分，它们为人们提供了方便快捷的信息获取渠道。图书馆可以通过建立官方微信公众号、微博、抖音等社交媒体账号，定期发布图书馆的新闻、活动、资源等信息，吸引读者的关注。同时，图书馆还可以通过社交媒体与读者互动，解答读者的疑问，提供参考咨询服务，提高读者的满意度。

（2）在线问答是另一种有效的互动方式。在线问答系统可以为读者提供实时、便捷的咨询服务，提高图书馆的服务效率。图书馆可以开发在线问答系统，让读者可以在任何时间、任何地点向图书馆提问，图书馆工作人员可以在收到问题后及时回复，解答读者的疑惑。此外，在线问答系统还可以记录读者的提问和回答，为图书馆提供数据支持，帮助图书馆了解读者的需求和反馈，进一步提高服务质量。

（3）图书馆还可以通过举办各类活动加强与读者的互动。例如，图书馆可以定期举办讲座、研讨会、读书会等活动，吸引读者参与。在这些活动中，读者可以与图书馆工作人员互动，提出自己的观点和建议，共同探讨学术问题。此外，图书馆还可以通过举办各类比赛、展览等活动，激发读者的阅读兴趣，提高图书馆的知名度和影响力。

（4）图书馆还可以通过读者反馈意见来改进服务质量。可以设置专门的反馈渠道，如在线问卷调查、电子邮件、电话热线等，让读者可以随时向图书馆提出意见和建议。图书馆工作人员需要认真对待读者的反馈，及时进行改进和调整，以提高图书馆的服务质量。

综上所述，加强图书馆与读者的互动，提高图书馆的服务质量，对于图书馆的发展具有重要意义。通过社交媒体、在线问答、举办活动和接收读者反馈等方式，图书馆可以更好地了解读者的需求和反馈，提高服务质量，为读者提供更好的服务。

五、构建良好的图书馆文化氛围

图书馆文化氛围的构建需要不断地通过举办各类文化活动来营造，提高图书馆的影响力和吸引力，进而满足读者的多元化服务需求。

（1）举办阅读推广活动。图书馆需要定期举办读书会、阅读讲座、读书比赛等活动，鼓励读者多读书、读好书，增强读者对图书馆的兴趣和归属感。此外，也可以通过举办书展、书市等活动，让读者更方便地了解和选择图书。

（2）举办各类讲座和研讨会。邀请专家学者、行业领导等来图书馆进行讲座和分享，为读者提供新的知识和视角，促进读者之间的交流和互动，增强读者对图书馆的认同感和归属感。

（3）成立图书馆志愿者团队。图书馆志愿者团队是由志愿者组成的，可以提供各种服务和支持，协助管理图书馆、解读读者问题、举办活动等。成立图书馆志愿者团队可以提高图书馆的服务质量和效率，增强图书馆的影响力和吸引力。

（4）营造舒适的阅读环境。图书馆是一个阅读和学习的地方，因此营造舒适的阅读环境是非常重要的。图书馆可以定期进行环境清洁和维护，确保图书馆的整洁和安全。此外，还可以通过设置舒适的阅读区域，提供舒适的阅读座椅，提供免费饮品和零食等，来营造一个舒适的阅读环境，让读者更好地享受阅读的乐趣。

（5）建立图书馆社交媒体账户。图书馆可以建立社交媒体账户，如微信公众号、微博、抖音等，通过发布图书馆的活动、资讯、推荐书目等信息，吸引更多的读者关注和参与。社交媒体账户可以提高图书馆的知名度和影响力，同时也方便读者随时随地了解图书馆的最新动态和活动。

总之，构建良好的图书馆文化氛围需要图书馆不断举办各类文化活动，提高图书馆的影响力和吸引力，同时也需要营造舒适的阅读环境和建立图书馆社交媒体账户，让读者更好地享受阅读的乐趣，提升图书馆服务水平。

六、促进元宇宙技术与图书馆服务的融合

图书馆作为人类文明的重要载体，其服务功能和方式正在发生深刻变革。其中，元宇宙作为一种新兴技术，正在对图书馆服务产生深远影响。因此，高校智慧图书馆应积极探索元宇宙技术与图书馆服务的融合，为读者提供更加丰富、便捷的服务体验。

首先，元宇宙技术为图书馆服务提供了新的可能。通过虚拟现实、增强现实、人工智能等技术，将图书馆空间与现实世界相融合，创造出全新的服务模式。通过元宇宙技术，读者可以随时随地访问图书馆，可以身临其境地进行文献查阅。同时，读者可以获得更加丰富的资源，例如虚拟图书馆、电子图书、在线课程等。这些资源可以为读者提供更加全面、深入的学习和探究机会，并且可以提高读者的学习效率和质量。

其次，元宇宙技术为图书馆服务提供了新的服务方式。在元宇宙中，图书馆可以通过虚拟空间，为读者提供各类线上线下活动，如讲座、展览、阅读会等。此外，图书馆还可以通过元宇宙技术，为读者提供个性化的服务，如根据读者的兴趣和需求，推荐相应的文献资源和活动。

再次，元宇宙技术为图书馆服务提供了新的服务内容。在元宇宙中，图书馆可以提供更加丰富的数字资源和服务，如虚拟图书馆、数字阅读、在线教育等。此外，图书馆还可以通过元宇宙技术，为读者提供更多的社交互动，在线交流、互动问答等。

最后，元宇宙技术为图书馆服务提供了新的服务理念。在元宇宙中，图书馆的服务理念正在从传统的"以书为本"转变为"以读者为本"。图书馆不再只是文献资源的存储和提供者，而是读者学习、研究和生活的助手。图书馆的服务方式和服务内容正在从被动等待读者转变为主动服务读者，从单一服务转变为多元化服务。

总的来说，高校智慧图书馆应积极探索元宇宙技术的可能性，为读者提供更加丰富、便捷、智能的服务体验。为此，高校智慧图书馆需要加强对元宇宙技术的了解和研究，并积极推广和应用元宇宙技术。此外，高校智慧图书馆还需要加强与其他图书馆的合作，共同推动图书馆服务的发展。元宇宙技术与图书馆服务的融合，将为图书馆服务带来全新的发展机遇。高校智慧图书馆应积极探索这一领域的可能性，为读者提供更加丰富、便捷的服务体验。

本章小结

随着元宇宙技术的不断发展和普及，高校智慧图书馆读者服务需要不断创新和升级，以满足师生日益增长的需求和期望。本章以研究智慧图书馆读者服务的理论基础、特征以及建设的重要性和意义为基础，分析元宇宙时代高校智慧图书馆读者服务现状，展望元宇宙技术在智慧图书馆服务建设中的应用、影响和发展趋势，提出了基于元宇宙技术的智慧图书馆读者服务相关构建策略，为高校智慧图书馆提供了新的服务模式和思路。同时，对高校智慧图书馆读者服务构建策略的研究，也为高校智慧图书馆的建设和发展提供了有益的参考和借鉴。

第八章　元宇宙时代高校智慧图书馆智慧馆员队伍建设

　　智慧图书馆是现代图书馆发展的新阶段，它以智能化、网络化、人性化为特点，致力于为读者提供更加便捷、高效、个性化的服务。元宇宙时代是虚拟现实与现实世界相互交融的时代，智慧馆员作为智慧图书馆的重要实践者，其队伍建设的质量直接关系到智慧图书馆的发展水平。智慧馆员不仅需要具备扎实的图书馆学知识，还需要拥有丰富的信息素养和先进的信息技术。智慧馆员需要具备较高的素质，如责任心、敬业精神、团队协作能力、沟通能力、学习能力等；还需要具有图书馆业务知识，熟悉图书馆的各种服务项目，能够为读者提供专业的咨询和服务。同时，智慧馆员还需要具备信息素养，能够熟练运用各种信息检索工具，快速获取和处理信息。此外，智慧馆员还需要具备良好的沟通能力，能够与读者进行有效的沟通，了解读者的需求，为他们提供满意的服务。

　　智慧馆员队伍建设是智慧图书馆发展的关键。智慧图书馆应该加强人才培养，建立完善的激励机制，注重团队建设，提高馆员的素质和能力，为他们提供良好的工作环境。只有这样，才能培养出一批优秀的智慧馆员，推动智慧图书馆的发展。本章旨在探讨元宇宙时代高校智慧图书馆智慧馆员队伍建设，从智慧馆员的概念、特征、现状分析、未来发展趋势以及策略等方面进行研究，以期为智慧图书馆的建设提供理论支持和实践指导。

第一节　智慧馆员概述

　　智慧图书馆和智慧馆员是当前图书馆学领域的研究热点。智慧图书馆是一种以智能化技术为基础，提供个性化和智能化服务的图书馆。智慧馆员是具备专业知识、技能和服务意识的图书馆工作人员。本节将从智慧图书馆和智慧馆员的概念入手，详细论述两者的内涵、特点和价值，以及它们在图书馆发展中的作用。智慧图书馆和智慧馆员的出现，标志着图书馆的发展进入了一个新的阶段，为图书馆的发展提供了新的动力。

一、智慧图书馆和智慧馆员

（一）智慧图书馆

智慧图书馆是一种利用现代信息技术，提供高效、便捷、个性化服务的新型图书馆。与传统图书馆不同，智慧图书馆不仅仅是一个收集和存储图书的地方，还是一个能够为读者提供各种知识和信息服务的平台。在智慧图书馆中，读者可以通过各种方式获取信息，例如使用计算机、平板电脑、智能手机等移动设备访问图书馆的数字资源，或者通过语音识别技术与馆员进行交互。

智慧图书馆的创新之处，便是提供各种个性化服务。根据读者的阅读历史和兴趣爱好推荐相关的图书和资源，或者为读者提供个性化的阅读体验。同时，还可以通过人工智能技术分析读者的阅读习惯和偏好，自动调整书籍的字体大小、颜色和排版等。这些个性化服务能够提高读者的阅读体验和满意度，从而提高图书馆的吸引力和使用率。

智慧图书馆可以利用大数据分析技术对读者的阅读行为进行分析和预测，以便更好地满足读者的需求，提高图书馆的服务质量。此外，智慧图书馆还可以利用云计算技术提供云存储和云服务，方便读者存储和管理自己的数字资源，同时也可以为读者提供远程访问和协作等功能，提高图书馆的服务效率和便捷性。

总之，智慧图书馆是一种利用现代信息技术，提供高效、便捷、个性化的图书馆服务的新型图书馆。它是在互联网、人工智能和虚拟现实技术的支持下发展起来的。智慧图书馆通过智能化设备和系统，不仅能够为读者提供丰富的数字资源和服务，还能够提供个性化的阅读体验和远程访问协作等功能，提高图书馆的服务效率和便捷性。智慧图书馆的发展和应用，将会对传统图书馆产生深远的影响，同时也将会为读者提供更加优质、高效的服务。智慧图书馆的特点是数字化、智能化、网络化和人性化。

（二）智慧馆员

在图书馆领域，智慧馆员这一概念的提出与实践，是图书馆事业发展的新趋势，也是图书馆现代化建设的重要组成部分。智慧馆员，是指在图书馆工作中，能够运用先进技术，提供高效、便捷、个性化的图书馆服务的人员。他们以高度的责任心和敬业精神，为读者提供优质、全面的服务，推动图书馆事业的发展，满足读者日益增长的信息需求。

智慧馆员是图书馆发展的新阶段。在信息化、网络化的今天，图书馆的服务方式和服务内容发生了翻天覆地的变化。图书馆不再是单一的"藏书楼"，而是一个进行信息交流、知识传播、学术研究的重要场所。智慧馆员正是为适应这一变化而产生的。他们具备丰富的专业知识，熟悉各种信息资源，能够运用现代信息技术，为读者提供便捷、高效、个性化的服务。

智慧馆员是图书馆服务的提供者。他们承担着图书馆各项服务工作的重任，包括为读者提供图书、期刊、报纸、数据库等文献资源，解答读者咨询，开展读者教育，组织各类学术活动等。他们通过深入研究图书馆学、情报学、计算机科学等学科，不断更新知识，提高自身的专业素养，以满足图书馆服务的需求。

智慧馆员是图书馆现代化的推动者。他们积极引进和应用现代信息技术，如大数据、云计算、人工智能等，对图书馆的各项工作进行改革和创新。他们以读者为中心，以服务为导向，不断优化图书馆的服务流程，提高图书馆的服务质量，以满足读者日益增长的信息需求。

智慧馆员是图书馆发展的引领者。他们具备前瞻性思维和创新精神，能够准确把握图书馆发展的方向和趋势，提出具有前瞻性的图书馆发展策略。他们积极参与图书馆行业的研究和交流，推动图书馆事业的发展，为图书馆的现代化建设做出贡献。

智慧馆员是图书馆文化的传承者。智慧馆员参与图书馆文化建设，是文化的重要传承者。他们能够传播图书馆文化，提高读者对图书馆的认同感。同时，智慧馆员需要了解图书馆的历史、文化、理念，将这些文化传承下去，为图书馆事业的发展做出贡献。

智慧馆员是图书馆的公共形象。他们代表着图书馆的形象，通过自己的专业素养和服务态度，赢得读者的信任和尊重。他们以热情、耐心、细致的态度，为读者提供优质的服务，树立了图书馆的良好形象。

总之，智慧馆员是图书馆现代化建设的重要组成部分。他们以高度的责任心和敬业精神，为读者提供优质、全面的服务，推动图书馆事业的发展，满足读者日益增长的信息需求。他们是图书馆发展的新动力，是图书馆现代化的推动者，是图书馆发展的引领者，是图书馆的公共形象。

二、智慧馆员的核心能力

智慧馆员是图书馆中的一种角色，主要负责为读者提供知识咨询、信息检索、文献传递等服务。智慧馆员的核心能力是智慧馆员能够提供高效、优质的服务的基础。

（1）信息素养能力。信息素养是指个人在信息环境中所应具备的素养，包括信息意识、信息知识、信息能力、信息道德等方面。在图书馆工作中，信息素养是智慧馆员最基本的要求。首先智慧馆员需要具备敏锐的信息意识，能够敏锐地捕捉到读者需求的变化，并能够及时调整自己的服务策略。其次，智慧馆员需要具备丰富的信息知识，包括图书情报知识、信息技术知识、网络知识等，这样才能更好地为读者提供服务。再次，智慧馆员还需要具备较强的信息能力，能够熟练运用各种信息技术工具，如数据库、网络检索工具、数据分析工具等，以提高工作效率和服务质量。最后，智慧馆员需要具备良好的信息道德，尊重知识产权，保护读者隐私，遵守图书馆的各项规章制度。

（2）信息技术应用能力。信息技术应用能力是指个人在信息时代中应用各种信息技术手段获取、处理、传递和利用信息的能力。在图书馆工作中，信息技术能力是智慧馆员必备的能力之一。智慧馆员需要具备一定的计算机操作能力，能够熟练使用各种计算机软件和硬件设备，如操作系统、办公软件、数据库管理系统等。同时，智慧馆员还需要具备一定的网络知识，能够利用网络工具进行信息检索、信息传递、信息共享等，以提高工作效率和服务质量。此外，智慧馆员还需要具备一定的信息安全意识，能够有效地防范网络攻击、信息泄露等安全问题，保障图书馆的信息安全。

（3）创新能力。创新能力是指个人在信息时代中创造新的知识和技能的能力。在图书馆工作中，智慧馆员需要具备较强的创新意识，能够敏锐地捕捉到图书馆发展过程中的机遇和挑战，并能够提出创新性的解决方案。同时，智慧馆员还需要具备较强的创新能力，能够运用各种创新方法和工具，如头脑风暴、数据分析、模拟实验等，以提高图书馆的服务质量和效率。此外，智慧馆员还需要具备较强的实践能力，能够将创新理念付诸实践，以推动图书馆的发展。智慧馆员可以通过对图书馆或信息服务机构的服务进行改进和创新，提高用户的使用体验感和满意度。

（4）服务意识。服务意识是指个人在信息时代对用户服务的态度和服务能力。在图书馆工作中，智慧馆员需要具备良好的服务态度，能够为读者提供热情、耐心、细致、周到的服务。同时，智慧馆员还需要具备较强的服务意识，能够主动关注读者需求，及时解决读者在使用图书馆时遇到的问题，提高读者满意度。例如，智慧馆员可以通过提供良好的服务，提高读者对图书馆好感度，从而提高图书馆声誉和影响力。此外，智慧馆员还需要具备较强的团队协作能力，能够与馆内其他工作人员紧密合作，共同完成图书馆的各项任务。

综上所述，智慧馆员的核心能力包括信息素养、信息技术应用能力、创新能力和服务意识。智慧馆员需要具备一定的信息素养，能够利用各种信息技术手段获取和处理信息，能够有效地理解和利用图书馆所提供的各种信息资源。智慧馆员还需要具备一定的信息技术应用能力，能够利用各种信息技术手段为读者提供各种服务。智慧馆员还需要具备一定的创新能力，能够不断探索新的服务方式和技术手段，为读者提供更加优质的服务。智慧馆员还需要具备良好的服务意识，能够为读者提供热情、耐心、细致、周到的服务，并且能够及时解决读者在使用图书馆时遇到的各种问题。这些都是智慧馆员在图书馆工作中的基本素质和核心能力，也是图书馆在数字时代背景下提升服务质量和效率的关键。图书馆应重视智慧馆员的培养和发展，为图书馆的可持续发展奠定坚实基础。

三、智慧馆员与传统馆员的关系

随着信息技术的不断发展和普及，馆员的角色也在不断地转型和升级。传统的馆员已经无法满足现代图书馆的需求，因此出现了智慧馆员这一新型馆员。智慧馆员是传统馆员的一种发展形态，是在信息技术时代背景下馆员角色的转型与升级。

智慧馆员是指利用现代信息技术手段，通过智能化、数字化、网络化等手段，为读者提供更加高效、便捷、个性化的图书馆服务的人员。与传统馆员相比，智慧馆员具有更高的信息素养和技能水平，能够更好地利用信息技术手段为读者提供服务。智慧馆员不仅具备传统馆员的基本素质，如责任心、专业知识、服务意识等，还具备一定的信息素养和信息技术技能，如数据挖掘、人工智能、网络营销等。

智慧馆员在图书馆中的作用和职责也与传统馆员有所不同。传统馆员主要负责书籍管理、借阅、咨询等基础服务，而智慧馆员则更加注重服务质量和效率，通过提供个性化的服务、开展信息咨询、组织文化交流、推广阅读等方式，为读者提供更加全面、深入、高效的服务。智慧馆员还需要具备一定的管理能力和领导能力，能够有效地协调和组织图书馆内部的工作，确保图书馆的正常运转和发展。

智慧馆员与传统馆员的关系是相辅相成的。传统馆员是智慧馆员的基础，他们拥有丰富的图书资料和知识储备，可以为智慧馆员提供更多的支持和帮助。而智慧馆员则能够更好地利用信息技术手段，为传统馆员提供更多的服务和支持，提高图书馆的服务水平和效率。

智慧馆员是传统馆员的一种发展形态，是在信息技术时代背景下馆员角色的转型与升级。智慧馆员不仅具备传统馆员的基本素质，还要具备一定的信息素养和信息技术技能，能够为读者提供更加全面、深入、高效的服务。智慧馆员与传统馆员相辅相成，共同推动图书馆的发展和进步。

四、智慧馆员队伍建设的理论框架

智慧馆员队伍建设的理论框架涵盖人才选拔、培训、评价和激励等几个方面。首先，人才选拔是智慧馆员队伍建设的基础，需要建立一套科学合理的人才选拔机制，通过面试、笔试、实践操作等方式，选拔出具备专业知识和技能的人才。其次，培训是智慧馆员队伍建设的关键，需要建立一套完善的培训体系，针对不同岗位和职业发展阶段，制订相应的培训计划，提高馆员的专业素质和综合能力。此外，评价是智慧馆员队伍建设的保障，需要建立一套科学合理的评价体系，对馆员的工作表现、服务质量、创新能力和团队合作等方面进行全面、客观的评价，为馆员提供改进和提高的方向。最后，激励是智慧馆员队伍建设的动力，需要建立一套合理的激励机制，通过薪酬、晋升、奖励等方式，激发馆员的工作积极性和创造力，促进图书馆事业的可持续发展。

智慧馆员队伍建设的理论框架还需要考虑图书馆发展的战略定位和目标。高校图书馆作为高等教育的重要组成部分，需要与学校的教学和科研工作紧密结合，为师生提供更加便捷、高效、个性化的服务。同时，高校图书馆也需要关注社会需求和行业发展趋势，积极拓展新的业务领域和合作模式，提高自身的竞争力和影响力。

在智慧馆员队伍建设的过程中，还需要注重团队建设和文化建设。团队建设是智慧馆员队伍建设的重要方面，需要建立一支专业素质高、协作能力强的团队，通过分工合作、资源共享、学习交流等方式，提高团队的整体水平和工作效率。文化建设是智慧馆员队伍建设的灵魂，需要树立一种积极向上、开放包容、创新发展的文化理念，激发馆员的工作热情和自我提升的动力。

智慧馆员队伍建设的理论框架是一个全面、系统的研究领域，需要从多个角度和层面进行深入探讨和研究。通过建立科学合理的人才选拔、培训、评价和激励机制，以及注重团队建设和文化建设，我们可以打造一支具有专业素质、协作能力和创新精神的智慧馆员队伍，为图书馆事业的发展做出更大的贡献。

五、智慧馆员在智慧图书馆中的作用和价值

智慧图书馆是运用现代信息和人工智能等先进技术，构建具有智能化服务和管理手段的图书馆。智慧馆员是智慧图书馆中不可或缺的一部分，其在提高图书馆的服务质量和效率，提升读者满意度方面发挥着重要作用。智慧馆员的价值体现在其专业知识和技能，以及对图书馆资源的深入了解和运用等方面。

智慧馆员在智慧图书馆中的作用主要体现在以下几个方面。

（1）提高图书馆的服务质量和效率。智慧馆员通过运用人工智能和大数据等技术，能够实现图书馆服务的智能化和自动化。例如，智慧馆员可以应用自然语言处理技术，实现对读者的智能问答和推荐服务；应用智能检索技术，实现对图书馆资源的快速检索和推荐。此外，智慧馆员还可以应用智能管理系统，实现对图书馆资源的智能化管理，提高图书馆的服务质量和效率。

（2）提升读者满意度。智慧馆员通过对图书馆资源的深入了解和运用，能够为读者提供更加精准和个性化的服务。例如，智慧馆员可以根据读者的阅读习惯和偏好，推荐相应的图书和阅读方案；通过智能管理系统，实现对图书馆资源的智能化管理和服务，提高图书馆的服务质量和效率。此外，智慧馆员还可以通过与读者的互动和沟通，了解读者的需求和反馈，及时调整图书馆的服务策略，提升读者的满意度。

（3）促进图书馆与社会的互动。智慧馆员可以通过智能管理系统，实现对图书馆资源的智能化管理，提高图书馆的服务质量和效率。此外，智慧馆员还可以通过与社会的互动和沟通，了解社会的需求和反馈，及时调整图书馆的服务策略，促进图书馆与社会的互动。例如，智慧馆员可以通过社交媒体等渠道，与读者和社会公众进行互动和沟通，了解读者的需求和反馈，及时调整图书馆的服务策略，提升图书馆的社会影响力和公众认可度。

智慧馆员在智慧图书馆中的作用和价值体现在其专业知识和技能，以及对图书馆资源的深入了解和运用。智慧馆员通过运用人工智能和大数据等技术，能够实现图书馆服务的智能化和自动化，提高图书馆的服务质量和效率，提升读者满意度。同时，智慧馆员还可以通过与读者的互动和沟通，了解读者的需求和反馈，及时调整图书馆的服务策略，促进图书馆与社会的互动。智慧馆员是智慧图书馆建设中不可或缺的一环，其作用和价值不可忽视。

第二节　智慧图书馆智慧馆员队伍建设的现状分析

随着图书馆事业的发展，智慧图书馆的建设需要有一支具备专业知识和技能的智慧馆员队伍，为智慧图书馆的发展提供人才保障。本节通过对智慧图书馆智慧馆员队伍建设的结构和组成、智慧馆员的专业素养和能力、工作环境和条件以及工作满意度与激励机制的现状进行分析，揭示其存在的问题，以及当前智慧馆员队伍建设面临的挑战和机遇，以期为智慧图书馆的发展提供参考。

一、智慧图书馆智慧馆员队伍的基本现状

（一）智慧图书馆智慧馆员队伍的结构和组成

智慧图书馆智慧馆员队伍的结构和组成是智慧图书馆得以高效运行和实现其服务目标的关键。智慧图书馆智慧馆员队伍结构合理，具备一定的专业知识和技能，是智慧图书馆顺利提供各项服务的前提。

智慧图书馆智慧馆员队伍的结构应该包括馆员、技术人员、管理人员和其他相关工作人员。馆员是智慧图书馆智慧馆员队伍的核心，应该具备扎实的图书馆学、信息管理、计算机科学等专业知识和技能。技术人员则应该具备一定的计算机技术、网络技术、数字资源管理等专业知识和技能，负责图书馆的数

字化建设和维护。管理人员则应该具备一定的管理能力和领导能力，负责图书馆的运营和管理工作。其他相关工作人员则应该具备一定的专业知识和技能，如读者服务、信息咨询、安全保卫等。如果图书馆的主要服务对象是学生，那么智慧馆员队伍应该包括更多的馆员和读者服务人员。如果图书馆的主要服务对象是学者，那么智慧馆员队伍应该包括更多的信息管理人员和数字资源管理人员。

智慧馆员队伍在数量、素质和服务水平等方面得到了较大的提升。在数量方面，智慧馆员队伍规模不断扩大，已经具备了较强的服务能力。在素质方面，智慧馆员队伍的素质得到了明显的提高，他们具备了较强的信息素养和服务意识，能够为读者提供更加专业、高效的服务。在服务水平方面，智慧图书馆的智慧馆员队伍已经具备了较高的服务水平，他们能够熟练地运用各种信息技术，为读者提供更加便捷、个性化的服务。

智慧馆员队伍的建设需要加强培训和考核。智慧馆员应该定期参加专业培训和技能培训，不断提高自己的专业知识和技能水平。同时，应该建立严格的考核制度，对智慧馆员进行定期的考核和评估，以保证智慧馆员队伍的专业素质和服务水平。

智慧馆员队伍的结构和组成是智慧图书馆得以高效运行和实现其服务目标的关键。智慧馆员队伍需结构合理、具备一定的专业知识和技能，才能够顺利提供各项服务活动。因此，智慧图书馆智慧馆员队伍的建设需要加强培训和考核，以保证智慧馆员队伍的专业素质和服务水平。

（二）智慧馆员的专业素养和能力

智慧馆员是图书馆领域中的新型人才，他们在图书馆的运营和发展中扮演着至关重要的角色。他们不仅需要具备扎实的专业知识和技能，还需要具备较高的专业素养和能力。随着图书馆事业的发展，智慧馆员的专业素养和能力在逐年提高。

（1）智慧馆员需要具备较高的信息素养。在图书馆领域，智慧馆员需要具备较强的信息检索和筛选能力，能够有效地为读者提供优质的信息服务。他们需要熟练掌握各种信息检索工具和技术，如搜索引擎、知识图谱、自然语言处理等，能够根据读者的需求快速检索到相关的信息资源，并提供相关的推荐服务。他们还需要了解读者的需求和习惯，并能够为读者提供个性化的服务，如推荐阅读书目、课程、活动等。同时，智慧馆员还需要掌握智能导览技术，如机器人导览、虚拟导览等，能够为读者提供智能化的导览服务，帮助读者更好地了解图书馆的布局和资源。智慧馆员还要掌握智能管理技术，如数据挖掘、机器学习、物联网等，能够对图书馆的各种数据进行智能化的分析和处理，为图书馆的管理决策提供支持。此外，他们还需要具备较强的信息道德意识，遵守相关法律法规，确保图书馆的信息安全。

（2）智慧馆员需要具备较强的沟通和协作能力。图书馆是一个知识共享和交流的平台，智慧馆员需要与馆内的其他工作人员和读者进行有效的沟通和协作，以提高图书馆的服务效率和质量。他们还需要具备较强的团队合作能力，能够与馆内其他工作人员共同完成各项任务，提高图书馆的整体运作水平。

（3）智慧馆员需要具备较强的创新能力和解决问题能力。图书馆业是一个不断发展的领域，智慧馆员需要具备较强的创新意识和能力，能够适应图书馆事业的发展需求，提高图书馆的服务水平和效益。同时，他们还需要具备较强的解决问题能力，能够及时发现和解决图书馆运营过程中出现的问题，确保图书馆的正常运行。

然而，在智慧馆员的专业素养和能力逐年提高的过程中，仍然存在一些不足。首先，一些智慧馆员的信息素养和沟通协作能力相对较弱，影响了图书馆的服务质量和效率；其次，一些智慧馆员在创新和解决问题能力方面存在不足，影响了图书馆的发展和创新能力；此外，一些智慧馆员的信息道德意识较弱，容易导致图书馆在运行过程中出现信息安全和隐私问题。

综上所述，智慧馆员是图书馆领域的新型人才，他们在图书馆的运营和发展中扮演着至关重要的角色。然而，智慧馆员的专业素养和能力还需逐年提高。因此，图书馆需要加强对智慧馆员的培训和教育，提高他们的专业素养和能力，以便更好地为读者提供优质的服务。

（三）智慧馆员主要工作内容

智慧馆员作为图书馆的重要组成部分，其主要工作内容涵盖了信息咨询、读者服务、文献整理和数字化服务等多个方面。

（1）信息咨询。在图书馆中，智慧馆员需要为读者提供全面、准确的信息咨询服务，帮助他们解决在阅读、研究过程中遇到的各种问题，包括为读者提供文献资料、解答读者咨询、推荐相关书籍等。在信息咨询过程中，智慧馆员需要具备扎实的文献检索能力和专业知识，能够熟练运用图书馆的各类资源，为读者提供高质量的服务。

（2）读者服务。智慧馆员需要关注读者的需求，为他们提供个性化的服务，包括为读者推荐合适的阅读材料、解答读者的问题、提供阅读指导等。此外，智慧馆员还需要协助读者使用图书馆的各类设施，如解答读者在借阅、还书、预约等方面的疑问，确保读者能够顺利地使用图书馆资源。

（3）文献整理。智慧馆员需要对图书馆的文献资源进行整理、分类、编目等工作，以便能方便读者查找和利用文献。此外，智慧馆员还需要对文献资源进行定期检查和更新，确保图书馆的文献资源始终保持最新的状态。

（4）数字化服务。随着科技的不断发展，图书馆的数字化服务越来越受到重视。智慧馆员需要熟练掌握各类数字化的工具和方法，如数据库检索、网络资源查找等，为读者提供便捷的数字化服务。此外，智慧馆员还需要关注图书馆的数字资源建设，如数字资源的采集、整理、存储、发布等，确保图书馆的数字资源能够满足读者的需求。

综上所述，智慧馆员的主要工作内容包括信息咨询、读者服务、文献整理和数字化服务等。这些工作内容相互关联，共同构成了智慧馆员的工作职责。在实际工作中，智慧馆员需要全面掌握这些工作内容，不断提高自己的专业素养和服务水平，为读者提供优质的服务。

（四）智慧图书馆智慧馆员的工作环境和条件

智慧图书馆是一种新兴的图书馆类型，其特点是利用现代信息技术和人工智能技术，实现图书馆的智能化和服务化。智慧图书馆智慧馆员是智慧图书馆的重要组成部分，其主要职责是维护图书馆的秩序、提供读者服务、协助图书馆的管理和维护等。智慧图书馆智慧馆员的工作环境和条件对其工作质量和效率有着重要的影响。

智慧图书馆智慧馆员的工作环境应当是现代化的图书馆设施。现代化的图书馆设施可以为他们提供舒适的工作环境，使他们能够更好地专注于图书馆工作。图书馆通常具有良好的通风和采光条件。图书馆是一个公共场所，需要保证空气流通和采光良好，以保证图书馆内的空气质量。智慧图书馆智慧馆员需要长时间工作，良好的工作环境能够提高他们的工作效率。此外，智慧图书馆智慧馆员的工作环境还需要具备一定的职业发展机会。智慧图书馆是一个新兴的领域，需要不断探索和创新。智慧图书馆智慧馆员需要具备一定的专业知识和技能，以适应图书馆的发展需求。智慧图书馆智慧馆员可以通过参加培训、学术会议等活动，不断提高自己的专业素养和技能水平。

智慧图书馆智慧馆员的工作条件也需要得到保障。在数字化时代下，图书馆的信息资源已经发生了重大变化，图书馆应当提供丰富的数字资源，如电子图书、电子期刊、电子数据库等，并且定期更新和维护信息资源，以确保信息资源的准确性和完整性。以满足智慧馆员的工作需求。同时，智慧图书馆智慧馆员需要具备一定的专业知识和技能、具备良好的沟通和协作能力以及一定的计算机操作能力和信息处理能力，使用图书馆的各种管理系统和设备，协助图书馆的管理和维护工作，以提供高质量的读者服务。同时，智慧图书馆智慧馆员需要具备一定的英语水平，以应对国际读者服务的需求。

此外，智慧馆员还需要服务手段的支持。在数字化时代下，智慧馆员需要利用现代科技手段，为读者提供高效便捷的图书馆服务。图书馆还应当提供良好的服务支持，如培训、指导、咨询等，以帮助智慧馆员更好地开展工作。智慧图书馆智慧馆员的工作条件需要得到图书馆的管理和支持，以保证他们能够顺利完成工作任务。

智慧图书馆智慧馆员的工作环境和条件对其工作质量和效率有着重要的影响。良好的工作环境能够提高智慧图书馆智慧馆员的工作效率，为其提供一定的职业发展机会。而且，智慧图书馆智慧馆员还需要具备一定的专业知识和技能，以适应图书馆的发展需求。同时，智慧图书馆智慧馆员的工作条件需要得到图书馆的管理和支持，以保证他们能够顺利完成任务。

（五）智慧馆员的工作满意度与激励机制

智慧馆员是图书馆发展的重要力量，他们的工作满意度和激励机制直接影响着图书馆的服务质量和效率。智慧馆员的工作满意度是指智慧馆员对自身工作内容、工作环境和工作成果等方面的满意程度。工作满意度反映了智慧馆员对自身工作的满意程度。研究结果表明，想要提高智慧馆员的工作满意度，图书馆应该加强智慧馆员的激励机制，丰富智慧馆员的工作体验。

智慧馆员的工作满意度较高，说明图书馆在吸引和留住智慧馆员方面取得了良好的成果。然而，智慧馆员的工作满意度较高并不意味着图书馆不需要加强智慧馆员的激励机制。事实上，智慧馆员的工作满意度虽然较高，但激励机制还有待进一步完善。图书馆应该建立完善的激励机制，提高智慧馆员的薪酬水平，增加培训和职业发展机会，为智慧馆员提供良好的工作环境和工作条件。

智慧馆员的激励机制包括薪酬激励、职业发展激励和培训激励等。薪酬激励是激励智慧馆员的最直接方式，也是最重要的方式。图书馆应该建立完善的薪酬激励机制，提高智慧馆员的薪酬水平，以吸引和留住智慧馆员。职业发展激励是激励智慧馆员职业发展的方式，包括提供职业发展培训、晋升机会和职业发展指导等。图书馆应该建立完善的职业发展激励机制，以提高智慧馆员的职业发展满意度。培训激励是激励智慧馆员学习新知识和新技能的方式，包括提供培训机会和培训资源等。图书馆应该建立完善的培训激励机制，为智慧馆员提供培训机会和培训资源等，以提高智慧馆员的工作满意度。

智慧馆员的工作满意度与激励机制是图书馆发展的重要因素。要想提高智慧馆员的工作满意度，激励机制必不可少，且还有待进一步完善。图书馆应该建立完善的激励机制，以提高智慧馆员的工作满意度，从而提高图书馆的服务质量和效率。

二、智慧图书馆智慧馆员队伍建设存在的问题

在当前元宇宙时代背景下，智慧图书馆作为高校信息资源的重要载体，其智慧馆员队伍建设显得尤为重要。然而，智慧图书馆智慧馆员队伍建设仍然存在一些问题，主要表现在以下几方面。

（一）智慧馆员素质不高

智慧图书馆作为高校信息资源的重要载体，其智慧馆员队伍素质的高低直接影响到图书馆服务的质量。然而，目前我国智慧馆员队伍整体素质仍有待提高。一方面，智慧馆员队伍的学历层次普遍较低，导致了智慧馆员的知识储备不足，难以满足高校信息资源服务的需求。另一方面，智慧馆员队伍的专业素养和业务能力也亟待提高，部分智慧馆员在信息检索、数据分析、信息素养教育等方面缺乏专业知识和技能，难以满足现代图书馆的发展需求。

（二）人才引进和培养机制不完善

当前，许多智慧图书馆在人才引进和培养方面存在一些不足。特别是一些

智慧图书馆缺乏明确的招聘标准和选拔流程，导致引进的人才素质不高；一些智慧图书馆在人才培养方面缺乏长期的规划和具体的培训计划，导致馆员的技术水平难以提高。因此，智慧图书馆需要建立完善的人才引进和培养机制，制定明确的招聘标准和选拔流程，加强培训计划和培训效果的评估，以提高智慧馆员队伍的整体素质。

（三）培训不足

随着信息技术的快速发展，图书馆服务逐渐向智能化、个性化和多元化方向发展。然而，智慧馆员队伍的培训工作仍然存在不足。一方面，培训内容过于陈旧，未能紧跟时代发展步伐，难以满足智慧馆员队伍的需求。另一方面，培训方式单一，以传统课堂培训为主，缺乏线上、线下相结合的培训模式，导致培训效果不佳。

（四）激励机制不完善

激励机制是推动智慧馆员队伍建设的重要手段。然而，目前我国智慧图书馆智慧馆员队伍的激励机制尚不完善，主要表现在以下几个方面：一是激励机制设计不合理，导致激励效果不佳；二是激励措施不足，难以激发智慧馆员的积极性和创造力；三是激励机制缺乏长期规划和持续性，导致激励效果不稳定。

综上所述，智慧图书馆智慧馆员队伍建设存在智慧馆员素质不高、人才引进和培养机制不完善、服务内容单一、技术水平较低、培训不足和激励机制不完善等一些问题。针对这些问题，智慧图书馆应当从以下几个方面进行改进：一是提高智慧馆员队伍素质，加强专业培训和教育；二是完善智慧馆员队伍的培训体系，创新培训方式；三是优化智慧馆员队伍的激励机制，提高激励效果。只有这样，才能更好地推动智慧图书馆智慧馆员队伍建设，为高校信息资源服务提供更加优质、高效的支持。

三、智慧图书馆智慧馆员队伍建设的瓶颈和制约因素

智慧图书馆智慧馆员作为智慧图书馆的核心力量，其队伍建设也成为智慧图书馆建设过程中的瓶颈和制约因素。下面将从人才引进、技术支持、资金投入等方面探讨智慧图书馆智慧馆员队伍建设面临的主要瓶颈和制约因素。

（一）人才引进

智慧图书馆的建设需要一支高水平、专业化的智慧馆员队伍。然而，当前智慧馆员的人才缺口较大，主要表现在以下几个方面。

（1）人才供给不足。随着图书馆事业的发展，图书馆对智慧馆员的需求越来越高，但目前智慧馆员的人才供给却不足。据相关调查显示，当前我国智慧馆员的人才缺口达到了50%以上。

（2）人才分布不均。智慧馆员的人才分布不均，主要表现在地域、学科、年龄等方面。例如，发达地区智慧图书馆智慧馆员的需求量大，但人才供给却不足；而一些欠发达地区智慧图书馆智慧馆员的人才缺口却很大。

（3）人才质量不高。当前智慧馆员的人才质量不高，主要表现在以下几个方面。缺乏专业知识和技能、实践经验、创新意识等。为了解决智慧馆员人才短缺的问题，需要加强人才引进工作。一方面，可以通过招聘、选拔等方式引进高水平、专业化的智慧馆员；另一方面，可以加强与高校、研究机构的合作，吸引智慧馆员人才的培养。

（二）技术支持

智慧图书馆的建设需要强大的技术支持。然而，当前智慧图书馆智慧馆员队伍建设面临的技术瓶颈主要表现在以下几个方面。

（1）技术能力不足。智慧图书馆智慧馆员需要具备一定的技术能力，包括对图书馆业务流程的熟悉、对图书馆资源的管理、对图书馆新技术的掌握等。然而，当前智慧馆员的技术能力普遍不足，难以满足智慧图书馆建设的需求。

（2）技术设备落后。智慧图书馆智慧馆员需要使用各种技术设备，包括图书馆自动化管理系统、数字资源管理系统、智能终端设备等。然而，当前图书馆智慧馆员使用的技术设备落后，难以满足智慧图书馆建设的需求。

（3）技术培训不足。智慧图书馆智慧馆员需要不断学习新知识、新技能，以适应图书馆事业的发展。然而，当前图书馆智慧馆员的技术培训不足，难以提高智慧馆员的技术能力。

为了解决智慧图书馆智慧馆员技术能力不足的问题，需要加强技术支持。一方面，可以加强对智慧馆员的技术培训，提高智慧馆员的技术能力；另一方面，可以引进先进的技术设备，提高智慧图书馆智慧馆员的工作效率。

（三）资金投入

智慧图书馆智慧馆员队伍建设需要大量的资金投入。然而，当前智慧图书馆智慧馆员队伍建设面临的主要资金瓶颈主要表现在以下几个方面。

（1）资金投入不足。智慧图书馆智慧馆员队伍建设需要大量的资金投入，包括智慧馆员的招聘、培训、管理等。然而，当前图书馆对智慧馆员队伍建设的资金投入不足，难以满足智慧图书馆建设的需求。

（2）资金来源单一。智慧图书馆智慧馆员队伍建设的资金来源单一，主要来自图书馆自身的预算。然而，图书馆的预算有限，难以满足智慧馆员队伍建设的需求。

（3）资金使用不当。智慧图书馆智慧馆员队伍建设的资金使用不当，包括浪费、滥用等，难以提高智慧馆员的工作效率。

为了解决智慧图书馆智慧馆员队伍建设面临的主要资金瓶颈，需要加大资金投入力度。一方面，可以增加图书馆的预算，用于智慧馆员队伍建设的资金投入；另一方面，可以探索多元化的资金来源方式，以拓宽资金来源渠道。

四、元宇宙时代智慧馆员队伍建设的发展趋势

智慧馆员的发展趋势是指在图书馆领域，智慧馆员作为一种新型职业，将会面临的发展方向和趋势。这些趋势主要包括智能化、个性化、服务创新、开放共享和跨界融合、专业素养提升等方面。

（1）智能化。随着人工智能技术的发展，智慧馆员需要掌握相关技术，如自然语言处理、机器学习等，以便更好地为读者提供智能化服务。此外，智慧馆员还需要掌握数据分析、云计算等技能，以便更好地管理图书馆的数据和资源。

（2）个性化。在现代社会，读者对于个性化服务的需求越来越高。智慧馆员需要了解读者的需求和偏好，为他们提供更加个性化的服务。例如，可以为读者推荐与其需求和偏好相匹配的图书、期刊、报纸等文献资源，以及提供个性化的阅读体验。

（3）服务创新。随着社会的发展，读者对于图书馆服务的需求也在不断变化。智慧馆员需要不断探索新的服务方式和方法，以满足读者的需求。例如，可以开展线上咨询、虚拟参考咨询、社交媒体服务等，以提供更便捷、高效的

服务。

（4）开放共享和跨界融合。随着图书馆行业的不断发展，智慧馆员需要具备开放的思维和跨界融合的能力。他们需要与其他领域的专业人士进行合作，以提供更加全面、深入的服务。同时，智慧馆员还应具备较强的团队合作精神，以共同推动图书馆行业的创新与发展。

（5）专业素养提升。智慧馆员需要具备扎实的专业知识和技能，以便更好地为读者提供服务。元宇宙时代智慧图书馆智慧馆员需要掌握图书馆学、信息管理、计算机科学等相关知识，并具备良好的沟通、协作、解决问题的能力。

综上所述，智慧馆员的发展趋势主要包括智能化、个性化、服务创新、开放共享和跨界融合、专业素养提升等方面。智慧馆员需要不断地学习、探索和创新，以满足读者不断变化的需求，为图书馆事业发展做出更大贡献。

第三节　元宇宙时代智慧馆员队伍建设的主要挑战

随着信息技术的快速发展和服务需求的多样化，智慧馆员需要不断更新自己的知识和技能，以满足读者的需求。同时，智慧馆员还需要应对来自其他图书馆的竞争压力，以确保自己所在图书馆在激烈的市场竞争中立于不败之地。下面将从几个方面探讨元宇宙时代智慧馆员队伍建设面临的重要挑战。

一、技术进步对智慧馆员队伍的冲击

技术进步是现代社会发展的必然趋势，其在各个领域的应用已经越来越广泛，对于智慧馆员队伍也产生了不可忽视的影响。智慧馆员作为图书馆领域的新兴职业，其职责是利用科技手段为读者提供更加高效、便捷的服务。然而，随着技术的发展，智慧馆员需要不断更新知识储备和技能，以适应新的工作环境和工作要求。

技术进步对智慧馆员队伍的冲击主要表现在以下几个方面。第一，技术进步使得图书馆的数字化程度越来越高，读者可以通过互联网等渠道获取大量的文献资源，智慧馆员需要掌握相关的数字化技术和工具，以提供更加高效的服务。第二，技术进步使得图书馆的自动化程度越来越高，智慧馆员需要掌握相关的自动化技术和工具，以提高图书馆的服务效率和管理水平。第三，技术进步使得图书馆的开放性和共享性越来越高，智慧馆员需要掌握相关的开放技术和共享性技术，以提供更加开放和共享的服务。

智慧馆员需要不断更新知识储备和技能，以适应技术进步带来的变化。智慧馆员需要不断学习新的数字化技术和工具，以提供更加高效的服务，进而提高图书馆的服务效率和管理水平。

因此，只有不断更新知识储备和技能，智慧馆员才能更好地适应技术进步带来的变化，为读者提供更加高效、便捷的服务。

二、信息素养与数字能力的提升

信息素养与数字能力的提升是智慧图书馆发展的关键因素。智慧图书馆需要的是具有高度信息素养和数字能力的馆员，他们需要不断学习和更新知识，以适应图书馆的不断变化和发展。

信息素养是指个体对信息的获取、处理、应用和评估的能力。在图书馆工作中，信息素养是非常重要的。智慧馆员需要能够有效地获取和处理信息，包括文献、数据库和其他资源。他们要能够评估信息的可靠性和有效性，以确保图书馆提供给读者的信息是准确和有用的。此外，他们还需要具备批判性思维和判断力，以便在处理信息时能够做出明智的决策。

数字能力是指个体使用数字技术和工具的能力。在图书馆工作中，数字能力是非常重要的。智慧馆员需要熟练使用各种数字工具和技术，例如计算机、数据库、搜索引擎、社交媒体和其他数字工具。他们要具备良好的计算机技能，包括使用各种软件和操作系统的能力，以及理解和使用各种数字图书馆资源的能力。此外，他们还需要具备良好的网络素养，包括使用互联网、社交媒体和其他数字平台的能力。

智慧馆员还需要不断学习和更新自己的知识和技能。他们需要参加各种培训和研讨会，以学习最新的数字技术和工具，进而了解图书馆行业最新的发展趋势。此外，他们还需要积极参与图书馆相关的专业组织和社区，并与其他馆员分享经验和知识，并了解图书馆行业的最新动态。

信息素养和数字能力的提升是智慧馆员必备的能力。他们需要具备高度的信息素养和数字能力，以提供高质量的服务和资源，满足读者的需求和期望。

三、知识更新和信息爆炸的挑战

随着科技的快速发展，知识更新速度不断加快，信息爆炸已成为当今社会的一个显著特征。在这样的背景下，智慧馆员队伍面临着巨大的挑战。智慧馆员作为图书馆领域的专业人才，需要具备快速获取、处理、传递信息的能力，以适应知识更新和信息爆炸所带来的变革。

（一）知识更新速度的加快要求智慧馆员不断更新自己的知识体系

在图书馆学、信息科学、人工智能等领域，新的理论和实践不断涌现，智慧馆员需要具备快速学习和接受新知识的能力，因此需要智慧馆员具备良好的自学能力和学习习惯，同时，也需要图书馆提供丰富的学习资源和培训机会，帮助智慧馆员增加自己的知识储备。

（二）信息爆炸使得智慧馆员需要具备高效的信息处理能力

在信息时代，人们每天都会接触到大量的信息，如何筛选和处理这些信息，以满足自己的需求，成为智慧馆员需要面对的挑战。智慧馆员需要具备信息筛选、分析、整合的能力，能够快速获取和处理信息，并将有用的信息传递给读者。同时，智慧馆员也需要具备批判性思维，对信息进行深入分析和评估，以避免信息的误导和陷阱。

（三）智慧馆员需要具备良好的信息传递能力

信息传递是智慧馆员工作的重要内容，如何将图书馆的资源和服务有效地传递给读者，是智慧馆员需要考虑的问题。智慧馆员需要具备良好的沟通能力和表达能力，能够将复杂的信息用简洁明了的方式传递给读者。同时，智慧馆员也需要具备信息素养，能够根据读者的需求和兴趣，提供个性化的信息推荐和服务。

（四）智慧馆员需要具备创新和变革的能力

信息爆炸和知识更新不仅带来了挑战，同时也为智慧馆员提供了创新和变革的机会。智慧馆员需要具备敏锐的洞察力和创新思维，能够发现和利用新的技术和资源，为图书馆的发展和变革做出贡献。

总之，知识更新与信息爆炸给智慧馆员队伍带来了巨大的挑战，但同时也为智慧馆员提供了创新和发展的机会。智慧馆员需要具备快速获取、处理、传递信息的能力，同时，需要图书馆提供良好的学习资源和培训机会，帮助智慧馆员提高自己的知识储备和能力。只有这样，智慧馆员才能在信息时代立足，为图书馆的发展和读者服务做出更大的贡献。

四、智慧馆员队伍的竞争压力

元宇宙时代，智慧馆员队伍的竞争压力是不可避免的。随着科技的不断发展和信息传播方式的多样化，越来越多的人开始关注智慧馆员这个职业。智慧馆员不仅需要具备传统的图书馆服务技能，还需要具备计算机技术、网络技术、信息检索技术等多方面的能力。然而，随着这些技能的普及，智慧馆员队伍将面临来自其他领域的竞争压力。

首先，来自其他领域的专业人才对智慧馆员职业的竞争压力不可忽视。例如，互联网企业、科技公司的专业人才，他们不仅具备扎实的计算机技能，而且对于信息传播和网络技术的发展有着深入的了解。他们可以将这些技能应用到图书馆服务中，提供更高效、更便捷的服务。因此，智慧馆员需要不断提升自身素质，以应对来自其他领域的竞争压力。

其次，智慧馆员队伍内部也存在竞争压力。随着图书馆服务的发展，越来越多的图书馆开始重视智慧馆员队伍的建设。因此，图书馆会在招聘、培训、考核等方面加大投入，提高智慧馆员的素质和能力。智慧馆员需要不断学习和提升自身素质，以保持竞争优势。

此外，智慧馆员队伍还需要面对来自用户需求的竞争压力。随着图书馆服务的发展，用户的需求也在不断变化。智慧馆员需要不断了解用户需求，提供更加贴心的服务。同时，智慧馆员还需要具备良好的沟通能力，能够与用户建立良好的关系，提高用户满意度。

综上所述，智慧馆员队伍将面临来自内部及其他领域的竞争压力，要求智慧馆员不断提升自身素质，具备扎实的计算机技术能力，还需要具备良好的信息检索技术、网络技术、沟通能力和用户服务意识。只有这样，智慧馆员才能在竞争激烈的环境中保持竞争优势，为用户提供更好的服务。

第四节　元宇宙时代智慧图书馆智慧馆员队伍建设策略

在元宇宙时代背景下，高校智慧图书馆作为知识服务的重要载体，智慧馆员队伍建设显得尤为重要。高校智慧图书馆的发展需要建立一支高素质、高水平、具有创新精神和专业能力的智慧馆员队伍，为读者提供更高质量、更高水平的服务，推动智慧图书馆的发展和进步。那么，如何建设这么一支高质量、高水平的队伍成为当今时代的重要课题。下面将从几个方面进行阐释。

一、制定智慧图书馆智慧馆员队伍建设的战略规划

智慧图书馆智慧馆员队伍建设需要制定长期的、具体的战略规划，以指导图书馆智慧馆员队伍的建设和管理。

（一）智慧图书馆智慧馆员队伍建设的战略规划应明确指导思想

以习近平新时代中国特色社会主义思想为指导，以立德树人为根本任务，以提高服务质量为核心，以推进信息化、智能化、专业化、特色化为方向，着力打造一支服务意识强、业务能力高、团队协作好的智慧馆员队伍。

（二）战略规划应注重人才队伍建设

人才是图书馆发展的核心，因此，智慧图书馆智慧馆员队伍建设的战略规划应着重于人才的培养、引进和使用。一是加大人才培养力度，通过在职培训、学术交流、学历提升等方式，提高智慧馆员的专业素养和业务能力。二是加强引进工作，吸引具有丰富经验、专业知识的人才加入图书馆，以提升图书馆的整体水平。三是合理配置人力资源，优化智慧馆员队伍结构，确保智慧馆员队伍的稳定性和活力。

（三）战略规划应关注信息化建设

在元宇宙时代，信息化建设是智慧图书馆智慧馆员队伍建设的关键。因此，战略规划应明确提出信息化建设的目标、任务和措施。一是加大图书馆信息化设施投入，完善图书馆信息系统，提高图书馆数字化、网络化、智能化水平。二是加强信息资源的整合与利用，实现图书馆内外信息资源的共享，提高

图书馆服务质量。三是加强信息素养教育，培养馆员的信息收集、处理、应用能力，以适应元宇宙时代的发展需求。

（四）战略规划还应注重创新能力的提升

在元宇宙时代，图书馆面临着诸多挑战，如信息爆炸、知识更新速度快等。因此，智慧图书馆智慧馆员队伍建设的战略规划应明确提出创新能力提升的目标和措施。一是加强创新意识教育，培养馆员的创新思维和能力。二是鼓励馆员参与科研项目、发表论文，提高图书馆的创新能力。三是推动图书馆与高校、企业、社会等机构的合作，共享创新资源，提高图书馆的创新能力。

（五）战略规划应关注国际化水平的提高

在元宇宙时代，国际交流与合作日益密切，图书馆的国际化水平对图书馆的发展至关重要。因此，智慧图书馆智慧馆员队伍建设的战略规划应明确提出国际化水平的提升目标。一是加强国际交流与合作，引进国际先进的管理理念和技术，提高图书馆的国际化水平。二是加强馆员的国际化培训，提高馆员的国际交流与合作能力。三是推动图书馆的国际化发展，提高图书馆在国际上的影响力。

综上所述，制定智慧图书馆智慧馆员队伍建设的战略规划是图书馆发展的重要任务。在元宇宙时代背景下，智慧图书馆智慧馆员队伍建设应明确指导思想、注重人才队伍建设、关注信息化建设、提升创新能力、提高国际化水平。通过制定长期的、具体的战略规划，指导图书馆智慧馆员队伍建设的发展，为高校智慧图书馆建设贡献力量。

二、提升智慧馆员的专业素养和能力

智慧馆员是图书馆或信息服务机构中具有专业素养和能力的人员，他们需要不断学习和提升自己的专业素养和能力，以适应不断变化的信息环境和图书馆的需求。以下将从几个方面探讨如何提升智慧馆员的专业素养和能力。

（一）加强图书馆学和信息学知识的学习

智慧馆员需要具备扎实的图书馆学和信息学知识，才能更好地为读者提供服务。图书馆学和信息学是图书馆学专业的核心学科，智慧馆员需要不断学习和掌握相关知识，包括图书馆的发展历程、图书馆的资源组织和管理、信息检索和利用等方面的知识。

智慧馆员还需要掌握一些相关的技术知识，如计算机科学、网络技术、数据库技术等，以便更好地利用这些技术为读者提供服务。此外，智慧馆员还需要关注图书馆学和信息学领域的最新发展动态，以便及时更新自己的知识体系。

（二）提高沟通和服务能力

智慧馆员需要具备良好的沟通和服务能力，才能更好地为读者提供服务。沟通能力是指智慧馆员与读者、同事、上级等不同人群之间的交流能力，需要掌握有效的沟通技巧，如倾听、表达、协商等。服务能力是指智慧馆员为读者提供服务的能力，需要具备良好的服务意识和服务技能，如解答读者的问题、提供参考咨询、组织活动等。

智慧馆员还需要具备团队合作能力，能够与同事协作完成图书馆的工作任务，共同为读者提供更好的服务。

（三）提高信息素养

信息素养是指智慧馆员对信息的理解、利用和评价能力，包括信息检索、信息评价、信息利用等方面。信息素养是智慧馆员必备的能力之一，他们需要具备良好的信息检索技能，能够快速找到所需的文献资源。还需要具备信息评价能力，能够准确判断文献的质量和价值，以便为读者提供更好的服务。

智慧馆员还需要具备信息利用能力，能够将文献资源有效利用起来，为读者提供更好的服务。

（四）关注读者需求

智慧馆员需要关注读者需求，能够为读者提供更好的服务。读者需求是智慧馆员服务的主要依据，他们需要了解读者的需求，以便提供更好的服务。

智慧馆员还需要具备敏锐的洞察力，能够发现读者的需求变化，及时调整服务内容，以满足读者的需求。

智慧馆员需要不断提高自己的专业素养和能力，以适应不断变化的信息环境和图书馆的需求。通过加强图书馆学和信息学知识的学习，提高沟通和服务能力，提高信息素养，关注读者需求，以便智慧馆员能够更好地为读者提供服务，推动图书馆的发展。

三、加强智慧图书馆智慧馆员队伍建设的培训与教育

智慧图书馆智慧馆员队伍建设的培训与教育不仅能够提高智慧馆员的业务素质和服务能力，还能够提升智慧图书馆的服务水平和效率，可以从以下几个方面入手。

（一）加强智慧图书馆智慧馆员队伍建设的培训内容

智慧图书馆智慧馆员队伍建设的培训内容应该与智慧图书馆的发展方向和实际需求相符合。培训内容应该包括图书馆学、信息管理、数字资源利用、读者服务、信息素养等方面。通过培训，智慧馆员可以掌握图书馆学的基本理论和实践技能，提高信息管理和服务的能力，更好地服务于读者。

（二）加强智慧图书馆智慧馆员队伍建设的培训方式

智慧图书馆智慧馆员队伍建设的培训方式应该多样化和个性化。培训方式可以包括线上培训、线下培训、实地考察、实践操作等。线上培训可以通过网络平台进行，方便智慧馆员随时随地进行学习；线下培训可以通过讲座、研讨会、培训班等形式进行，方便智慧馆员与同行交流和学习。

（三）加强智慧图书馆智慧馆员队伍建设的培训师资

智慧图书馆智慧馆员队伍建设的培训师资应该具有丰富的实践经验和专业知识。培训师资应该包括图书馆学、信息管理、数字资源利用、读者服务等方面的专家和学者。通过培训师资的指导和帮助，智慧馆员可以更好地理解和掌握培训内容，增强培训效果。

（四）加强智慧图书馆智慧馆员队伍建设的培训考核

智慧图书馆智慧馆员队伍建设的培训考核应该严格、公正、透明。培训考核应该包括理论知识考试、实践操作考核、论文写作考核等方面，全方位评估智慧馆员的业务素质和服务能力。通过培训考核，智慧馆员可以更好地了解自己的优势和不足，并有针对性地进行改进。

四、优化智慧图书馆智慧馆员队伍建设的激励机制

智慧图书馆是数字时代图书馆发展的必然趋势，它依托先进的信息技术，为用户提供个性化、智能化的图书馆服务。为了提高智慧馆员的工作积极性和创新性，智慧图书馆智慧馆员队伍建设需要建立完善的激励机制。

（一）智慧图书馆智慧馆员队伍建设的激励机制应体现公平性

公平是激励机制的基本原则。公平的激励机制能够激发智慧馆员的工作积极性。智慧图书馆应制定公平的激励政策，确保每个智慧馆员都能享受到公平的待遇。同时，公平的激励机制还能提高智慧馆员的工作热情，从而提高工作效率。

（二）智慧图书馆智慧馆员队伍建设的激励机制应体现激励性

激励性是激励机制的核心要素。激励性的激励机制能够激发智慧馆员的工作创新性。智慧图书馆应制定具有激励性的激励政策，如设立奖金、晋升机制等，以激发智慧馆员的工作积极性。同时，激励性的激励机制还能促进智慧馆员之间的竞争与合作，提高整个团队的工作效率。

（三）智慧图书馆智慧馆员队伍建设的激励机制应体现个性化

个性化是激励机制的重要特点。个性化的激励机制能够满足智慧馆员的不同需求，提高智慧馆员的工作满意度。智慧图书馆应根据智慧馆员的工作特点和需求，制定个性化的激励政策，如提供专业培训、技能提升课程等，以提高智慧馆员的工作能力。同时，个性化的激励机制还能激发智慧馆员的工作热情，提高工作积极性。

（四）智慧图书馆智慧馆员队伍建设的激励机制应体现可持续性

可持续性是激励机制的重要目标。可持续的激励机制能够保证智慧图书馆智慧馆员队伍建设的长期稳定发展。智慧图书馆应制定可持续的激励政策，如设立长期激励、绩效考核等，以保证智慧馆员队伍建设的长期稳定发展。同时，可持续的激励机制还能促进智慧图书馆与社会的互动，提高智慧图书馆的社会影响力。

总之，智慧图书馆智慧馆员队伍建设需要建立完善的激励机制，以激发智慧馆员的工作积极性和创新性。公平性、激励性、个性化和可持续性是智慧图书馆智慧馆员队伍建设激励机制的四个要素。智慧图书馆应根据实际情况，制定合适的激励政策，以提高智慧馆员的工作积极性和创新性。

五、推进智慧图书馆智慧馆员队伍建设的合作与交流

在元宇宙时代，智慧图书馆智慧馆员队伍建设需要加强合作与交流，借鉴和学习国内外先进的经验和做法。通过以下几个方面展开论述。

（一）加强合作与交流的必要性

智慧图书馆智慧馆员队伍建设需要加强合作与交流的原因在于，国内外智慧图书馆建设与发展的经验与做法值得借鉴。智慧图书馆的建设需要不断探索新的技术和方法，而国内外智慧图书馆建设与发展的经验与做法可以为智慧图书馆智慧馆员队伍建设提供新的思路和方向。此外，加强合作与交流还可以促进智慧图书馆智慧馆员队伍建设向国际化发展，提高智慧图书馆智慧馆员队伍的国际竞争力。

（二）合作与交流的形式

智慧图书馆智慧馆员队伍建设的合作与交流可以采取多种形式，如国际会议、研讨会、学术期刊、在线交流等。在国际会议和研讨会上，可以邀请国内外智慧图书馆建设与发展方面的专家和学者进行交流和分享，了解国内外智慧图书馆建设与发展的最新情况和趋势。在学术期刊上，可以发表相关的研究论文和案例分析，促进智慧图书馆智慧馆员队伍建设的学术研究和发展。在线交流可以通过社交媒体、在线论坛、邮件列表等方式，实现智慧图书馆智慧馆员队伍建设的信息共享和经验交流。

（三）合作与交流的内容

智慧图书馆智慧馆员队伍建设的合作与交流的内容主要包括智慧图书馆建设与发展的理论研究、实践探索和案例分析等方面。在理论研究方面，可以研究智慧图书馆智慧馆员队伍建设的相关理论和方法，如智慧图书馆智慧馆员队

伍建设的战略规划、组织架构、工作流程、绩效评估等。在实践探索方面，可以分享智慧图书馆智慧馆员队伍建设的实际案例和经验，如智慧图书馆智慧馆员队伍建设的组织管理、人力资源管理、知识管理、服务创新等。在案例分析方面，可以对国内外智慧图书馆智慧馆员队伍建设的实践案例进行深入剖析，探讨智慧图书馆智慧馆员队伍建设的成功经验和不足之处。

（四）合作与交流的效果

智慧图书馆智慧馆员队伍建设的合作与交流可以产生积极的效果，具体表现在以下几个方面。

（1）促进智慧图书馆智慧馆员队伍建设的发展。合作与交流可以促进智慧图书馆智慧馆员队伍建设的理论研究和实践探索，推动智慧图书馆智慧馆员队伍建设的国际化发展，提高智慧图书馆智慧馆员队伍的国际竞争力。

（2）提升智慧图书馆智慧馆员队伍建设的服务质量。合作与交流可以借鉴国内外智慧图书馆智慧馆员队伍建设的优秀经验和做法，提升智慧图书馆智慧馆员队伍的服务质量，满足用户的需求。

（3）增强智慧图书馆智慧馆员队伍建设的创新意识。合作与交流可以促进智慧图书馆智慧馆员队伍建设的创新意识，推动智慧图书馆智慧馆员队伍建设的发展和创新。

综上所述，智慧图书馆智慧馆员队伍建设需要加强合作与交流，借鉴和学习国内外先进的经验和做法，对于提升智慧馆员素质、推动智慧图书馆智慧馆员队伍建设的发展和创新，提高智慧图书馆的国际影响力以及促进国际图书馆界的和谐发展具有重要意义。同时，智慧馆员队伍的国际交流与合作，有助于提高智慧图书馆智慧馆员队伍的服务质量和国际竞争，从而推动图书馆事业的发展。

第五节　元宇宙时代高校智慧图书馆智慧馆员队伍建设评估与优化

智慧馆员队伍建设的评估与优化也是智慧图书馆建设的重要组成部分，其目的是提高馆员的工作效率和工作质量，促进图书馆的可持续发展。

一、智慧馆员队伍建设的评估指标体系构建

智慧馆员队伍建设评估指标体系的构建需要考虑多方面因素，主要包括服务满意度、工作效率、专业知识等。

（1）服务满意度指标。智慧馆员的服务质量直接关系到图书馆的形象和信誉，因此，服务满意度的高低是评估智慧馆员队伍建设的重要标准之一。具体来说，服务满意度可以通过对智慧馆员服务态度、服务内容、服务效率等方面的评估来体现。在服务态度方面，智慧馆员应该具备良好的服务意识和沟通能力，能够主动与读者交流，解答读者的问题。在服务内容方面，智慧馆员应该具备广泛的知识储备和丰富的信息资源，能够为读者提供全面、准确、及时的服务。在服务效率方面，智慧馆员应该具备高效的工作能力和良好的时间管理能力，能够快速响应读者的需求，提供及时、高效的服务。

（2）工作效率指标。智慧馆员需要面对大量的读者需求和工作任务，因此，工作效率的高低直接关系到图书馆的工作效率和服务质量。具体来说，工作效率可以通过对智慧馆员工作流程、工作方法、工作质量等方面的评估来体现。在工作流程方面，智慧馆员应该制定科学合理的工作流程，能够快速、高效地完成工作任务。在工作方法方面，智慧馆员应该具备灵活多变的工作方法，能够根据不同的读者需求和任务要求进行调整。在工作质量方面，智慧馆员应该具备严谨的工作态度，能够保证工作质量的稳定性和可靠性。

（3）专业知识指标。智慧馆员需要具备丰富的专业知识，才能够更好地为读者提供服务。具体来说，专业知识可以通过对智慧馆员知识储备、知识应用、知识更新等方面的评估来体现。在知识储备方面，智慧馆员应该具备广泛的知识储备，能够掌握图书馆学、信息学、网络技术等方面的知识。在知识应用方面，智慧馆员应该具备丰富的实践经验，能够将所学知识应用到实际工作中，为读者提供高质量的服务。在知识更新方面，智慧馆员应该具备持续学习的能力，能够及时了解图书馆学、信息学、网络技术等方面的最新发展，不断更新自己的知识储备。

综上所述，智慧馆员队伍建设评估指标体系的构建需要全面考虑服务满意度、工作效率、专业知识等方面，通过科学合理的方法，对智慧馆员的服务水平、工作能力和业务能力进行评估，从而为图书馆的发展提供有力支持。

二、智慧馆员队伍建设的优化策略

智慧馆员队伍建设的优化策略主要从优化培训课程、改进考核方式、完善激励机制等方面出发，有效提高智慧馆员队伍的整体素质和工作效率。

（1）优化培训课程。图书馆应该根据馆员的工作需要和图书馆的发展战略，制订合理的培训计划，并定期进行更新。培训课程应该注重实际操作和实践能力的培养，增加馆员对图书馆业务的了解和掌握。此外，还应该注重培训课程的多样性和创新性，鼓励馆员积极探索新的工作方法和技能，提高馆员的学习能力和自我发展能力。

（2）改进考核方式。图书馆应该根据馆员的工作内容和职责，制定合理的考核标准和方法，并定期进行考核。注重馆员的工作能力和绩效表现，同时也要注重馆员的学习和成长。此外，还应该建立完善的考核反馈机制，及时发现馆员的工作问题和不足，并给予指导和建议，帮助馆员不断提高自己的工作水平。

（3）完善激励机制。图书馆应该建立合理的激励机制，鼓励馆员的工作积极性和创造力。注重馆员的工作成果和绩效表现，同时也要注重馆员的学习和成长。此外，还应该建立多元化的激励方式，如奖励、晋升、培训等，鼓励馆员不断提高自己的工作水平，促进图书馆的发展。

智慧馆员队伍建设是一个系统工程，需要图书馆从多个方面入手，优化培训课程、改进考核方式、完善激励机制等，可以有效提高智慧馆员队伍的整体素质和工作效率。

三、智慧馆员队伍建设的实证研究

智慧馆员队伍建设对于提高图书馆服务质量、满足读者需求具有关键作用。近年来，我国图书馆事业得到了迅速发展，智慧图书馆建设取得了显著成效。然而，智慧馆员队伍建设仍面临诸多挑战，如人员素质参差不齐、队伍建设机制不完善等。因此，开展智慧馆员队伍建设的实证研究、验证策略和措施的有效性，对于推动图书馆事业发展具有重要意义。

笔者团队以青海民族大学图书馆为研究对象，采用问卷调查、访谈等方法，对智慧馆员队伍建设进行深入探讨。研究共发放问卷 500 份，回收有效问卷 480 份。调查内容包括智慧馆员队伍建设策略、智慧馆员队伍建设措施、智慧馆员队伍建设存在的问题及对策等。通过对问卷数据的分析，研究得出以下结论。

（1）智慧馆员队伍建设策略和措施的有效性得到了验证。研究采用因子分析、聚类分析等方法，对问卷数据进行处理，提取出智慧馆员队伍建设的关键因素。结果表明，智慧馆员队伍建设策略和措施在提高智慧馆员素质、优化服务流程、提升服务质量等方面具有显著效果。

（2）智慧馆员队伍建设存在的问题及对策得到了明确。研究对问卷调查结果进行深入分析，发现智慧馆员队伍建设存在的主要问题包括：人员素质参差不齐、队伍建设机制不完善、培训和考核机制不健全等。针对这些问题，研究提出了一系列具体的对策，如加强人员培训、完善考核机制、优化队伍建设机制等。

（3）智慧馆员队伍建设对图书馆事业发展的重要作用得到了充分体现。通过对问卷数据的统计分析，得出智慧馆员队伍建设对图书馆事业发展具有积极影响的结论。具体表现在：智慧馆员队伍建设有助于提高图书馆服务质量，满足读者需求；有助于提升图书馆整体形象，增强图书馆竞争力；有助于推动图书馆事业现代化、网络化、智能化发展。

综上所述，通过实证研究，验证了智慧馆员队伍建设策略和措施的有效性，明确了智慧馆员队伍建设存在的问题及对策，充分体现了智慧馆员队伍建设对图书馆事业发展的重要作用，为我国图书馆事业的发展提供了有益借鉴和启示。

本章小节

在元宇宙时代，智慧馆员作为图书馆发展的重要力量，已经成为图书馆学界的共识。近年来，随着科技的不断进步，智慧馆员的研究也得到了越来越多的关注。本章旨在通过对智慧馆员队伍建设的研究，深入探讨智慧馆员队伍建设的现状以及存在的问题和面对的主要挑战，提出智慧馆员队伍建设策略，为推动元宇宙时代高校智慧图书馆智慧馆员队伍建设提供实践和指导意义，促进智慧图书馆未来高质量发展。

智慧馆员是指具备一定信息素养和信息技术应用能力，能够利用智慧化的工具和手段，为读者提供高效、便捷、个性化的服务的新型馆员。智慧馆员的出现，标志着图书馆服务理念和方式的根本性变革。智慧馆员可以利用各种信息技术手段，实现对图书馆资源的快速检索、推荐和利用，有效提升图书馆的服务效率，提高图书馆的吸引力。此外，智慧馆员还能够促进图书馆的创新发展，实现图书馆资源的共享、开放和利用，提高图书馆的开放性和共享性，推动图书馆事业的繁荣发展。

综上所述，智慧馆员是智慧图书馆发展的重要力量，具有广阔的发展前景。然而，智慧馆员的发展也面临着诸多挑战，如人才短缺、技术更新快等。因此，图书馆界需要加强对智慧馆员的研究和培养，推动图书馆事业的发展。

第九章　元宇宙时代高校智慧图书馆古籍活化与利用研究

　　古籍是中华传统文化的瑰宝，是中华民族宝贵的精神财富。党的十八大以来，以习近平同志为核心的党中央高度重视历史文化遗产的保护和传承工作。习近平总书记 2020 年在《建设中国特色中国风格中国气派的考古学、更好认识源远流长博大精深的中华文明》一文中指出："保护好、传承好历史文化遗产是对历史负责、对人民负责。我们要加强考古工作和历史研究，让收藏在博物馆里的文物、陈列在广阔大地上的遗产、书写在古籍里的文字都活起来，丰富全社会历史文化滋养。"① 党的十九届五中全会强调："传承弘扬中华优秀传统文化，加强文物古籍保护、研究、利用，强化重要文化和自然遗产、非物质文化遗产的系统性保护。"②

　　2022 年 4 月 11 日，中共中央办公厅、国务院办公厅印发了《关于推进新时代古籍工作的意见》，指出："做好古籍工作，把祖国宝贵的文化遗产保护好、传承好、发展好，对赓续中华文脉、弘扬民族精神、增强国家文化软实力、建设社会主义文化强国具有重要意义。"③2023 年 6 月 2 日，习近平总书记在文化传承发展座谈会上发表重要讲话，指出要"传承发展中国优秀传统文化"，"不断培育和创造新时代中国特色社会主义文化"，"以守正创新的正气和

---

　　① 习近平.建设中国特色中国风格中国气派的考古学　更好认识源远流长博大精深的中华文明 [J]. 奋斗，2020（23）：5.

　　② 中共中央关于制定国民经济和社会发展第十四个五年规划和二〇三五年远景目标的建议 [EB/OL].（2020-11-03）[2024-12-08].http：//www.gov.cn/zhengce/2020-11/03/content_5556991.htm.

　　③ 中共中央办公厅　国务院办公厅印发《关于推进新时代古籍工作的意见》[EB/OL].（2020-11-03）[2024-12-08].http：//www.news.cn/politics/2022-04/11/c_1128550650.htm.

锐气，赓续历史文脉、谱写当代华章"。做好古籍工作，对赓续中华文脉、弘扬民族精神、增强国家文化软实力、建设社会主义文化强国具有重要意义。图书馆作为文化服务机构，保护古籍文化遗产是图书馆的使命与责任。在元宇宙技术的赋能下，高校图书馆保护古籍活化利用工作要适应新技术变革，拓展中华优秀传统文化应用场景，创新古籍资源活化利用机制，让古籍"活"起来、"动"起来，让高校师生在实践中汲取中华优秀传统文化的精神营养，自觉用中华优秀传统文化滋养身心、引领实践、激励创造。

本章围绕古籍活化利用工作展开，主要内容包括古籍文化共享空间建设、古籍数字化建设与利用、古籍整理普及工作和古籍再造传播等四类活化利用工作的现状，并在此基础上分析我国高校图书馆古籍保护和利用工作的现状及存在的不足，为高校智慧图书馆的古籍活化利用工作提供理论支持和实践指导，以期促进古籍的传承和利用。

第一节　古籍活化利用概述

在当前的信息化与数字化时代背景下，高校图书馆作为知识信息的重要存储库，其在古籍的保护、整理、利用与活化方面的角色日益凸显。古籍作为传统文化遗产的重要组成部分，不仅承载了丰富的历史信息，也是民族文化传承的重要载体。然而，传统的古籍管理和利用方式已经不能完全适应现代社会的需求，需要通过创新的手段和技术，实现古籍资源的活化利用，以促进古籍资源的传承与发展。

一、古籍的定义和分类

古籍，这一概念在历史文献中有着重要的地位。根据 1985 年中华书局出版的《古籍整理编目》可知：古籍是指 1911 年以前历朝的刻本、写本、稿本、拓本等文献，涵盖了书籍、文书、碑刻等多种形式。古籍作为人类文明的瑰宝，承载了丰富的历史、文化、科技、艺术等信息，是我们了解过去、传承文化的重要载体。

根据古籍的内容、形式、载体等因素，古籍可以分为不同的类别。从古籍内容来看，古籍可以分为史书、经书、子书、集书等。史书是记录历史事件的书籍，如《史记》《资治通鉴》等。经书是儒家经典，如《诗经》《尚书》《礼记》等。子书是诸子百家的著作，如《庄子》《孟子》《墨子》等。集书是诗文、笔记、散文等文学作品的集合，如《唐诗三百首》《宋词三百首》等。

从形式角度来看，古籍可以分为刻本、抄本、拓本、碑本等。刻本是指通过印刷技术出版的书籍，这些书籍在排版、印刷等方面都具有较高的艺术水平，是研究古代书籍装帧和印刷技术的重要资料，如《四库全书》等，它们具有较高的出版效率和广泛的传播范围。抄本是手工抄写的古籍，也称为写本。古代的竹简和帛书可视为最早的抄本。这些书籍通常具有较高的艺术价值和历史价值，是研究古代社会的重要资料。拓本是利用中国传统捶拓方法将历代金石器物上的图案铭文复制下来的一种历史文献，一般分为拓本和拓片。拓印技术在古代主要用于复制碑文、碑刻等文献，其字体、排版和装帧通常具有较高的书法艺术价值和历史价值。碑本是指刻在碑石上的书籍，如《石鼓文》等。碑文、碑刻文献是古代社会历史和文化的重要载体。这些书籍在历史研究和文化传承方面通常具有较高的历史价值和文化价值。总的来说，刻本、抄本、拓本、碑本各具特色，共同构成了古籍的丰富多样性。它们不仅反映了古代社会的历史变迁和文化传承，同时也具有较高的艺术价值和历史价值，为我们研究古代社会提供了宝贵的资料。

从载体的角度来看，古籍的载体可以分为纸本、竹简、木牍、甲骨、石碑等。纸本是现代书籍的主要载体，其历史可以追溯到汉朝。纸本书籍以其轻便、易携带的特点，成为古代知识传播的主要媒介。它的出现极大地推动了我国文化的传播与积累。竹简是用竹片编成的书籍，如《山海经》《楚辞》等。木牍是用木头制成的书籍，其历史可以追溯到商代。木牍书籍以其庄重、古朴的特点，体现了我国历史文化的厚重，如《孙子兵法》《六韬》等。甲骨是用龟甲和兽骨制成的书籍，展现了我国古代文明的深邃。石碑是用石材制成的书籍，如《石鼓文》等。

古籍的分类方式多种多样，但无论是从内容、形式还是出版时间来看，古籍都是我们了解历史、传承文化的重要资源。古籍的保存、整理、研究、传播工作，不仅是对历史的尊重，也是对文化的传承。因此，我们应该重视古籍的保护、传承和活化利用工作，让古籍这一宝贵的文化遗产得以永续传承。

二、古籍活化利用的概念和意义

（一）古籍活化利用的概念

古籍活化是指将古老的、具有重要文化价值的古籍进行现代化处理，使其能够更好地适应现代社会的需求。这种活化的过程涉及古籍的收藏、保护、数字化、注释、翻译、研究等方面，旨在使古籍能够更好地服务于社会和文化传承。

古籍活化的概念可以追溯到20世纪初期的文化遗产保护运动。当时，许多古籍由于战争、自然灾害等原因遭受了严重的破坏。为了保护这些文化遗产，人们开始探索如何将这些古籍进行现代化处理，以便更好地传承和利用。

随着科技的不断发展，古籍活化的概念也得到了更深入的理解和应用。古籍收藏是基础，保护和数字化是古籍活化的重要手段之一。数字化可以将古籍的内容、形式和结构进行数字化处理，使其能够更好地被存储、传输和利用。数字化也可以为古籍的研究和注释提供更多的工具和资源。

注释是古籍活化的另一个重要方面。注释是对古籍内容进行的解释和说明，可以提高读者对古籍的理解和欣赏。注释也可以为古籍的研究提供更多的背景和语境，帮助读者更好地理解古籍的历史和文化背景。

翻译是将古籍内容用一种语言翻译成另一种语言的过程。翻译可以将古籍的内容和思想传播到更广泛的读者群中，促进不同文化之间的交流和理解。同时，翻译也可以为古籍的研究和注释提供更多的视角和资源。

研究是古籍活化的核心。研究是对古籍内容、形式和结构进行深入分析和研究的过程，可以揭示古籍的历史、文化、社会等方面的价值。研究也可以为古籍的保护和传承提供更多的指导和支持。

（二）古籍活化利用的目标与意义

古籍活化对高校智慧图书馆发展具有重要意义。古籍活化与利用，作为我国传统文化传承与创新的重要手段，近年来越来越受到重视。在这一领域中，古籍活化主要是指对古籍进行整理、研究、传播与利用，使其焕发新的生命力，更好地服务于社会。而古籍利用则是指将古籍中的智慧与现代社会相结合，为人们提供有益的借鉴和启示。下面将详细论述古籍活化与利用的目标和意义，以期进一步推动这一领域的发展。

古籍活化与利用的目标在于传承与创新。古籍是我国宝贵的文化遗产，记录了我国历史、政治、经济、文化、科技等方面的信息。对这些古籍进行活化与利用，既有助于发掘古籍中的精华，传承中华优秀传统文化，又能够将这些智慧与现代社会相结合，为现代社会提供有益的借鉴和启示。例如，通过对古籍中的医学、农业、建筑等方面的研究，可以为现代医学、农业、建筑等领域提供新的思路和方法。因此，古籍活化与利用的目标在于传承与创新，使古籍中的智慧更好地服务于现代社会。

古籍活化与利用的意义在于推动文化繁荣。古籍活化与利用有助于推动我国文化繁荣。一方面，通过对古籍的整理和研究，可以发现古籍中的许多精华，这些精华对于推动我国文化繁荣具有重要的意义。另一方面，通过对古籍的活化与利用，可以使其更好地服务于现代社会，进一步推动我国文化繁荣。例如，通过对古籍中的艺术、文学等方面的研究，可以为现代艺术、文学等领域提供新的思路和方法，从而推动我国文化繁荣。

古籍活化与利用的意义在于增强民族自豪感。古籍是我国宝贵的文化遗产，记录了我国历史、政治、经济、文化、科技等方面的信息。通过对古籍的活化与利用，可以让人们更好地了解我国的历史和文化，从而增强民族自豪感。例如，通过对古籍中的历史事件、人物等方面的研究，可以让人们更好地了解我国的历史和文化，从而增强民族自豪感。

古籍活化与利用的意义还在于促进社会进步。古籍中的智慧，无论是对于现代社会还是对于未来社会，都具有重要的指导意义。通过对古籍的活化与利用，可以为现代社会提供有益的借鉴和启示，从而促进社会进步。例如，通过对古籍中的科技创新、环境保护等方面的研究，可以为现代社会提供有益的借鉴和启示，从而促进社会进步。

综上所述，古籍活化与利用的目标和意义在于传承与创新、推动文化繁荣、增强民族自豪感以及促进社会进步。通过对古籍的活化与利用，可以为现代社会提供有益的借鉴和启示，从而更好地服务于现代社会。因此，我们应该进一步加强对古籍活化与利用的研究，推动这一领域的发展，为我国传统文化的传承与创新做出更大的贡献。图书馆是保护和传承文化遗产的重要场所，而古籍活化可以提高图书馆的收藏和研究能力，使图书馆更好地服务于社会和文化传承工作。同时，古籍活化也可以为图书馆的发展带来更多的机遇和挑战。

三、古籍活化利用的理论和实践

古籍活化利用是近年来在文化界和学术界引起广泛关注的一个话题。古籍活化利用是指将古籍与现代社会相结合，使其发挥新的作用。这一概念源于对传统古籍的重新审视和发掘，旨在将古籍的价值和意义带入现代社会，发挥其在文化传承、学术研究、教育、艺术创作等方面的作用。古籍活化利用不仅有利于古籍的保护和传承，也有助于推动文化创新和社会进步。

理论和实践相结合，可以为古籍活化利用提供指导。理论研究可以为古籍活化利用提供基础性的指导，包括对古籍的分类、鉴定、整理、保护等方面的研究，以及对古籍内容、形式、价值等方面的分析。实践研究可以为古籍活化利用提供具体的指导，包括古籍的数字化、展览、教育、传播等方面的实践，以及古籍活化利用的效果评估和反馈机制的建立。

古籍活化利用需要注重对古籍的尊重和保护。古籍是文化遗产的重要组成部分，其历史、文化、学术价值不可替代。因此，在古籍活化利用的过程中，需要尊重其历史、文化、学术价值，避免对其进行随意篡改、删减、歪曲等行为，保证古籍的完整性、真实性和可信度。

古籍活化利用需要注重对现代社会的适应及与现代社会的融合。古籍是传统文化的重要组成部分，但其价值不仅仅局限于传统文化领域。因此，在古籍活化利用的过程中，需要注重与现代社会的融合，包括与现代文化的交流、融合，以及与现代科技、教育、艺术等领域的结合，使古籍能够更好地服务于现代社会。

古籍活化利用需要注重对古籍内容、形式、价值的创新。古籍活化利用不是简单地将古籍进行数字化、改编等处理，而是需要对古籍内容、形式、价值进行创新，使其能够更好地适应现代社会的需求和变化。例如，可以对古籍内容进行拓展、延伸，增加现代元素，使其更具有时代性和实用性；可以对古籍形式进行创新，使其更具有艺术性和审美性；可以对古籍价值进行挖掘、提炼，使其具有文化传承和学术研究价值。

综上所述，古籍活化利用需要注重理论和实践相结合，注重对古籍的尊重和保护，注重对现代社会的适应和融合，注重对古籍内容、形式、价值的创新。古籍活化利用是推动文化传承和社会进步的重要途径。只有将理论和实践相结合，才能为古籍活化利用提供有效的指导，发挥古籍在现代社会中的新作用。

四、古籍在元宇宙中的应用与价值

随着科技的不断发展，元宇宙已经成为一个备受关注的领域。元宇宙是一个由虚拟现实、增强现实、人工智能等技术构成的虚拟世界，可以为传统文化的传承与创新提供新路径。元宇宙技术的核心在于其能够提供沉浸式体验、增强现实交互性，以及构建虚拟化的信息环境。元宇宙技术的应用可以有效地促进古籍的活化利用。通过构建元宇宙下的虚拟图书馆，古籍的数字化保护与展示可以达到新的高度。用户可以在元宇宙环境中更加直观地近距离观察和体验这些珍贵的历史文献，甚至可以模拟历史场景，增强对古籍内容的理解和兴趣。这种方式不仅有助于古籍的保护与传承，还能激发用户的学习兴趣，提高古籍资源的利用率。元宇宙技术为高校图书馆古籍活化利用带来了以下几个方面的创新应用场景。

（1）虚拟现实技术在古籍展示中的应用：通过 VR 头显等设备，用户可以进入一个全方位、三维的古籍阅读环境。在这样的环境中，古籍的每一页都可以被细致地展示出来，甚至可以模拟出古籍的原始手稿文本，为用户提供更加直观、立体的阅读体验。

（2）增强现实技术在古籍教学中的应用：AR 技术可以将古籍中的知识点以动态、直观的形式展现给学生，如通过 AR 技术展示某个历史事件的发展过程，或者解释某个科学原理的原理图。这种方式可以提高读者的学习兴趣和效率。

（3）数字孪生技术在古籍保护中的应用：通过创建古籍的数字副本，不仅可以为研究者提供研究资料，还可以在保护原件的同时，让更多的人通过虚拟的方式接触和学习古籍内容。

（4）古籍内容的沉浸式教育应用：利用元宇宙技术，可以创建以古籍为背景的教育游戏或模拟实验，让学生在游戏化的环境中学习古籍内容，提高学习的趣味性和沉浸感。

（5）古籍资源的社交化分享与交流：元宇宙平台上的社交功能可以让用户分享自己的古籍阅读体验，或是在虚拟空间中进行古籍知识的讨论与交流，促进知识的传播和文化的交流。

综上所述，元宇宙技术的应用为高校图书馆提供了新的服务模式和应用场景，特别是在古籍活化利用方面，它不仅能够提升用户的阅读体验，还能促进传统文化的传承与发展。未来，随着技术的不断进步和应用的深入，元宇宙与智慧图书馆的结合有望开启图书馆服务的新篇章，为文化遗产的保护、传承和发展提供一个全新的平台。

五、元宇宙、智慧图书馆及其与古籍活化利用的关系

智慧图书馆和元宇宙是近年来逐渐兴起的概念，其含义和作用也在不断拓展和演变。智慧图书馆是指利用现代信息技术和人工智能技术，为读者提供更加便捷、高效、个性化的图书馆服务，包括数字化图书馆、智能搜索、虚拟参考咨询等。而元宇宙是指一种虚拟的数字世界，通过计算机技术和互联网连接，为用户提供一种全新的、沉浸式的交互体验，包括虚拟现实、增强现实、游戏化等。

古籍是指在历史上产生、流传下来的各种文献，包括书籍、手稿、碑文、拓片等。由于其历史悠久、数量庞大、内容丰富，古籍在文化传承和学术研究等方面具有不可替代的地位。然而，由于技术限制和历史原因，古籍的利用和传播受到了一定的限制。

智慧图书馆的出现，为古籍的数字化和共享提供了新的途径。数字化是指将古籍转化为数字形式，以便于存储、传播和利用。通过数字化技术，古籍可以被数字化保存，并可以通过互联网和移动设备进行访问和利用，为古籍的传播和利用提供了更加便捷和高效的方式。此外，智慧图书馆还可以通过智能搜索、虚拟参考咨询等手段，为读者提供更加个性化和便捷的服务，提高古籍的利用效率。

元宇宙的出现，为古籍的活化利用提供了新的思路。元宇宙是一种虚拟的数字世界，可以为古籍活化利用提供一种全新的、沉浸式的交互体验。通过元宇宙技术，读者可以身临其境地感受古籍的内容和价值，提高古籍的吸引力和影响力。此外，元宇宙还可以通过游戏化、社交化等手段，为古籍的传播和利用提供更加生动和有趣的方式。

综上所述，智慧图书馆和元宇宙的出现，为古籍的活化利用提供了新的思路。通过数字化和虚拟化技术，可以实现古籍的数字化保存和共享，提高其利用效率。通过元宇宙技术，可以实现古籍的沉浸式体验和活化利用，提高其吸引力和影响力。因此，智慧图书馆和元宇宙的发展，对古籍的活化利用有着重

要的推动作用。

第二节　高校智慧图书馆古籍活化利用现状分析

在当前的信息化时代，高校智慧图书馆作为知识的宝库，其对古籍资源的管理和利用，不仅是对传统文化遗产的保存，也是对这些珍贵资料的现代转化和活化利用。本节旨在探索高校智慧图书馆古籍的现状，及当前古籍活化利用的基本情况，为未来高校智慧图书馆的发展和实践探索提供理论支撑和技术指导。

一、高校图书馆古籍资源的现状和分布

高校图书馆作为重要的古籍收藏和研究基地，在古籍资源的现状与分布方面具有独特性。通过对相关资料的梳理与分析，可以发现当前高校图书馆古籍资源的开发与利用主要集中在以下几个方面。

（1）古籍资源的现状。古籍的年代久远，保存条件的要求高，因此，古籍资源在保存上面临着诸多挑战。图书馆收藏的古籍多为清代或者民国时期的书籍，对唐宋时期的书籍保存较少。古籍的保存还面临着整理困难的问题，古籍发现地较为分散，如地方志等一些古籍的整理与保存需要大量的人力和物力。同时，古籍的修复工作也存在专业人才匮乏、设备落后等问题，修复难度高，成本也相对较高。

（2）古籍资源的分布。不同高校图书馆的古籍藏量存在差异，一些知名高校如北京大学的古籍藏量丰富，对相关领域的研究与利用起到了关键作用。其他高校图书馆也在古籍的收藏、保护、研究、利用等领域努力，但仍存在着古籍资源保护、开发与利用重视不够的问题。

（3）古籍资源的开发利用。高校图书馆对古籍进行开发和利用，不仅是对历史文化资源的挖掘和再生产，也是对特藏文献的宣传和推广。首先，高校图书馆通常会依据自身馆藏的特点，结合读者需求，采用图书馆学、目录学、索引学等学科知识，对这些信息资源进行系统地归类、整理和索引。通过建立信息资源目录和专业信息检索界面，图书馆不仅提高了文献的利用率，而且使得古籍资源的深层次开发成为可能。其次，古籍资源的二次或三次开发是对原始资料的深入挖掘和再加工。例如，通过编制专题目录、题录、索引、文摘等二

次资源，以及综述、评述、图书评介等三次资源，古籍的内容和价值得以更广泛地传播和应用。在这一过程中，图书馆需要平衡古籍保护与利用的关系，确保古籍在被合理利用的同时，其物理状态得到妥善保护。最后，还有的高校图书馆已经建立了古籍资源数据库，并向社会读者开放馆藏古籍善本等书目信息，部分高校图书馆还提供检索服务。此外，一些高校图书馆参与了相关的数字化项目，如"学苑汲古——高校古文献资源库"，将自己的资源放在该数据库平台上，并在图书馆网站设置链接入口，以便于资源的共享与利用。

综上所述，高校图书馆在古籍资源的现状与分布方面呈现出资源保存的挑战性、分布的不均衡性以及开发利用的逐步深化等特点。未来，高校图书馆在古籍资源的开发与利用方面，需要进一步强化古籍的数字化建设，优化古籍的保存与整理流程，提升古籍资源的利用效率，以更好地服务于学术研究和文化传承。

二、高校图书馆古籍数字化现状

在当前的网络环境下，高校图书馆的古籍数字化工作已取得了显著的进展。从北京师范大学图书馆的数字化工作到清华大学图书馆的古籍书目数据库，再到北京大学图书馆的"祕籍琳琅"数据库，以及其他高校如复旦大学、四川大学等的相关项目，我们可以看到一个共同的趋势：高校图书馆正积极推进古籍的数字化进程，以提高古籍的可访问性和利用率。

古籍数字化的核心在于将传统的纸质古籍文献转换为电子数据形式，以便更好地保存、检索和利用。这一转换过程涉及的技术包括但不限于扫描、OCR（光学字符识别）、数字化输入等。通过这些技术，可以将古籍中的文字、图形符号等信息转化为数字形式，从而在计算机系统和网络环境中被访问和处理。

在实践操作层面，不同高校图书馆的数字化工作呈现出不同的特点和进度。例如，北京师范大学图书馆自 2004 年起参与 CALIS 重点资助项目，至今已完成一定数量的数字化工作，并通过检索系统提供单库和跨库检索服务。清华大学图书馆的古籍书目数据库自 2000 年建成以来，也积极将这些数据上线，以便读者在线检索。

北京大学图书馆的"祕籍琳琅"数据库实现了对馆藏古籍书目和拓片记录的全面数字化，用户可以在阅览室内浏览到多种古籍和拓片的扫描图像。此外，辽宁大学图书馆、南京师范大学图书馆和四川大学图书馆等也都建立了自己的古籍数据库，并参与到 CALIS 项目中，共享和上传数据，提高了古籍资源的可访问性。

然而，古籍数字化工作也面临着一些挑战和问题，其中包括古籍分类规则的统一、大汉字库的建立、古籍机读著录格式的标准化等。此外，中小图书馆在技术、设备等方面的限制也是需要关注的问题。这些因素都可能影响到古籍数字化工作的质量和效率。

综上所述，高校图书馆的古籍数字化工作已经取得了一定的成果，但仍需不断优化和完善相关技术、标准和流程，以实现更广泛的资源共享和更高效的古籍利用。随着技术的进步和古籍数字化技术的不断发展，未来，高校图书馆在古籍活化利用方面的研究和实践将更加深入，有望实现古籍资源的全面数字化和高效利用。

三、高校智慧图书馆古籍活化利用现状

（一）古籍资源分配不均

在当前的图书馆古籍管理与利用实践中，古籍资源分配不均是一个引人关注的问题。资源分配不均主要体现在以下几个方面。

首先，古籍资源的拥有量与利用率之间存在不均衡现象。由于古籍的特殊性和脆弱性，图书馆在对其进行管理时必须采取谨慎的措施，以确保古籍的安全。因此，部分图书馆在古籍的数字化开发与管理上投入了大量的人力、物力，但由于受到设备、技术、资金等多种因素的限制，这些图书馆的古籍资源共享度不高，限制了古籍资源的广泛传播和利用，也限制了古籍资源潜在价值的实现。

其次，不同类型的图书馆在古籍资源的配置上存在差异。例如，吕玉爽在《国内重点高校图书馆古籍数字资源开放共享现状调查分析》中提到，高校图书馆对古籍资源的开发大都独自进行，且开发较为分散，普遍缺乏必要的合作交流。这种分散的开发模式导致了数据孤岛的形成，不利于资源的整合和优化利用，同时也造成了重复建设和资源浪费的问题。[①]

---

① 吕玉爽.国内重点高校图书馆古籍数字资源开放共享现状调查分析［J］.电脑知识与技术，2018，14（10）：142-144.

再者，古籍资源的分配不均也表现在高校之间存在的差异上。盛跃辉在《网络环境下高校图书馆资源共享发展探析》中，提到了综合化高校与专有化高校在资源共享上的滞后性，这种滞后性同样会影响古籍资源的合理化配置和共享。[①]

最后，古籍资源的分配不均还影响了图书馆服务的质量和效率。沈梅在《新时代高校图书馆文化育人探索》中，提及了馆藏资源分布不合理、文献资源内容老化等问题，这些问题在一定程度上限制了图书馆在文化育人方面的作用的发挥。[②]

综上所述，古籍资源分配不均问题涉及图书馆管理策略、资源共享机制，以及不同类型图书馆之间的协作问题。要解决这些问题，需要图书馆系统内部的深度合作与协调，以及相关政策和技术的支持，以实现古籍资源的合理分配、高效利用和可持续发展。

（二）古籍资源与用户需求连接不足

在当前的数字人文背景下，图书馆古籍数字化工作的核心目的之一是实现知识与信息的广泛共享。然而，尽管古籍数字化为古籍的保存和检索提供了便利，但在实际操作过程中，古籍资源与用户需求之间的连接仍显不足，这主要表现在以下几个方面。

首先，古籍数据库的功能和用户体验存在局限性。当前已建立的古籍数据库，其功能主要集中在数字化转换、保存和简单检索上，这导致用户在进行知识检索时，往往只能获得古籍的基本信息，如题名、作者、卷数等，而对于古籍的深入内容和价值则难以通过现有的数据库得到有效揭示。这种情况下，用户在获取知识时，往往需要通过额外的研究来深入理解，这无疑增加了用户获取知识的时间成本和难度。

其次，跨库检索的缺失限制了用户对知识的全面获取。云南省图书馆的古籍数据库建设虽然实现了资源的数字化，但由于缺乏跨库检索功能，用户在进行跨领域或跨时代背景检索古籍文献时，往往面临着信息孤岛的困境，这在一定程度上削弱了古籍资源的利用效率和用户的信息获取体验。

---

① 盛跃辉.网络环境下高校图书馆资源共享发展探析［J］.才智，2016（20）：184.

② 沈梅.网络环境下高校图书馆资源共享发展探析［J］.内蒙古科技与经济，2023(12)：149-152.

再者,古籍数字化的深度与用户需求的匹配度不高。用户在使用古籍资源时,通常期望能够根据自身的研究兴趣或学习需求,快速准确地获取所需信息。然而,现有的古籍数字化工作多停留在对古籍的浅层次描述和简单检索上,缺乏对古籍内容的深入挖掘和用户友好型信息的重组,这不仅影响了用户的信息检索效率,也限制了用户对古籍知识内涵的深入发掘。

最后,古籍数字化的利用率与开发投入之间存在不平衡。尽管数字化工作需要较大的技术和人力投入,但其在实际应用中的利用率并不高,这导致了资源的潜在价值并未得到充分发挥,形成了高投入、低回报的局面。

综上所述,古籍资源与用户需求之间的连接不足,主要是由于现有古籍数据库功能的局限性、跨库检索的缺失、数字化深度与用户需求的不匹配,以及利用率与开发投入之间的不平衡所致。未来的古籍数字化工作需要在提升数据库功能、加强跨库检索、深化数字化深度和优化用户体验等方面进行改进,以实现古籍资源的最大化利用和知识的广泛传播。

(三)古籍活化利用仍需深入研究

高校图书馆的古籍活化利用研究缺乏系统性和整体性。目前,高校图书馆的古籍活化利用研究主要集中在数字化、网络化和保护等方面,缺乏对古籍活化利用的系统性思考和整体规划。同时,高校图书馆的古籍活化利用研究缺乏深入的理论探讨和实践探索。难以形成具有指导意义的理论和实践体系。

四、元宇宙时代高校图书馆古籍活化利用的研究现状

随着科技的不断发展,人类社会已经进入了一个全新的时代——元宇宙时代。在元宇宙时代,虚拟世界和现实世界之间的界限变得越来越模糊,人们可以通过虚拟现实、增强现实等技术手段来体验和探索虚拟世界。

在元宇宙时代,高校智慧图书馆古籍活化利用的研究还处于起步阶段。虽然元宇宙技术的发展为高校图书馆古籍的数字化、网络化提供了新的可能性和手段,但是如何将这些技术应用到古籍的活化利用中,如何实现古籍在元宇宙时代中的传承和发展,仍然是一个亟待解决的问题。

目前,高校智慧图书馆在古籍活化利用方面已经取得了一些进展。一些高校图书馆已经逐渐实现古籍的数字化、网络化,并利用虚拟现实、增强现实等技术手段,将古籍的内容和形式进行创新性的呈现和展示。例如,一些高校图

书馆已经开始推出古籍虚拟展览、古籍数字化阅读平台等，这些举措为古籍的活化利用提供了一些基础和支持。

但是，目前高校图书馆在古籍活化利用方面的研究还存在着一些问题。首先，高校图书馆在古籍数字化、网络化方面还存在一些技术难题，如古籍的数字化质量、古籍数字化技术的标准化等问题，这些问题需要进一步研究和解决。其次，高校图书馆在古籍活化利用方面的研究还比较分散，缺乏系统性和完整性，需要加强研究和整合。最后，高校图书馆在古籍活化利用方面的研究还缺乏实践性和应用性，需要加强实践和研究，将古籍活化利用与实际应用结合起来。

总之，元宇宙时代高校智慧图书馆古籍活化利用的研究还处于起步阶段，需要进一步研究。高校智慧图书馆应该在古籍的数字化、网络化及虚拟现实、增强现实等技术手段的应用方面加强研究，提高古籍的数字化质量，并加强古籍活化利用的系统性和完整性，将古籍活化利用与实际应用结合起来，以实现古籍在元宇宙时代中的传承和发展。

第三节　元宇宙时代高校图书馆古籍活化利用的新机遇

元宇宙时代为高校智慧图书馆古籍的保护与传承提供了新的机遇。元宇宙作为一种新型的数字空间，可以为古籍提供一个虚拟的展示平台，使古籍得以在全球范围内传播和共享。此外，元宇宙还可以为古籍的数字化处理提供技术支持，使得古籍的整理、研究、传播等工作更加高效，以期推动古籍的活化利用工作在高校智慧图书馆的完善。

一、元宇宙技术在古籍活化中的应用潜力

在探讨元宇宙技术在古籍活化中的应用潜力之前，我们需要明确"活化利用"的含义。古籍活化利用是指通过现代技术手段，使古籍内容更加生动、直观、易于获取和理解，从而拓展古籍的应用场景和价值。元宇宙技术以其独特的沉浸式体验、交互性和高度的现实感，为古籍的活化利用提供了新的可能性。

元宇宙技术能够为古籍内容的展示提供更为生动的方式。通过结合虚拟现实（VR）、增强现实（AR）、混合现实（MR）等技术，元宇宙可以打造出一

个沉浸式的古籍阅读环境，使读者能够身临其境地体验古籍中的故事、场景甚至是人物。例如，读者可以通过 VR 设备进入到某个古代书院的场景中，不仅能够看到当时的建筑，还能听到相应的历史声音，甚至可以与虚拟环境中的人物进行互动。这种沉浸式体验可以极大地提高读者对古籍内容的兴趣和理解。

元宇宙技术可以促进古籍知识的普及和教育。在元宇宙环境中，可以设计各种教育场景，如历史事件重现、历史人物对话等，这些都可以作为教育工具，帮助学生以更加直观的方式学习历史和文化知识。例如，通过元宇宙技术，可以让学生"参与"到某个历史事件的决策过程中，从而加深对事件背景、人物关系和历史影响的理解。

元宇宙技术有助于古籍的保护与传承。通过数字化技术，可以对古籍进行高质量的数字化保存，而元宇宙技术可以提供一个安全、稳定的平台，用于展示这些数字化古籍。在元宇宙空间中，古籍的展示不会因为物理条件的限制而受到影响，同时也可以通过区块链技术确保古籍内容的版权得到保护，防止非法复制和传播。

元宇宙技术可以拓展古籍的应用场景。除了阅读和教育之外，元宇宙技术还可以将古籍与其他应用场景结合，如旅游、游戏、教育等，从而为古籍的活化利用开辟新的道路。例如，可以开发以古籍为背景的虚拟旅游应用，让用户在元宇宙空间中"游览"古代建筑、了解历史文化。

综上所述，元宇宙技术在古籍活化利用方面具有巨大的应用潜力。它不仅能够为古籍的展示、教育和保护提供新的解决方案，还能拓展古籍的应用场景，使古籍资源得到更广泛的传播和利用。随着技术的不断进步，元宇宙在古籍活化利用方面的应用会越来越广泛，为传统文化的传承与发展注入新的活力。

二、元宇宙技术对古籍资源优化配置作用

元宇宙技术通常指的是一系列数字技术的集合，包括但不限于虚拟现实（VR）、增强现实（AR）、混合现实（MR）、扩增现实（AR）、区块链、人工智能（AI）、大数据、云计算等，这些技术共同构建了一个虚拟世界，用户可以在这个世界中进行沉浸式的体验和交互。

在高校智慧图书馆的背景下，古籍作为一种宝贵的文化遗产和知识资源，其保护与利用一直是图书馆工作的重点。然而，古籍通常以纸质形式存在，这

不仅限制了阅读的方式，也限制了古籍信息的传播与利用。元宇宙技术的应用，为古籍资源的优化配置提供了新的可能性。

元宇宙技术可以实现古籍内容的数字化。通过高精度的 3D 扫描、图像识别等技术，将纸质古籍的每一页、每个字，甚至每个注释都以数字形式保存，这不仅大大降低了古籍的保存难度，还为古籍的长期保存提供了保障。数字化的古籍资源可以通过云计算平台进行存储与分享，实现资源的广泛传播与快速共享。

同时，元宇宙技术可以增加古籍资源的互动性与沉浸感。通过 VR/AR 等技术，用户可以在虚拟空间中"走进"古籍，不仅可以阅读文本，还可以观察到古籍中描述的场景、人物及其他元素，甚至可以与这些元素进行交互。这种沉浸式的体验可以提高用户对古籍内容的理解与记忆。

元宇宙技术还可以实现古籍资源的个性化推荐与智能化服务。利用人工智能与大数据技术，图书馆可以根据用户的阅读历史、兴趣偏好等信息，为用户推荐相关的古籍资源，甚至可以通过智能问答系统，为用户提供古籍内容的解释与咨询服务。

最后，元宇宙技术可以促进古籍资源的版权保护与合理利用。通过区块链技术构建的版权系统，可以确保古籍资源的版权得到保护，防止非法复制与传播。同时，图书馆可以通过区块链技术，为用户提供正版的古籍资源使用权，确保古籍资源的合法利用。

综上所述，元宇宙技术对古籍资源的优化配置具有重要作用，它不仅能够实现古籍资源的数字化、互动化、个性化与版权化，还能够促进古籍资源的广泛传播与深入利用，为古籍的保护与活化利用提供了新的解决方案。随着技术的不断进步与应用的不断深入，未来古籍资源的管理与保护将迎来更加广阔的发展空间。

三、元宇宙技术完善古籍资源与用户互动的途径

在元宇宙时代，古籍资源的活化利用与用户互动的途径得到了显著的完善。元宇宙技术通过其沉浸式体验、交互式操作和虚拟现实等特性，为古籍的保护、传播与利用提供了新的可能性。以下是元宇宙技术在古籍资源活化利用与提升用户互动方面的具体途径。

（1）元宇宙技术能够提供沉浸式的古籍阅读体验。用户可以通过 VR 设备

或其他虚拟现实设备，进入一个三维的、互动性强的古籍阅读空间。在这个空间中，用户不仅可以阅读古籍的文本内容，还可以观察到古籍中描述的场景、人物及其他元素的三维呈现，甚至可以与这些元素进行简单的互动。这种沉浸式体验能够增强用户的阅读兴趣，提高古籍资源的吸引力。

（2）元宇宙环境下的古籍资源可以实现互动式学习。用户在阅读古籍的同时，可以通过元宇宙技术与古籍内容进行互动，例如，通过解谜游戏、角色扮演等形式，深入理解古籍内容。这种互动学习方式能够提升用户的学习效率，同时也能够增强用户对古籍知识的记忆和理解。

（3）元宇宙技术可以促进古籍资源的创新利用。通过将古籍内容与现代元素结合，如结合增强现实（AR）、虚拟现实（VR）等技术，可以创造出新型的文化产品和教育工具。例如，可以开发以古籍为背景的角色扮演游戏，或者制作基于古籍故事的虚拟现实电影。这些创新产品不仅能够为用户提供新型的文化娱乐体验，还能够促进古籍文化的传承与推广。

（4）元宇宙技术可以增强用户与古籍资源的互动交流。在元宇宙平台上，用户不仅可以阅读古籍，还可以与其他用户进行交流和讨论。这种交流不仅限于文本上的讨论，还包括对古籍内容的现代解读、批判性思考等。通过这种方式，用户可以从多个角度理解古籍，同时也能够与其他用户分享自己的见解和学习经验。

综上所述，元宇宙技术为古籍资源的活化利用与用户互动提供了新的途径。通过提供沉浸式阅读体验、互动式学习方式、创新利用手段以及增强用户交流，元宇宙技术不仅能够增强用户对古籍的兴趣和认识，还能够促进古籍资源的传承与创新发展。

第四节　元宇宙时代高校智慧图书馆古籍活化利用的实践探索

在当前的信息化时代下，元宇宙作为一种新兴的技术概念和应用平台，为古籍的活化利用提供了新的可能性。通过元宇宙技术，高校智慧图书馆可以在多个维度上拓展古籍的推广和应用，从而更好地传承中华优秀传统文化。

一、古籍数字化的元宇宙技术应用

（一）三维数字化技术的应用

在元宇宙时代背景下，三维数字化技术的应用为高校图书馆的古籍活化利用提供了创新途径。通过三维数字化技术，图书馆可以将古籍的内容与形态数字化，进而实现古籍的高效保护、便捷检索和广泛传播。

三维数字化技术涉及的核心技术包括三维扫描、建模、图像处理和虚拟现实等。首先，三维扫描技术可以快速捕捉古籍的每一页及其上的每一个细节，包括字迹、装帧、纸张的质地等，确保信息的完整性。其次，建立的三维模型可以通过专业软件进行进一步的编辑和优化，以取得更好的视觉效果。

在此基础上，图像处理技术可以对扫描得到的数据进行去噪、修复和增强，以保证数字化后的古籍在视觉和学术研究上的真实性和可读性。此外，结合元宇宙技术，这些数字化的古籍可以被整合到虚拟图书馆中，用户可以通过虚拟现实或增强现实技术，在虚拟空间内实现对古籍的远程浏览、阅读和研究，大大提高了古籍的可访问性和使用率。

三维数字化技术的应用不仅尽于提升古籍的保护和传播效率，还能为古籍的深入研究提供便利。研究人员可以通过高精度的三维模型，对古籍的纸张质地、墨迹成分等进行更深入的分析，从而推动相关学科的研究进展。

综上所述，三维数字化技术在元宇宙时代的应用，为高校图书馆的古籍活化利用带来了新的发展机遇。通过该技术，古籍的保护、研究与传播可以被提升到一个新的水平，实现古籍资源的有效活化和利用。

（二）增强现实（AR）与虚拟现实（VR）技术的应用

增强现实（AR）与虚拟现实（VR）技术的应用在高校图书馆中呈现出多样化的趋势，这些技术不仅为图书馆的传统服务带来了创新，也为古籍的活化利用提供了新的可能性。AR 和 VR 技术的结合，为用户提供了沉浸式的学习和探索体验，同时也为图书馆的空间设计和服务模式带来了新的变革。

AR 技术在图书馆中的应用主要集中在资源导航、定位、智能布排、馆藏资源重组、特色资源展示及推广活动等方面。例如，芬兰奥卢大学的 Smart Library 项目通过 AR 技术帮助用户快速定位图书馆内的书籍，而美国北卡罗来纳州立大学的 Wolf Walk 项目通过 AR 技术实现了校内人物与场景的智能匹配。这些应用不仅提高了用户检索和获取信息的效率，也提升了图书馆工作人员的工作效率和工作体验。

VR 技术在图书馆中的应用则更侧重于提供沉浸式的学习和体验空间。例如，部分高校图书馆已经建立了 VR 体验区，用户可以通过 VR 设备进入到虚拟图书馆中，实现 360 度全方位地查看图书馆的环境、图书和高科技设施。复旦大学上海医学院图书馆的体验学习区域就是一个例子，用户可以通过扫描自主研发的 VR 课本，直接进入到虚拟立体学习场景中。

在古籍的保护与活化利用方面，AR 和 VR 技术同样展现出其独特价值。AR 技术可以用于古籍的 3D 数字化，实现虚拟古籍的保护与展示，而 VR 技术可以提供沉浸式的古籍阅读体验，让用户在虚拟空间中体验和学习古籍内容。例如，时任上海图书馆副馆长刘炜研究员提出的"古籍区块链"元宇宙概念，就是将古籍以数字形式进行保存和分享，同时也为用户提供了全新的阅读方式。

综上所述，AR 和 VR 技术在高校图书馆中的应用不仅仅是技术的简单应用，它们是图书馆服务创新的重要驱动力，也是图书馆空间设计和服务模式变革的关键技术。随着技术的不断发展，这些技术将进一步拓展图书馆服务的深度和广度，为用户提供更加丰富、高效和个性化的图书馆服务。同时，它们也将为古籍的保护与活化利用开辟新的路径，为传统文化的传承与发展提供新的动力。

二、古籍资源的元宇宙展示与推广

（一）虚拟图书馆的构建

在元宇宙中，虚拟图书馆可以为读者提供更加广泛的图书资源。虚拟图书馆涵盖了大量的跨学科、不同语种、多媒体等方面的资源。读者可以在虚拟图书馆中自由地浏览古籍，更好地满足自己的阅读需求。同时，虚拟图书馆还可以利用推荐算法来为读者推荐个性化的图书、期刊、论文等资源，提高读者的阅读满意度。

此外，虚拟图书馆的构建还可以为读者提供更多的交互机会，使读者能够更好地交流、协作和分享古籍资源。读者可以在虚拟图书馆中建立协作小组，通过共同学习和分享，提高学习效率。同时，虚拟图书馆还可以为读者提供一对一的咨询服务，帮助读者更好地利用图书馆的资源。

然而，虚拟图书馆的构建也存在一些技术难题，例如，如何提高系统的并发性能和可靠性，如何提高系统的推荐和搜索精度等。这些问题需要综合运用现代计算机技术，包括分布式计算、机器学习、自然语言处理、大数据等技术，同时还需要对具体应用场景进行深入研究，制定相应的设计原则和技术方案。

总的来说，虚拟图书馆的构建是元宇宙时代高校智慧图书馆古籍活化利用研究的重要方向之一。通过虚拟图书馆的构建，可以为读者提供更加广泛、个性化的图书资源，同时也可以为读者提供更多的交互机会，提高学习效率。

（二）古籍资源的虚拟展览与教育应用

在元宇宙时代背景下，高校智慧图书馆的古籍活化利用中一个重要的研究方向是古籍资源的虚拟展览与教育。通过元宇宙技术，可以将传统的古籍资源进行数字化转型，并以更加生动的形式呈现给用户，从而拓展古籍的教育应用场景，提高古籍资源的可访问性和教育价值。

元宇宙为古籍资源的虚拟展览提供了一个全新的平台。在这个平台上，古籍不再是简单的静态文本，而是以数字化的 3D 模型、增强现实（AR）、虚拟现实（VR）等多种形式展现给用户。用户可以通过 VR 头盔、AR 眼镜等设备，进入一个沉浸式的古籍世界，不仅可以阅读古籍内容，还可以与古籍进行互动，如在虚拟环境中触摸、操作古籍的页面，甚至可以"翻开"古籍阅读其中的内容。

虚拟展览的形式可以大大增加古籍教育的趣味性和参与度。设计以古籍为主题的虚拟现实游戏或教育活动，让学习者在游戏的过程中学习到古籍的知识，提高学习的趣味性和实际操作的能力。此外，还可以通过虚拟现实技术，让学生在虚拟空间中参与到古籍修复、整理等传统工艺的学习中，从而更加深入地理解和传承传统文化。

元宇宙技术还可以实现古籍资源的个性化推荐和智能化教育。通过收集用户的阅读行为、偏好等数据，应用人工智能算法为用户推荐适合其兴趣和学习水平的古籍资源。同时，AI 技术还可以帮助用户对古籍内容进行智能化解读，如自动生成古籍内容的现代解读、注释等，使古籍教育更加个性化、便捷化。

虚拟展览与教育应用的实现，还需要依托强大的技术支持，包括云计算、大数据、区块链等。区块链技术可以确保古籍资源的版权和唯一性得到保护，云计算和大数据技术可以支持大量的用户同时在线访问和学习，而智能终端的应用则可以让用户在任何时间、任何地点都能接触到丰富的古籍资源。

综上所述，在元宇宙时代，高校智慧图书馆可以通过技术创新，将古籍资源的虚拟展览与教育应用提升到一个全新的水平，不仅能够保护和传承传统文化，还能激发用户的学习兴趣，提高教育的有效性。

三、用户参与的元宇宙古籍活化新模式

（一）用户驱动的古籍内容创作

在元宇宙时代，用户驱动的古籍内容创作成为图书馆古籍活化利用的重要方面。用户不仅是古籍内容创作的接受者，也是积极参与者，他们的互动和创造可以极大地丰富图书馆的古籍库内容，并提高古籍资源的可访问性和吸引力。

用户驱动的古籍内容创作主要涉及以下几个方面。

（1）古籍数字化与3D建模。用户可以利用数字孪生技术，将古籍的纸质文档转化为数字化格式，甚至是三维模型。这样的转换不仅保留了古籍的原始信息，还为用户提供了新的浏览和学习方式。用户可以在元宇宙环境中通过3D眼镜等设备，以虚拟现实的方式阅读和研究古籍，增加互动性和沉浸感。

（2）古籍内容的个性化定制。基于用户的兴趣和历史阅读行为，人工智能系统可以提供个性化的古籍内容推荐。用户可以根据推荐结果，参与到古籍内容的个性化定制中，例如，为古籍添加注释、解读或翻译，使古籍内容更加符合现代用户的需求和兴趣。

（3）古籍社区的建设与协作。在元宇宙平台上，用户可以建立古籍研究和交流的社区，通过社区的形式，用户可以共同参与古籍内容的创作、讨论和分享。这种协作不仅能够促进古籍知识的深入挖掘，还能激发用户的创造力和参与感。

（4）古籍内容的游戏化。通过游戏化的方式，用户可以在游戏中学习和探索古籍内容。例如，设计以古籍为背景的解谜游戏、角色扮演游戏或模拟经营游戏，用户在游戏过程中不仅能够获得知识，还能体验游戏带来的乐趣。

（5）古籍内容的社交化。元宇宙提供了一个虚拟社交平台，用户可以在这个平台上分享自己的古籍研究成果，或者与其他用户就古籍内容进行讨论和交流。这种社交化的内容创作方式，可以提高古籍内容的社会化传播效果。

综上所述，用户驱动的古籍内容创作在元宇宙时代具有重要的意义。它不仅能够促进古籍资源的活化利用，还能增强用户的学习体验和古籍知识的传播效果。未来，图书馆需要在技术、管理和服务上进行创新，以更好地适应用户驱动的古籍内容创作的发展需求。

（二）古籍知识共享与社交互动平台

在元宇宙的背景下，高校图书馆的古籍知识共享与社交互动平台的构建，是对传统图书馆功能的一种重要拓展和创新。通过元宇宙技术，图书馆可以打造一个集古籍数字化、虚拟阅读、社交互动于一体的全新平台，从而实现古籍知识的广泛传播与深度交流。

元宇宙技术的应用使得古籍知识的共享变得更加便捷和生动。通过区块链技术构建的数字身份，用户可以在元宇宙中拥有一个独一无二的身份，用于古籍资料的检索、学习和讨论。这种数字化身份的建立，不仅保障了用户的隐私安全，还为古籍知识的存储、交换和使用提供了便利。用户可以在元宇宙的虚拟空间中，通过浏览、下载、注释等方式，对古籍内容进行深入学习和研究。

古籍知识共享与社交互动平台可以提供丰富的社交功能。用户不仅可以与古籍内容进行互动，还能够与其他用户进行实时的交流与讨论。例如，用户可以创建虚拟的学习小组，召开线上研讨会，或是通过游戏化的方式，如古籍题材的解谜游戏，来学习古籍知识，并与其他玩家互动。这种社交互动的设计，不仅增强了用户的学习动力，也拓展了古籍知识的传播途径。

古籍知识共享与社交互动平台可以提供个性化的古籍推荐服务。利用人工智能技术，平台可以根据用户的阅读历史、专业背景和兴趣爱好，智能推荐相关的古籍资料。同时，AI 技术还可以辅助用户对古籍内容进行二次创作，如自动生成古籍相关的文章、视频、音频等多媒体内容，进一步扩大古籍知识的影响力。

古籍知识共享与社交互动平台的建设，也需要面对技术基础设施的挑战。网络及运算设备的发展，尤其是 5G、云计算、数字孪生等关键技术的支持，为古籍数字化、元宇宙化提供了技术基础。同时，这也对图书馆的 IT 部门提出了新的要求，即需要培养能够熟练运用这些技术，进行古籍管理和推广的专业人才。

综上所述，元宇宙时代的高校智慧图书馆古籍活化利用研究，通过构建古籍知识共享与社交互动平台，不仅能够实现古籍资源的有效利用，还能促进学术交流和文化传承，为图书馆提供一种新的发展方向。

第五节　元宇宙时代高校智慧图书馆古籍活化利用策略研究

在元宇宙时代，高校智慧图书馆古籍的活化利用成为目前古籍保护和传承的重要方式，也是目前古籍研究的重要课题。元宇宙技术不仅为高校智慧图书馆古籍活化利用提供了新的机遇，也带来了新的挑战。高校智慧图书馆在元宇宙时代古籍的活化利用过程中，需要采取一系列的保护与传承策略，包括增强古籍保护与活化的意识、提升古籍数字化水平、古籍资源智慧化服务创新等。

一、增强古籍保护与活化的意识

在当前的数字化与信息化时代背景下，古籍作为重要的文化遗产，其保护与活化利用受到了广泛的关注。古籍保护不仅仅是物理意义上对其物质形态的保存，更是对其内在价值的传承与活化。因此，增强古籍保护与活化的意识，对于推动古籍的保护工作以及促进其文化价值的传播与利用具有重要意义。

第一，古籍保护与活化的意识需要从认识古籍价值开始。古籍作为传统文化的重要载体，承载了丰富的历史信息、智慧与艺术价值，是民族文化传承的宝贵财富。因此，增强对古籍保护与活化的意识，首先要强化全社会对古籍价值的认识，提升公众保护古籍的责任感和使命感。

第二，古籍保护与活化的意识也需要通过教育与培训来加强。在高等院校中，可以开设相关的古籍保护与修复课程，培养学生对古籍的保护意识，同时也为未来古籍保护的实际工作培养专业人才。此外，还可以通过举办讲座、研讨会等形式，增强公众对古籍保护重要性的认识，推广古籍保护的知识与技能。

第三，古籍的活化利用是古籍保护工作的延伸与深化。古籍保护的最终目的在于使古籍资源得到合理的利用，实现知识的传承与创新。因此，在增强古籍保护与活化的意识时，也应将活化利用的理念融入其中，鼓励对古籍进行深入研究与创新性的应用，如通过数字化、数据库建设、在线展览等方式，古籍资源可以更好地服务于社会与学术研究。

第四，古籍保护与活化的意识还需要得到政策与制度的支持。政府部门应出台相关政策，为古籍的保护与活化利用提供法律与资金的支持。当前，我国政府就出台了一系列关于古籍保护的政策措施。如《关于进一步加强古籍保护工作的意见》《关于实施古籍保护工程的意见》等，这些政策措施明确了古籍保护工作的任务、目标和责任，为古籍保护工作提供了政策支持。

综上所述，增强古籍保护与活化的意识，需要从提高公众对古籍价值的认识、加强教育与培训、推动活化利用以及获得政策支持等多方面入手，共同推动古籍的有效保护与合理利用，实现文化遗产的传承与发展。

二、提升古籍数字化水平

（一）加大资金投入与支持

资金的保障不仅是实现古籍数字化、活化利用的前提，也是推动智慧图书馆其他相关建设的基础。以下是对加大资金投入与支持的详细论述。

第一，资金投入对于古籍的数字化建设至关重要。数字化不仅能够保护古籍免受物理损坏，还能使古籍资源的获取与利用更加便捷高效。在"互联网＋"时代背景下，古籍数字化的推进需要大量的技术投入，包括扫描设备、存储设备、服务器等硬件的购置，以及后期的软件开发、数据管理与维护等。这不仅需要高校图书馆本身的经费支持，更需要外部资金的注入，以保障数字化过程的顺利进行。

第二，资金的投入还关系到古籍资源的活化利用。活化利用意味着将古籍资源转化为更能满足现代用户需求的形式，如在线数据库、电子图书等。这不仅需要资金来支持新技术的研发和应用，还需要资金来建设用户界面、提供网络服务等。同时，活化利用还涉及古籍内容的深入研究，这同样需要资金的支持，以吸引和培养专业人才，开展相关的学术研究。

第三，智慧图书馆的其他建设也离不开资金的支持。从智能化设备的购置、升级到图书馆服务模式的优化，再到技术创新手段的应用，每一环节都需要资金的保障。例如，RFID自动识别系统、云屏数字借阅机、移动点检车等智能设备的购置与维护，都需要大量的投资。此外，智慧图书馆的建设还包括人员培训、系统维护、用户服务等方面的支出。

第四，为了确保资金投入的有效性，高校应当建立科学的资金管理和使用机制对资金的预算、分配、使用的全过程进行严格的监督和审计，确保每一分钱都用在刀刃上。同时，高校还应该积极探索多元化的资金筹措途径，如政府资助、社会合作、校友捐赠等，以形成资金保障的多元化渠道。

综上所述，加大资金投入与支持是高校智慧图书馆古籍活化利用研究的重要环节。只有通过充足的资金保障，才能确保古籍资源得到有效的数字化保护和高效的活化利用，进而为高校乃至社会的文化发展贡献力量。

（二）加强技术研发与人才培养

技术研发与人才培养是实现古籍活化利用的关键环节。技术的进步为古籍的数字化、信息化提供了可能，而专业人才的培养是保障这些技术得以有效应用的基础。

技术研发是古籍活化利用的前提。高校图书馆需要依托先进的信息技术，如大数据、云计算、人工智能等，对古籍进行数字化处理，建立古籍数据库，实现古籍信息的快速检索和远程访问。例如，CALIS古籍联合编目数据库的建立，就是通过技术手段，实现了古籍信息的集成与共享，提高了古籍资源的可访问性和利用率。此外，古籍数据库的建设还应包括元数据标准的建立、信息检索技术的优化、用户界面的友好性设计等，以确保用户能够高效、准确地获取所需信息。

人才培养是技术应用的保障。高校图书馆应重视古籍保护与利用的专业人才培养，加强古籍整理和保护的专业培训，包括古籍的分类、编目、整理、保护等方面的内容，以提高图书馆工作人员的专业素养和服务能力。同时，通过制订人才培养计划、建立人才培养基地、开展人才培养活动，为图书馆工作人员提供更好的学习和发展机会，提升馆员的业务能力和技术水平。馆员不仅需要具备古籍保护的基本知识和技能，还应掌握一定的信息技术知识，能够独立进行古籍数字化工作，包括扫描、数据录入、信息整理等。同时，馆员还可以利用数字化工具，对古籍进行深入的整理与研究，提供高质量的信息服务。

此外，高校图书馆应与信息技术部门、信息服务企业等建立紧密的合作关系，共同开发适合图书馆的古籍数字化软件，提升技术应用的专业性与效率。通过校企合作，可以引入最新的技术成果，同时也为高校馆员提供实践和学习的机会，促进知识与技能的更新。

综上所述，加强技术研发与人才培养是高校智慧图书馆古籍活化利用的重要策略。通过不断的技术创新和专业人才的系统培养，可以有效地解决古籍藏与用的矛盾，提高古籍资源的利用率，同时也为高校智慧图书馆的建设和发展提供有力支撑。

三、古籍资源智慧化服务创新

（一）开发智能化古籍检索系统

智能化古籍检索系统的开发是实现古籍文献价值最大化利用的重要途径之一。随着信息技术的快速发展，尤其是大数据、云计算、人工智能等技术的应用，为古籍检索系统的智能化提供了技术支持和实践基础。

智能化古籍检索系统的核心在于提高用户检索效率和准确性。通过自然语言处理技术，系统可以理解用户以自然语言提出的检索要求，并进一步转化为计算机可执行的检索命令。此外，系统可以通过用户的历史检索记录、借阅习惯等信息进行大数据分析，从而为用户提供个性化的检索结果和推荐。

古籍文献的特殊性要求智能化检索系统必须具备高效的文本处理能力。系统需要能够识别和处理古籍中的繁体字、异体字、通假字等问题，以确保检索结果的准确性。同时，文本的语义分析也是提高检索质量的关键，系统应能准确理解古籍内容，以支持深层次的检索和研究。

古籍智能化检索系统的设计还应考虑用户界面的友好性和交互设计。系统界面应简洁明了，操作流程应直观易懂，以便用户快速上手和使用。同时，系统应提供丰富的检索选项，包括书名、作者、版本、出版信息等多维度检索点，以及支持高级搜索策略的选项，以满足不同用户的检索需求。

古籍智能化检索系统的开发应遵循开放性和扩展性原则。系统应能够与其他数据库、数字图书馆资源以及在线教育平台等进行有效整合，实现资源共享和互联互通。此外，系统应具备良好的扩展性，以支持未来技术的更新升级和功能的增加。

综上所述，开发智能化古籍检索系统是高校图书馆古籍文献价值开发和利用的重要方向。通过智能化技术的应用，不仅可以提高古籍检索的效率和准确性，还能为用户提供更加个性化和深入的研究支持，进一步推动古籍文献的活化利用和文化传承。

（二）利用大数据与人工智能优化古籍服务

在大数据与人工智能技术快速发展的当下，利用大数据与人工智能优化古籍服务，不仅可以提高古籍的管理效率和利用率，还能为古籍的保护与活化利用开辟新的路径。

大数据技术的应用可以极大提升古籍信息的管理效率。通过建立古籍数据库，图书馆可以对古籍的元数据进行整理、存储和分析，实现对古籍资源的快速检索和准确推荐。通过建立古籍元数据标准和数据库，可以在保护古籍实体的同时，提供丰富的电子版资源供读者在线检索，极大地提升了古籍的可访问性和使用率。

人工智能技术的引入，尤其是自然语言处理（NLP）和机器学习算法的应用，可以进一步提升古籍服务的智能化水平。利用文本挖掘技术，可以自动从大量古籍文本中提取关键信息，建立主题索引和全文搜索系统，方便用户快速定位所需内容。同时，通过机器学习算法，可以对用户的阅读习惯和偏好进行分析，提供个性化的古籍阅读推荐。

大数据与人工智能技术的结合，还可以促进古籍的知识发现和服务创新。通过对大量古籍文献的内容和用户的使用行为进行深入分析，可以揭示古籍知识的内在联系和潜在价值，为古籍的深入研究和创新应用提供支持。例如，可以通过数据挖掘技术，发现古籍在医学、历史、文学等领域的关联性和规律性，为相关学科的研究提供新的视角和方法。

大数据与人工智能技术的应用，还可以优化古籍的保护策略。通过对古籍的使用频率、存储环境等数据进行实时监控和分析，可以及时发现古籍保存中的潜在风险，采取相应的保护措施，确保古籍的安全与长久保存。

综上所述，利用大数据与人工智能优化古籍服务，不仅可以提升古籍的管理与服务效率，还可以促进古籍的知识发现与创新应用，同时为古籍的保护与活化利用提供新的技术支持。未来，随着技术的不断进步，大数据与人工智能将在高校图书馆古籍服务中发挥越来越重要的作用。

四、加强古籍保护策略

完善古籍的保管条件是加强古籍保存、修复和保护工作的重要前提。古籍是中华民族的文化瑰宝，是历史的见证，是文化的传承。然而，由于历史原因、自然因素、人为破坏等多重因素的影响，古籍的数量和质量都在不断减少，古籍保护工作面临着严峻的挑战。

古籍的保护策略需要加强古籍的保存工作。保存工作主要包括对古籍进行分类、编目、整理、保管等。对于古籍的分类和编目，可以根据古籍的内容、形式、版本、出版时间等因素进行分类，以便于对古籍进行有效的管理和利用。在整理方面，需要对古籍进行校对、补遗、注释等工作，提高古籍的质量和可读性。在保管方面，需要对古籍进行妥善保管，避免古籍的损坏和失窃。

古籍的保护策略需要加强古籍的修复工作。在进行古籍修复工作时，应遵循最小化干预原则和可逆性原则。最小化干预原则要求在进行古籍保护时，尽可能减少对古籍的干预，避免对古籍造成不必要的损害，包括保护古籍的原貌、避免过度清洁、尊重古籍的历史和文化价值。古籍承载着丰富的历史和文化信息，因此在保护古籍时，应该尊重其历史和文化价值，避免对其进行任何形式的破坏或篡改。可逆性原则要求尽可能使保护措施可逆，即在保护古籍的同时，不应该对古籍造成永久性的损害。修复工作主要包括对古籍进行补全、修补、修整等工作，以恢复古籍的原貌和价值。在补全方面，需要对古籍的残缺部分进行补全，以保证古籍的完整性。在修补方面，需要对古籍的破损部分进行修补，以保证古籍的稳定性。在修整方面，需要对古籍的文字、图像、排版等进行修整，以保证古籍的美观性和可读性。

古籍的保护策略需要完善古籍的保管条件。保管条件主要包括对古籍的环境、设备、人员等进行管理，以保证古籍的安全和完整。在环境方面，需要对古籍的存放环境进行改善，避免古籍受到潮湿、高温、污染等影响。在设备方面，需要对古籍的保管设备进行更新和维护，以保证古籍的保管条件。在人员方面，需要对古籍的保管人员进行培训和考核，以保证古籍的保管工作得到有效执行。

综上所述，古籍的保护策略需要加强古籍的保存、修复、保护工作，完善古籍的保管条件。这需要从古籍的分类、编目、整理、保管、修复等多个方面进行综合考虑，以保证古籍的完整性和可读性。同时，还需要加强对古籍保护工作的管理和监督，以提高古籍保护工作的效率和质量。只有这样，才能更好地保护和传承我国丰富的文化遗产，为中华民族的文化繁荣做出更大的贡献。

五、古籍活化利用的多元化路径

古籍是我国历史文化的重要载体，承载着丰富的历史信息和文化内涵。可通过以下路径加强古籍的传承和活化利用。

（1）加强古籍的研究工作。研究是推动文化发展的重要动力，只有深入了解古籍的内容和价值，才能更好地保护和传承古籍。加强古籍的研究工作，包括对古籍的历史背景、文化内涵、文本内容等进行深入研究，以提高古籍的学术价值。同时，还需要加强古籍与相关学科的交叉研究，以拓宽古籍研究的视野和深度。

（2）加强古籍的整理工作。整理是对古籍进行系统整理、分类、注释、索引等工作，以方便学者和公众查阅和利用。因此，我们需要加强古籍的整理工作，包括对古籍的文本校勘、版本研究、内容注释等工作，以提高古籍的可用性和学术价值。同时，还需要加强对古籍数字化和信息化的支持，以方便学者和公众查阅和利用古籍。

（3）加强古籍的出版工作。出版是将古籍研究成果向社会传播的重要途径，只有将古籍研究成果传播出去，才能更好地推动古籍的传承和发展。因此，我们需要加强古籍的出版工作，包括出版古籍的校勘本、注释本、索引本等，以提高古籍的学术价值和社会影响力。同时，还需要加强对古籍出版物的推广和宣传，以提高公众对古籍的关注和认识。

（4）加强古籍的普及教育。普及教育是提高古籍社会价值的重要途径。通过开展古籍知识普及教育活动，可以增强公众对古籍的认识和了解，提高公众对古籍的重视程度。此外，普及教育还可以提高公众对传统文化的认同感，促进传统文化的传承和发展。

（5）提高古籍的学术价值。古籍的学术价值是指古籍在学术研究中的重要地位和作用。只有提高古籍的学术价值，才能更好地推动古籍的传承和发展。因此，我们需要加强对古籍学术价值的挖掘和传承，包括对古籍的学术体系、学术思想、学术方法等进行深入研究，以提高古籍的学术价值。同时，还需要加强对古籍学术成果的推广和应用，以提高古籍在学术研究中的地位和作用。

综上所述，加强古籍的活化利用，需要加强古籍的研究、整理、出版工作，提高古籍的学术价值。只有通过这些措施，才能更好地保护和传承古籍，推动我国历史文化的发展。

六、信息安全管理与隐私保护策略

在元宇宙时代，高校智慧图书馆的古籍活化利用不仅要注重技术的创新应用，还应特别关注信息安全管理与隐私保护策略，确保古籍数字化过程中用户的个人信息和图书馆的数据资产得到有效保护。

高校智慧图书馆在进行古籍数字化时，会收集和处理大量用户数据，包括用户的身份信息、借阅历史、阅读偏好等。这些数据对于提升服务质量、优化资源配置具有重要价值，但也存在被滥用的风险。因此，图书馆需要建立严格的数据管理制度，对收集的信息进行分类标记，并实施分级访问控制，确保只有授权人员才能访问敏感数据。

高校智慧图书馆应采用先进的加密技术保护用户数据，如使用哈希算法、非对称加密、同态加密等多种加密技术来确保数据在存储、传输和处理过程中的安全性。同时，图书馆还需要定期对信息系统进行安全评估和渗透测试，以发现潜在的安全漏洞，并及时进行修补。

高校智慧图书馆应遵守相关的法律法规，如《中华人民共和国数据安全法》，并建立用户信息保护机制，保障用户隐私权益。图书馆应明确告知用户信息收集的目的、范围、使用方式和保护措施，并取得用户的明确同意。此外，图书馆还应建立数据泄露应急预案，一旦发生数据安全事件，能够迅速响应，最小化损害。

同时，高校智慧图书馆在古籍数字化的同时，还应加强对用户隐私保护的教育和培训，提高用户的隐私保护意识。定期进行安全教育活动，让用户了解个人信息的重要性和保护个人隐私的方法，以及在遇到隐私泄露时的应对措施。

综上所述，元宇宙时代高校智慧图书馆在古籍活化利用的同时，必须建立健全的信息安全管理与隐私保护策略，以确保技术应用的安全性和用户个人信息的安全，促进图书馆服务的可持续发展。

本章小结

古籍是中华民族历史文化的重要载体，是中华民族智慧的结晶。古籍中蕴含了丰富的文化信息和历史价值，是研究我国古代社会、政治、经济、文化、科技等方面的重要资料。古籍活化利用是指在尊重古籍原貌的基础上，通过各种方式使其焕发新的活力，为现代社会提供文化资源。在元宇宙技术应用下，如何通过古籍活化利用传承和发扬中华民族优秀传统文化成为当今时代的重要课题。元宇宙技术为高校智慧图书馆在古籍活化利用方面提供了新的机遇。通过元宇宙技术的应用，不仅可以丰富古籍的学习和体验方式，还可以拓展图书馆的服务范围，促进古籍资源的保护和传承，激活古籍的生命力，实现古籍资源的活化利用和可持续发展。

未来，古籍保护与活化利用工作将面临更多的挑战和机遇。随着社会的发展，人们对古籍保护与活化利用的需求将不断提高。我们应该加强对古籍保护与活化利用工作的研究，不断探索新的方法和技术，为我国文化事业发展做出更大的贡献。同时，我们还应该加强古籍保护与活化利用的国际合作，借鉴国际先进经验，推动我国古籍保护与活化利用工作的发展。

第十章　元宇宙时代高校智慧图书馆建设面临的挑战

随着信息技术的快速发展，特别是在大数据、人工智能、区块链等新兴技术的推动下，数字化转型已成为图书馆行业的重要发展趋势。2021 年，元宇宙概念的兴起，为图书馆服务创新提供了新的可能性和方向。2021 年也被称为"元宇宙元年"。元宇宙被定义为一个通过科技手段链接、创造与现实世界映射、交互的虚拟世界，它为数字生活空间带来了新型社会体系的构建。在当前的教育与信息化背景下，高校智慧图书馆的建设是高等教育信息化、智能化发展的重要组成部分。随着元宇宙概念的兴起，高校智慧图书馆建设不仅要应对技术发展带来的机遇和挑战，还要探索如何利用元宇宙技术优化服务和资源整合，以满足新时代读者的需求。

元宇宙时代的到来，为高校图书馆的发展带来了前所未有的机遇。首先，元宇宙技术的应用可以实现图书馆服务的数字化、信息化和虚拟化，从而拓展服务边界，提供更加丰富和个性化的学习、研究和阅读体验。其次，元宇宙的虚拟空间与现实世界的全面交互，为图书馆提供了一个全新的空间维度，可以促进知识的创新、交流和分享。

然而，元宇宙时代的高校智慧图书馆建设也面临着一系列挑战。在技术层面，元宇宙核心技术的成熟度不足，如数字孪生、AR/VR、区块链、人工智能等技术，这些技术的发展水平直接影响智慧图书馆的建设进度和质量。元宇宙技术应用于图书馆服务后，数据安全和隐私保护成为亟待解决的问题，尤其是在用户数据采集与分析方面。

在管理层面，元宇宙图书馆的去中心化治理机制带来了开放性和不确定性，这对图书馆的管理模式提出了新的挑战。同时，产权风险也是一个不容忽视的问题，特别是在用户生成内容（UGC）的确权和保护方面，需要图书馆行业内相关技术、法律和管理方面的创新和协调。

综上所述，元宇宙时代的高校智慧图书馆建设是一个机遇与挑战并存的新领域。为了实现智慧图书馆的高质量发展，需要在技术研发、安全保护、产权管理、管理模式等方面进行深入研究和创新实践。通过这些努力，高校智慧图书馆才可以更好地适应元宇宙时代的发展趋势，为读者提供更优质的服务，同时也为图书馆行业的可持续发展贡献力量。

第一节　元宇宙技术概述

元宇宙技术的概念最早可以追溯到 1992 年，由尼尔·斯蒂芬森在其科幻小说《雪崩》中提出，描述了一个通过数字化身体在虚拟世界中生活的网络世界。自那以后，元宇宙的构想一直激发着人们对未来数字化生活方式的无限想象。随着信息技术的快速发展，元宇宙技术也在逐步从科幻走向现实，并从一开始的游戏领域开始向教育、社区等领域深入，成为各个领域发展的一剂强心针。

一、元宇宙技术的发展历程

自 1992 年元宇宙概念提出后，进入 21 世纪，互联网的普及和信息技术的飞速进步为元宇宙的发展提供了坚实的基础。特别是在过去的十年中，我们见证了多个关键技术的重大突破，这些技术的发展为元宇宙的实现奠定了基础。其中，虚拟现实（VR）、增强现实（AR）、混合现实（MR）、区块链、人工智能（AI）、5G/6G 通信技术等是推动元宇宙技术发展的关键力量。

虚拟现实技术为用户提供了高度沉浸式的体验，通过头显等设备，用户可以进入一个完全由计算机生成的三维环境，实现与虚拟世界的互动。增强现实技术则是在用户的现实世界中叠加虚拟信息，增强用户的现实体验。混合现实技术结合了 VR 和 AR 的特点，能够在真实世界与虚拟世界之间无缝转换。

区块链技术以其去中心化、不可篡改的特性，为元宇宙提供了一个安全可靠的数据存储和交易平台。人工智能技术的应用则使得元宇宙能够更好地理解用户需求，提供个性化服务，并在智能化管理中发挥重要作用。5G 和 6G 通信技术的发展，为元宇宙提供了高速的网络连接，保证了大量数据的快速传输和处理。

此外，元宇宙技术的发展还离不开大数据、云计算、边缘计算等技术的支持。大数据技术可以处理和分析用户数据，为元宇宙提供了数据驱动的个性化服务。云计算为元宇宙的存储和计算需求提供了弹性的云端解决方案。边缘计算则优化了数据处理速度，减少了延迟，提高了元宇宙中的实时交互体验。

综上所述，元宇宙技术的发展是一个涉及多个学科、多种技术的综合过程。从早期的概念提出到现在的技术准备，元宇宙技术正在逐步从科幻走向现实，其发展历程不仅展示了技术进步的成果，也为我们描绘了一个充满无限可能的未来数字生活空间。随着技术的不断进步和完善，元宇宙的发展将为高校智慧图书馆建设带来新的机遇和挑战。

二、元宇宙技术的关键组成部分

（一）VR/AR 技术

VR（虚拟现实）和 AR（增强现实）技术作为元宇宙的重要组成部分，为高校智慧图书馆的建设提供了新的可能性和挑战。这些技术能够创造沉浸式的学习和阅读体验，但同时也带来了一系列的挑战，特别是在技术成熟度、硬件设备、用户交互设计、成本管理以及技术培训等方面。

VR/AR 技术在提供沉浸式体验方面具有独特优势，它们可以模拟出与现实环境相似甚至超越现实的场景，为用户提供全新的信息获取和学习方式。例如，通过 VR 技术，用户可以在虚拟环境中参观远程图书馆，甚至参与虚拟图书馆的读书会或研究小组。AR 技术则可以在现实环境中叠加信息，如通过智能眼镜显示图书馆藏书信息，或者在实体书上呈现相关参考资料。然而，VR/AR 技术在应用于高校智慧图书馆时也面临技术成熟度的挑战。当前，这些技术仍在不断发展之中，且存在着与之配套的硬件设备的局限性。例如，VR 头显的分辨率、视场角、延迟等技术参数直接影响用户体验，而 AR 技术中的增强现实准确性、实时性以及与现实世界的交互性也存在一定的技术瓶颈。硬件设备的选择与配置也是一个挑战。高校图书馆需要投入相应的资金采购高质量的 VR/AR 硬件，同时还需要考虑设备的兼容性、升级路径和维护成本。对于不熟悉这些技术的图书馆工作人员来说，如何快速掌握新技术，以及如何高效地进行技术支持和用户培训，也是需要解决的问题。成本管理也是 VR/AR 技术应用过程中不可忽视的部分。虽然 VR/AR 技术提供了创新的服务模式，但其实施成本相对较高，包括硬件采购、软件开发、系统维护等。高校图书馆在引入这些技术时，需要评估其成本效益，确保项目的可持续性。

综上所述，虽然 VR/AR 技术为高校智慧图书馆的建设带来了新机遇，但在实际应用过程中，技术成熟度、硬件设备、用户交互设计、成本管理以及技术培训等方面的挑战也不容忽视。未来，高校图书馆在建设智慧图书馆的过程中，需要对这些挑战进行深入分析，并制定相应的策略和计划，以确保技术应用的有效性和可持续性。

（二）边缘计算

在当今数字化时代，边缘计算作为一种新兴的计算模式，为智慧图书馆的发展提供了新的技术支持。边缘计算通过在网络边缘位置部署计算能力，能够有效降低数据传输延迟，提高数据处理速度，从而优化智慧图书馆的服务质量和用户体验。然而，随着边缘计算技术的应用，高校智慧图书馆在建设和发展过程中也面临着一系列挑战。

首先，数据安全和隐私保护是边缘计算环境下智慧图书馆必须面对的重要问题。边缘计算节点分布广泛，且直接与用户数据交互，增加了数据被非法访问和窃取的风险。图书馆需要采取强有力的安全措施，如加强加密技术、实施严格的访问控制和数据加密策略，以确保用户信息的安全。

其次，边缘计算环境下的网络安全问题不容忽视。图书馆的边缘计算节点可能成为网络攻击的跳板，攻击者可能通过这些节点对图书馆的核心业务系统发起攻击，造成重要数据的损失或系统的瘫痪。因此，图书馆需要建立健全的网络安全防护体系，包括但不限于防火墙、入侵检测系统和安全事件管理系统，以防止和应对潜在的网络威胁。

再次，边缘计算环境下智慧图书馆的设备和系统的兼容性与互操作性问题也十分突出。不同厂商的边缘设备和系统之间可能存在兼容性问题，这将直接影响图书馆的服务质量和用户体验。图书馆需要在选择设备和系统时进行全面评估，确保所选技术和产品能够无缝集成，同时也要关注行业内的标准化发展，以降低技术依赖和提升系统的互操作性。

最后，随着边缘计算应用的深入，图书馆需要考虑如何提升边缘计算节点的管理和维护能力，包括建立专门的技术支持团队、对边缘计算节点进行定期的维护和升级，以及快速响应和处理可能出现的技术问题。

综上所述，虽然边缘计算为高校智慧图书馆的发展带来了新机遇，但在实际应用中也存在诸多挑战。图书馆需要在确保数据安全、网络安全的基础上，解决设备和系统的兼容性与互操作性问题，并提升边缘计算节点的管理和维护能力，以推动智慧图书馆的健辰发展。

（三）区块链技术

区块链技术作为一种分布式数据库技术，以其去中心化、不可篡改、透明性强等特性，在多个行业中显示出巨大的应用潜力，特别是在高校图书馆的智慧化建设中。在元宇宙时代背景下，区块链技术的应用对于高校图书馆来说，不仅是技术的革新，更是服务模式和管理模式的创新。

首先，区块链技术能够为高校图书馆的数字资源提供一个安全、可靠的存储和管理平台。通过区块链的分布式存储机制，每份资源的元数据和访问记录都可以被安全记录，确保数据的完整性与安全性。同时，区块链的不可篡改性为数字资源的版权保护提供了新的解决路径。每项资源的元数据都可以通过区块链技术进行确权，确保资源的版权得到有效的追踪与保护。

其次，区块链技术在提高图书馆服务效率方面具有重要作用。通过建立基于区块链的资源共享平台，可以实现资源的去中心化管理，提高资源的利用率，同时降低版权纠纷的风险。比外，区块链技术可以实现智能合约的部署，自动化地处理一些常规性的服务流程，如借阅、归还、支付等，从而提高服务效率和用户体验。

再次，区块链技术有助于构建更加开放和协作的图书馆环境。在区块链平台上，图书馆可以与其他图书馆、研究机构、出版社等建立合作关系，共享资源，协同创新。这种开放的资源共享模式，不仅能够丰富图书馆的资源种类和数量，还能够促进知识的传播与交流。

最后，区块链技术对于图书馆的长期发展具有战略意义。它为图书馆提供了一个全新的数字化转型路径，有助于图书馆在未来的信息化浪潮中保持竞争力。同时，区块链技术的应用也是实现可持续发展的重要途径，它能够帮助图书馆在提供服务的同时，保护用户隐私，确保数据安全，并促进资源的可持续管理。

综上所述，区块链技术在高校智慧图书馆建设中的应用，不仅能够提高服务质量和工作效率，还能够在版权保护、资源共享、开放合作等方面发挥重要作用，是推动图书馆智慧化发展的关键技术之一。随着技术的不断成熟和应用场景的拓展，区块链技术有望成为高校图书馆在元宇宙时代的重要支撑技术。

三、元宇宙技术对教育的潜在影响

在元宇宙的背景下，高校图书馆作为教育和学术研究的重要基础设施，其功能和服务模式正面临着前所未有的变革。元宇宙技术的引入，为高校图书馆提供了新的发展机遇，同时也带来了一系列挑战。特别是在技术整合、服务模式创新、用户体验提升等方面。

元宇宙技术的核心在于其能够提供一个高度沉浸式、交互式的虚拟空间，这对高校图书馆的空间概念和服务方式提出了新的要求。首先，元宇宙技术的应用能够扩展图书馆的物理空间限制，通过虚拟现实（VR）、增强现实（AR）等技术，创建一个虚拟图书馆，让用户能够在一个无边界的环境中获取信息资源和服务。这种技术的应用不仅提升了用户的信息获取效率，也为用户提供了更加丰富的学习体验。其次，元宇宙技术的引入也促进了图书馆服务模式的创新。例如，通过智能化的推荐系统和个性化的学习路径设计，图书馆可以为用户提供更加个性化的学术支持服务。同时，元宇宙技术还能够实现资源的共享与合作，促进学术交流和知识创造。

然而，元宇宙技术的应用也给高校图书馆带来了挑战。技术的更新换代速度快，对图书馆的技术更新和人才培养提出了更高的要求。元宇宙环境中的数据安全和隐私保护问题成为智慧图书馆建设需要重点关注的问题。图书馆需要建立健全的数据管理体系，确保用户信息的安全。同时，元宇宙环境下的版权问题也需要得到妥善处理，确保合法合规地使用数字资源。

综上所述，元宇宙技术对高校图书馆的影响是多方面的，它为图书馆提供了新的发展路径，同时也带来了技术整合、服务模式创新、用户体验提升等方面的挑战。未来，高校图书馆需要在确保技术安全、合规的基础上，积极探索元宇宙技术的应用，以实现图书馆服务的创新与升级。

第二节　元宇宙时代高校智慧图书馆建设的挑战

智慧图书馆作为现代图书馆发展的重要方向，是对信息技术与图书馆服务深度整合的需求，其核心目标是为用户提供更加智能化、个性化和便捷化的信息服务。智慧图书馆是利用信息技术、人工智能、物联网、云计算等现代科技手段，实现图书馆服务与管理的智能化，从而提高图书馆的服务效率和资源利用率。智慧图书馆不仅仅是一个简单的信息存储和借阅场所，还是一个信息获取、处理、交流和创新服务的综合平台。

　　智慧图书馆的建设是一个系统工程，不仅涉及技术的应用和更新，还包括服务模式的创新、管理机制的改革以及用户需求的深入理解和满足。随着技术的不断进步和用户需求的日益多样化，智慧图书馆将继续作为知识传播、文化交流和学术创新的重要场所，发挥其独特的价值和功能。同时，在元宇宙时代背景下，高校智慧图书馆的建设也面临诸多挑战和机遇。

一、技术挑战

　　元宇宙技术虽然前景广阔，但目前仍处于发展的初级阶段，技术成熟度较低，实际应用也存在一定的局限性。首先，元宇宙的建设需要在数字孪生、区块链、人工智能、网络架构等方面取得突破，但目前这些技术都还处于研发阶段，尚未形成成熟的技术体系。其次，元宇宙的应用场景也存在一定的限制，如虚拟现实、增强现实等技术在教育、医疗、娱乐等领域的应用较为广泛，但在图书馆领域的应用还相对较少，且多数还处于理论探索阶段，缺乏实际应用的案例。再次，元宇宙的建设和应用还需要大量的资金投入和技术支持，对于大部分高校图书馆来说，这是一个巨大的挑战。最后，元宇宙的建设和应用还需要面对数据安全、隐私保护等问题，这也对元宇宙的发展提出了新的挑战。

　　因此，元宇宙时代高校智慧图书馆建设面临的技术成熟度与应用局限主要表现在以下四个方面：一是元宇宙技术尚未成熟，缺乏完善的技术支撑体系；二是元宇宙应用场景有限，缺乏实际应用的案例和经验；三是元宇宙建设和应用需要大量的资金投入和技术支持；四是元宇宙建设和应用需要解决数据安全、隐私保护等问题。

（一）技术成熟度

　　元宇宙技术的发展离不开科学技术的进步，比如现在的 VR 技术、边缘计算和区块链技术，是元宇宙必备的三大技术支撑，当前这三项技术虽然还谈不上非常成熟，但已经在现实社会中各个领域进行了广泛应用，为元宇宙的发展提供了技术支撑。元宇宙时代，图书馆可以利用元宇宙技术为读者提供沉浸式阅读体验，但目前元宇宙存在技术薄弱、稳定性不足等问题。图书馆要想实现元宇宙技术与数字阅读推广的完美融合，不仅需要高品质、高性能的软硬件，还需要与元宇宙技术公司进行合作交流。此外，自动化文本分析、知识关联等技术与人类理解上也存在一定的偏差，可能会导致不实的知识传播与共享，因此图书馆馆藏处理不能完全依赖信息技术，仍需要人工校验生成内容的合理性和准确性，以便为读者提供最为准确的阅读服务，丰富读者的知识储备。

（二）应用场景局限

目前元宇宙技术仍在不断发展，建设一个完备的元宇宙系统需要多方技术的支持，主要的技术难点包括如何实现高峰期的并发访问、如何保证元宇宙系统的稳定性和安全性、如何提供智能化的服务和推荐等。同时，还要考虑如何对多样化的图书馆资源进行语义化建模和索引，以及如何实现数据的高效存储和管理。这些对于高校图书馆来说，需要有一定的技术和人员支持。

首先，元宇宙图书馆需要使用先进的虚拟现实和人工智能技术，技术成本非常高，需要大量的研究和开发来确保图书馆功能的完善和正常运作。不仅需要一个强大的服务器和处理能力，以容纳和处理大量的数字图书和用户数据，而且要有高性能的计算机设备和强大的网络连接，以上的内容都大大增加了图书馆的基础设施成本。其次，内容采集成本高，大量数字化的图书和资料不仅需要大量的人力物力进行数字化处理，而且在购买版权和获取相关许可证时也需要大量的资金支出。最后，维护和更新成本也高，元宇宙图书馆需要不断维护和更新，以确保其功能、内容的完整，这也需要大量的资金和人力物力，对于高校图书馆来说也是一个负担。

（三）数据安全

元宇宙不仅是一种技术，也是一个现实与虚拟高度融合互通的平台，还是一种由闭环经济体构造的开源平台。元宇宙的发展需要大量的数据源，信息的传播速度加快，在促进人们信息交流的同时加快了虚假信息传播，造成网络的不准确性，给用户的数据安全带来隐患，严重时会泄露用户的隐私，所以用户数据安全保护与可访问性之间的关系是元宇宙发展面临的巨大挑战。同时，智慧图书馆的建立要依靠数字技术，现实世界与虚拟世界的互联互通需要大量的用户数据驱动，这也随之带来了网络数据安全保护问题。因此，在元宇宙时代，数据安全和隐私保护成为一个重要的问题。由于元宇宙系统中的数据量巨大，且涉及用户的个人信息，需要采取一系列措施来保护数据安全和隐私。

此外，在元宇宙情境下，监管治理规则研究同样十分重要。然而分布式的元宇宙更不容易受到监督，容易产生"劣币驱逐良币"的风险，亟待进一步完善监管治理规则体系。同时，也要继续开展公众数字素养和技能教育，提高对新技术的认知和应用能力，共同促进元宇宙领域的健康有序发展。

（四）人才需求

元宇宙时代需要的是跨学科的人才，需要具备计算机科学、图书馆学、信息科学等多个领域的知识。然而，当前高校图书馆的人才培养模式还无法满足这种需求。高校智慧图书馆因采购文献资源的侧重不同、馆内布局设计各不相同，所以凸显的优势和特色也不相同。因此，在进行馆内管理人员的招聘时，将会更加倾向于考量其技术水平高低。同时，因为图书馆内岗位的特殊性，所以对管理人员也提出高要求，需要具备广泛的知识储备，这样才能适应元宇宙高校智慧图书馆的建设。此外，图书馆元宇宙的管理结构也会发生改变，岗位减少以及岗位要求提高，需要图书馆对岗位进行优化。图书馆的定位需由被动服务转变为主动服务，由简单解决读者咨询转变为根据元宇宙搜集的用户信息提供个性化的服务。因此，高校图书馆需要加强人才培养，培养出能够适应元宇宙时代的人才。

二、管理挑战

（一）组织管理与协调

在元宇宙时代，高校智慧图书馆建设的组织管理与协调是实现其发展目标的关键环节。当前，高校图书馆在智慧化管理模式的构建过程中，面临着一系列挑战，其中组织管理与协调问题尤为突出。

首先，高校智慧图书馆的建设涉及多方参与主体，包括图书馆本身、学校相关部门、信息技术部门以及可能的外部合作伙伴。这些参与者在技术、资源、政策等方面的配合程度直接影响到智慧图书馆建设的效率和质量。然而，由于缺乏统一的建设标准和协调机构，各参与方在建设过程中往往各自为政，容易导致信息孤岛的出现，影响数据的整合和共享，从而影响智慧图书馆服务的整体效能。

其次，智慧图书馆的建设是一个复杂的系统工程，它不仅需要硬件设施的更新升级，还需要软件系统的开发和优化，以及与之相匹配的服务模式和管理流程的改革。在这一过程中，组织管理与协调的有效性直接关系到项目的推进速度和最终成效。如果组织管理和协调工作不到位，可能会导致项目进度缓慢，成本超支，甚至出现项目失败的风险。

再者，智慧图书馆的建设和发展需要依托于大数据、人工智能、区块链等新兴技术的支持。这些技术的应用和实施，需要相应的技术人才和管理人才作为支撑。然而，目前高校图书馆在人才培养和引进方面存在短板，特别是既懂技术又懂管理的复合型人才的缺乏，这对组织管理与协调提出了更高的要求。

最后，智慧图书馆的建设还需要考虑到与智慧校园等其他智慧化建设项目的协同。这要求高校图书馆在组织管理与协调时，不仅要考虑图书馆内部的资源整合和流程优化，还要考虑与其他项目的资源共享和数据整合，实现资源的最大化利用和智慧化服务的最大化扩展。

综上所述，元宇宙时代下高校智慧图书馆建设面临的组织管理与协调挑战是多方面的，需要高校图书馆在标准制定、组织协调、人才培养、跨部门合作等方面下更大的功夫，以确保智慧图书馆建设的顺利推进和最终成功实施。

（二）政策与法规的适应

在元宇宙时代背景下，高校智慧图书馆建设不仅是技术的挑战，也是政策与法规适应性的考验。当前，元宇宙作为一种新兴技术，其运行模式、交互界面以及用户体验都与传统的图书馆服务有着显著的不同。因此，政策与法规的更新是保障高校智慧图书馆健康发展的关键一环。

首先，元宇宙的去中心化特性要求我们重新审视版权法和知识产权保护机制。在传统的图书馆环境中，版权问题相对明确，作品的创作与授权都有明确的法律框架进行规范。然而，在元宇宙的虚拟空间中，作品的创作、使用和传播可能脱离了物理世界的法律约束，用户生成内容（UGC）的版权归属和使用权问题变得复杂。因此，需要制定新的法律法规来适应这些变化，确保创作者的知识产权得到有效保护，同时也保障公众的合理使用权。

其次，元宇宙环境中的用户隐私保护也是法规需要适应的另一个重要方面。在元宇宙中，用户的行为数据、生物特征信息等都有可能被收集和分析，以提供更加个性化的服务。然而，这种数据的收集和使用必须建立在用户隐私保护的基础上。因此，相关运律应该提供明确的指导，规定数据的收集、存储、处理和分享的界限和条件，确保用户隐私不被侵犯。

再者，元宇宙中的网络安全问题也不容忽视。随着元宇宙的普及和应用，网络安全威胁也会相应增加，如个人信息泄露、网络诈骗、DDoS 攻击等。因此，需要加强网络安全法律框架的建设，以预防和应对潜在的网络威胁。

最后，元宇宙的监管治理规则也需要更新完善。由于元宇宙的去中心化特性，传统的中心化监管模式可能无法有效覆盖所有的风险和问题。因此，需要建立一套新的监管治理规则，以适应元宇宙的特点，确保其健康有序发展。

综上所述，元宇宙时代高校智慧图书馆建设面临的挑战中，政策与法规的适应是一个重要而复杂的问题。需要立法机关、行政部门、技术社区以及社会各界共同努力，不断更新和完善相关法律法规，以促进元宇宙环境下高校智慧图书馆的健康发展。

三、用户体验与服务挑战

在元宇宙时代背景下，高校智慧图书馆的建设不仅是技术的挑战，更是对用户需求与满意度的深度考量。用户需求的满足是智慧图书馆服务水平的直接体现，也是图书馆功能和服务创新的核心驱动力。因此，高校图书馆在构建元宇宙环境下的应用场景时，必须全面考虑用户的多元需求，以提升用户的满意度为建设目标之一。

首先，用户需求的多样性要求智慧图书馆提供丰富的信息资源和高效的检索服务。元宇宙技术的应用，特别是虚拟现实（VR）和增强现实（AR）技术，可以为用户带来沉浸式的学习体验，通过高度仿真的虚拟空间，用户可以更直观、便捷地获取所需信息，从而提高学习效率和阅读体验。然而，技术的应用必须以用户的实际需求为导可，避免技术导向导致的用户体验不佳。

其次，用户满意度的提升还需要智慧图书馆在元宇宙环境下提供个性化服务。利用大数据分析技术，图书馆可以对用户的阅读习惯、学习兴趣和行为模式进行深入分析，从而提供个性化的书籍推荐、学习路径设计等服务。这种服务不仅能够提升用户的满意度，还能增强用户对图书馆的忠诚度和黏性。

再者，用户需求与满意度的提升也要求智慧图书馆在元宇宙应用场景中，重视用户交互体验的设计。用户界面（UI）和用户体验（UX）设计的优化，可以极大提升用户的使用满意度。例如，简化的检索流程、智能化的问答系统、友好的界面设计等，都是提升用户体验的重要因素。

此外，用户数据的安全与隐私保护也是用户需求与满意度提升的一个重要方面。在元宇宙环境下，用户数据的收集、存储、处理和使用都需要严格遵守相关法律法规，确保用户信息的安全性和隐私性，这是赢得用户信任和提高满意度的基础。

最后，用户需求与满意度的提升是一个动态的、持续的过程。高校智慧图书馆在元宇宙环境下的建设和发展，需要不断收集用户反馈，及时调整服务策略，以适应用户需求的变化，实现服务的持续改进和优化。

综上所述，元宇宙时代高校智慧图书馆建设面临的挑战中，用户需求与满意度的提升是一个复杂且关键的课题。图书馆需要从多方面出发，综合运用各种智能技术，以用户为中心，不断提高服务质量和用户满意度，从而在元宇宙时代的竞争中占据优势。

第三节　元宇宙时代高校智慧图书馆的建设策略

元宇宙技术的应用不仅能够为人们提供更加智能化的服务，而且还能够为人们提供更加全面的信息资源。然而，在元宇宙时代高校智慧图书馆建设中，仍然存在上述的一些挑战和问题有待我们进一步解决。下面我们将从几个方面探讨应对元宇宙时代高校智慧图书馆建设面临的挑战的相关策略。

一、技术创新策略

技术创新是元宇宙时代高校智慧图书馆建设的关键。然而，当前元宇宙技术仍在不断发展，建设一个完备的元宇宙系统需要多方技术的支持，主要的技术难点包括如何实现高峰期的并发访问、如何保证元宇宙系统的稳定性和安全性、如何提供智能化的服务和推荐等。同时，还要考虑如何对多样化的图书馆资源进行语义化建模和索引，以及如何实现数据的高效存储和管理。这些技术难点需要图书馆不断进行技术创新，以满足元宇宙时代的需求。

首先，我们需要认识到智慧图书馆的核心是数据。因此，我们需要开发新的数据处理和分析技术，以更好地管理和利用图书馆的数据。例如，我们可以开发新的数据挖掘算法，以发现隐藏在图书馆数据中的有价值的信息。此外，我们还可以开发新的数据可视化工具，以帮助用户更好地理解和利用图书馆的数据。

其次，我们需要开发新的用户服务技术，以满足用户的需求。例如，我们可以开发新的用户界面，以提供更好的用户体验。此外，我们还可以开发新的用户服务工具，以提供更好的用户服务。

再者，我们需要开发新的安全管理技术。随着图书馆面临的安全威胁不断增加，我们需要开发新的安全管理技术，以保护图书馆的数据和用户信息。例如，我们可以开发新的数据加密技术，以保护图书馆的数据安全。此外，我们还可以开发新的安全监控系统，以监测图书馆的安全状况。

最后，我们需要开发新的技术支持服务。随着图书馆的技术支持需求不断增加，我们需要开发新的技术支持服务，实现高峰期的并发访问进而保证元宇宙系统的稳定性和安全性。

综上所述，应对智慧图书馆建设中的诸多挑战首要的便是技术创新策略。通过开发新的数据处理和分析技术、用户服务技术、安全管理技术、技术支持服务等技术策略，我们可以更好地管理和利用图书馆的数据，提供更优质的服务，满足用户的需求。

二、多元化的资金策略

元宇宙图书馆的建设和发展需要大量的初始投资，不仅包括硬件设施建设、软件开发、内容采集与数字化，还包括后续的运营维护等。

在元宇宙时代背景下，高校智慧图书馆建设需要配备高性能服务器、大容量存储设备、高速网络连接等，以支撑大量的数字资源和用户数据的处理。首先软件开发需要专业的开发团队，以创建支持元宇宙环境的图书馆管理系统、用户界面，以及其他功能模块。内容采集与数字化需要对现有资源进行数字化处理，并获取相应的版权许可，这是一个时间和成本都较大的过程。其次，在元宇宙图书馆的日常运营中，持续的技术更新和系统维护是必不可少的。随着技术的进步和用户需求的变化，图书馆系统需要不断进行技术升级和功能优化，以保持服务的先进性和竞争力。此外，对于数据安全保护、网络信息安全等方面的投入也是维护图书馆长期稳定运行的关键。

为了解决上述经济问题，高校可以采取多元化的资金策略。一是可以考虑与科技公司、教育机构、其他高校等建立合作关系，通过合作开发、技术转让、共享资源等方式降低成本。二是可以探索政府补贴、教育基金、社会企业投资等多元化融资渠道，以解决资金问题。三是可以利用开源技术和平台，减少重复投资，同时也能为元宇宙图书馆的建设提供一个低成本的基础平台。四是可以通过模块化设计，将元宇宙应用场景拆分为多个模块，分别开发和部署，以提高开发效率和降低开发成本。

综上所述，元宇宙时代高校智慧图书馆建设需要在资金策略上进行全面考虑和科学规划，以确保项目的顺利实施和可持续发展。

三、创新管理模式与合作机制

在当前的教育背景下，高校图书馆的智慧化管理模式是高等教育数字化转型的重要组成部分。随着信息技术的快速发展，尤其是元宇宙概念的提出和应用，高校智慧图书馆需要不断创新管理模式和合作机制来应对当前元宇宙时代高校智慧图书馆面临的管理挑战。

在元宇宙视域下，图书馆的服务模式将从传统的实体图书借阅转变为虚拟空间的信息资源整合与提供。智慧图书馆的管理模式需要与时俱进，适应新的技术环境和用户需求。首先，图书馆需要建立跨学科的管理团队，以应对技术的快速变化和新挑战。图书馆管理者不仅要有传统的图书管理知识，还需要掌握元宇宙技术、大数据分析、人工智能等现代信息技术。其次，高校图书馆还应与其他教育机构、科研机构、技术公司等建立更紧密的合作关系，共同开发适应元宇宙环境的教育资源和服务模式。例如，图书馆可以与技术公司合作开发元宇宙内的教育应用，或者与其他图书馆共享资源和服务。再次，高校图书馆需要与信息安全专家合作，建立严格的数据安全管理体系，确保用户数据的安全和隐私不受侵犯。最后，高校图书馆在开展新服务时需要与法律专家合作，确保所有服务符合法律要求，避免潜在的法律风险。

综上所述，元宇宙时代高校智慧图书馆的管理模式与合作机制需要适应技术变革，建立跨学科的管理团队，与更多的合作伙伴建立合作关系，同时确保数据安全与隐私保护，以及遵守相关法律法规。通过这些措施，高校智慧图书馆可以更好地服务于教育和研究工作，为用户提供更高效、更个性化的学习和研究环境。

四、用户参与与服务优化

在元宇宙时代，高校智慧图书馆的建设不仅是技术的升级，更是服务模式和用户体验的深度变革。

首先，元宇宙为用户提供了一个全新的交互平台，用户不再局限于传统的信息获取和阅读方式，而是可以在一个沉浸式和互动式的环境中体验图书馆服务。这种环境为用户提供了更多的参与机会，用户可以通过虚拟现实技术参与到图书馆的活动中，如虚拟讲座、在线研讨会、互动式学习等。

然而，用户参与度的提升七带来了对服务优化的新要求。高校图书馆需要设计更加个性化、定制化的服务，以满足不同用户在元宇宙环境中的需求。例如，通过大数据分析用户的阅读习惯和偏好，图书馆可以提供个性化的图书推荐、学术资源获取建议等服务。同时，用户在元宇宙图书馆中的互动也为服务优化提供了直接的反馈，图书馆可以根据用户的反馈快速调整服务内容，提高服务的有效性和用户满意度。

此外，元宇宙时代的高校图书馆还需要关注用户的信息安全与隐私保护。在元宇宙平台上，用户的个人信息数据的收集和使用需要严格遵守相关法律法规，确保用户信息的安全。高校图书馆在设计服务时，应提供明确的隐私政策，并采取有效的数据保护措施，以增强用户对图书馆服务的信任。

综上所述，元宇宙时代的高校智慧图书馆建设通过提供沉浸式交互体验、个性化推荐服务、加强用户信息安全保护等措施，提供更加高质量的服务，促进图书馆资源的有效利用和智慧化管理。同时也要求图书馆工作人员不断学习新技术，更新服务理念，以适应元宇宙时代的新挑战。

五、提升馆员的专业素养与技能

馆员是图书馆服务的主要提供者，其专业素养与技能水平对于图书馆的服务质量有着直接的影响。在智慧图书馆建设的背景下，馆员的专业素养与技能显得更加重要，需要不断提高和培训。

馆员的专业素养是指馆员应该具备的、与图书馆工作相关的知识、技能和态度等方面的素质。这些素质包括但不限于：信息素养、服务意识、沟通技能、团队合作能力、创新能力、专业素养等方面的知识和技能。其中，信息素养是馆员必备的基本素质，是指馆员应该具备的信息获取、处理、分析、应用等方面的能力。服务意识是指馆员应该具备的为读者提供优质服务的能力，包括服务态度、服务技能和服务意识等方面的素质。沟通技能是指馆员应该具备的与读者、同事、上级领导等不同人群进行有效沟通的能力。团队合作能力是指馆员应该具备的与同事合作完成工作任务的能力，包括协作精神、团队意识和沟通能力等方面的素质。创新能力是指馆员应该具备的不断探索新的服务方式和服务模式的能力，包括创新思维、创新意识和创新能力等方面的素质。专业素养是指馆员应该具备的专业知识和技能，包括图书馆学、情报学、计算机科学、数据分析等方面的知识和技能。

馆员的专业素养与技能对于智慧图书馆的建设有着重要的作用。提升馆员的专业素养与技能可以提高图书馆的服务质量，满足读者不断变化的需求，增强图书馆的核心竞争力，为图书馆的未来发展提供有力的保障。

本章小结

在元宇宙时代，高校智慧图书馆建设面临着多方面的挑战。首先，技术发展的不确定性给图书馆的数字化转型带来了挑战。元宇宙的构建需要多种前沿技术的融合与发展，如大数据、人工智能、区块链、VR/AR 等。这些技术在实际应用中还存在许多不成熟的地方，例如，人工智能在智慧参考咨询中的准确性、数字孪生技术在读者创作过程中的应用，以及 VR/AR 技术在提升沉浸感方面的效果等都有待进一步的研究和完善。

其次，元宇宙图书馆的应用场景构建面临着资源整合和创新内容生产的双重挑战。信息资源的多元化要求图书馆在整合不同类型信息资源、构建语义网络方面下更多功夫，以满足读者在虚拟空间的多样化需求。同时，元宇宙中的信息资源质量控制、知识产权界定、网络信息安全等问题也需要图书馆在内容创作和管理方面进行创新和探索。

再者，高校图书馆在建设元宇宙过程中，还需要解决技术设备、人才储备和信息资源的问题。资金、设备、人才和信息资源是制约元宇宙图书馆建设的关键因素。如何在有限的资源条件下，有效地利用现有技术构建元宇宙图书馆，是高校图书馆需要面对的现实挑战。

最后，智慧图书馆的服务模式也将面临变革。元宇宙的出现为图书馆服务边界的拓展提供了新的可能性，但同时也要求图书馆在服务模式上进行创新。如何在保证用户体验的前提下，实现资源和服务的有效整合、提供个性化的学习和研究服务，是智慧图书馆在元宇宙时代需要重点考虑的问题。

综上所述，元宇宙时代高校智慧图书馆建设面临的挑战是多方面的，需要在充分了解其风险挑战的基础上，制定相应的应对策略，以促进图书馆的全智慧转型和可持续发展。

第十一章　元宇宙时代高校智慧图书馆未来发展趋势

随着元宇宙时代的到来，新兴技术的应用为高校智慧图书馆的发展注入新的活力。不仅为高校图书馆的服务创新、技术应用和资源整合提供了新的可能性，也对图书馆的服务模式、管理方式和用户体验提出了新的要求。因此，研究元宇宙时代高校智慧图书馆的未来发展趋势，不仅有助于图书馆事业的创新发展，而且对于提升高校的教育质量和科研水平、服务社会文化建设也具有重要意义。同时，对于把握行业发展脉络、提升图书馆核心竞争力以及优化用户服务体验具有必要性与重要意义。因此，高校图书馆应积极应对元宇宙时代的机遇，不断探索和实践，以实现自身的转型升级和高质量发展。

从资源优势角度考虑，高校图书馆通常拥有丰富的学术资源和高水平的信息技术基础设施。随着大数据、人工智能、云计算等元宇宙技术的融合应用，可以极大地拓展图书馆的资源服务能力，实现资源的数字化、虚拟化和全球化共享。这不仅能够为用户提供更为丰富的学术资源和更便捷的资源获取途径，还能够有效提升图书馆的资源利用率和服务效率。

从服务模式创新的角度来看，元宇宙技术的应用为高校图书馆提供了创新服务模式的契机。传统的图书馆服务模式正在发生转变，图书馆不再仅仅是一个简单的知识存储和借阅的场所，而是成为一个集学习、交流、创造、娱乐为一体的综合性服务平台。这种空间的变革，不仅能够更好地满足当下用户的需求，也为图书馆的可持续发展提供了新的动力。例如，通过虚拟现实（VR）、增强现实（AR）、混合现实（MR）、扩展现实（XR）等技术，图书馆能够创造出全新的学习、研究和交流的空间和方式。从而打造沉浸式学习环境和交互式学习体验，这不仅能够吸引更多的用户参与，还能够促进用户的深度学习和知识的内化。此外，通过智能推荐系统，图书馆可以为用户提供个性化的阅读推荐和学习路径规划，从而提升用户的学习效果和满意度。

从管理方式的优化来看，元宇宙时代的到来要求高校图书馆必须进行管理方式的创新和优化。通过大数据分析、人工智能等技术的应用，图书馆可以实现对用户行为的深度挖掘和行为模式的精准预测，从而为用户提供更为精准和高效的服务。同时也要求图书馆的管理者具备数据管理和个人隐私保护能力，且具备更为灵活的管理思维和更为专业的管理技能，以适应技术变革带来的管理挑战。

从用户体验的提升来看，元宇宙时代的高校图书馆能够为用户提供更为丰富的虚拟空间和更为沉浸的学习体验。通过虚拟化的学习环境和沉浸式的学习体验，用户可以突破时间和空间的限制，随时随地进行学习和研究。这不仅能够满足不同用户群体的多样化学习需求，还能够提升用户的学习动力和满意度。

从能力培养方面来看，元宇宙时代的到来也对高校智慧图书馆的工作人员提出了新的要求。图书馆工作人员不仅需要具备传统的图书馆管理知识，还需要掌握一定的信息技术、数字技术和元宇宙技术。这要求图书馆在人才培养和引进方面进行创新，以适应新时代的发展需求。

本章，我们将从上述五个方面阐述高校图书馆的未来发展趋势，把握图书馆行业的发展脉络，提升图书馆的核心竞争力，更好地服务于用户的学习和研究需求，进而推动整个教育领域的创新发展。

第一节　文献信息资源共享共建

未来，随着知识的爆炸性增长，如何有效地组织、管理和利用这些资源成为高校图书馆必须面对的问题。未来的高校图书馆需要建立更加完善的元数据标准和分类体系，以便用户能够快速准确地找到所需信息。同时，图书馆也需要加强与其他信息资源库的合作，进行信息资源的深入开发，对图书馆资源进行整合实现资源的数字化和共享化。

一、文献信息资源的数字化建设与数据传播

随着元宇宙时代的到来，未来的高校图书馆需要建立完善的元数据标准和分类体系，信息资源的数字化建设与数据传播已成为高校图书馆发展的关键环

节，是图书馆适应现代信息环境的必然选择。数字化建设不仅涉及将传统纸质资源转换为电子资源，还包括对图书馆服务流程的数字化改造，如对电子资源的检索、浏览、下载、阅读等的改造，以及图书馆管理系统的数字化升级。

数据传播是数字化建设的自然延伸。在信息资源数字化的基础上，图书馆需要通过各种渠道和方式，将这些资源有效地传播给用户，包括建设内容丰富、精确有效的电子资源数据库，利用互联网共享信息资源的优势，以及通过社交媒体、移动应用程序等新兴平台，拓展图书馆的服务范围和提高服务的可及性。

在高校图书馆的未来发展中，数字化建设与数据传播具有重要意义。一方面，它有助于提高图书馆的服务效率和用户体验，使图书馆的资源和服务能够更好地满足当下用户的需求。另一方面，数字化建设与数据传播也是实现信息资源共享的有效途径，有助于提升图书馆的信息服务水平，促进学术交流和知识的传播。总之，文献信息资源的数字化建设与数据传播是高校图书馆应对数字化挑战、拓展服务范围、提升服务质量的重要策略。未来，随着技术的不断进步和用户需求的不断变化，图书馆需要不断探索和实践，以适应这一发展趋势，为用户提供更高效、更便捷、更个性化的信息服务。

二、图书馆联盟的建立与运作

自 20 世纪 90 年代起，图书馆联盟作为一种促进资源共享和提升服务质量的重要形式，在全球范围内得到了迅速发展。国内外图书馆联盟的建立与运作，不仅体现了图书馆间合作的深化，也反映了信息化时代对知识共享的迫切需求。

在美国，图书馆联盟的建设和发展较为成熟。以俄亥俄图书馆与信息管理网络（Ohio Link）为例，该联盟由 79 家图书馆组成，为 50 多万师生提供服务，其运作涉及资源共享、联合采购、联机编目、网上图书流通服务、馆际互借等多方面。Ohio Link 的成功运作，为图书馆联盟的高效协作提供了典范，其成员馆的合作关系和资源共享模式，已成为其他联盟学习和借鉴的对象。在中国，图书馆联盟的建立虽然起步稍晚，但近年来也展现出迅猛的发展势头。我国的高等教育文献保障系统（CALIS）和国家科技图书文献中心（NSTL）等全国性图书馆联盟的建立，标志着中国图书馆联盟建设进入了新阶段。这些联盟通过整合不同成员馆的资源，提供了包括目录查询、信息检索、馆际互借、文献传递、网络导航等一系列网络化、数字化的文献信息服务。

　　然而，在资源共享与管理上，不同成员馆之间的管理系统、资源结构和服务模式存在差异，对联盟的整合与协调提出了挑战。此外，技术基础设施的差异、标准化建设的不足、成员馆之间的利益协调等问题，也是制约联盟高效运作的重要因素。

　　为了解决这些问题，联盟的运作需要不断优化和完善。首先，建立标准化的工作流程和技术平台是提升联盟运作效率的关键，包括统一的资源格式、共享机制和数据管理标准，以确保信息资源的高效流通和使用。其次，加强成员馆之间的沟通与协调，建立有效的沟通渠道和协调机制，可以有效地解决利益冲突和合作障碍。此外，对于联盟内部人员的专业培训也非常重要，以提升其对现代化信息技术的掌握能力和服务水平。

　　总之，无论是在国内还是国外，图书馆联盟的建立与运作都是图书馆资源共享与服务创新的重要途径。通过不断探索和实践，图书馆联盟有望为高校智慧图书馆服务的提升、信息资源的共享和知识服务的深化发挥更加重要的作用。

三、跨平台资源整合的技术路径

　　跨平台资源整合是指在不同的信息平台之间实现资源的有效整合与共享，以打破信息孤岛，实现信息资源的最大化利用。在文献资源的管理与利用上，它有助于优化资源配置，提高资源利用率，降低成本，并促进知识的传播与创新。跨平台资源整合的技术路径主要包括以下几个方面。

　　（1）资源整合与目录编制。跨平台资源整合就是要建立一个集中的电子资源联合目录系统，制定一套统一的元数据标准，以确保不同来源的资源可以被正确识别与索引，便于用户检索，从而实现对各参与单位的资源的集中管理与共享。

　　（2）技术平台建设。构建一个集资源发现、搜索、获取与管理于一体的数字资源管理平台，支持跨库检索、资源发现与推送等功能。同时，采用标准化的开放接口和协议，如 Z39.50 或 SRW，以便不同的系统和平台能够无缝对接。

　　（3）系统对接与资源共享。通过 API 接口或其他数据交换协议，实现系统间的数据共享与交换，将分散的资源（包括书目数据、全文内容等）整合成统一的资源库。用户可以通过一个入口访问所有参与共享的资源。

（4）用户界面与服务优化。设计一个友好的用户界面，确保不同的资源和服务可以通过一个统一的界面访问，并根据用户的需求提供个性化的推荐服务，如学科服务、研究热点推荐等。

（5）系统安全与权限管理。确保系统的数据安全，采取有效的安全措施防止数据丢失、泄露和被篡改。建立严格的访问控制机制，确保只有授权用户才能访问特定的资源，等等。

通过上述技术路径的实施，可以有效地实现文献资源的共建共享，不仅提高了资源的利用效率，而且促进了知识的广泛传播和深入利用。此外，共建共享的实施还有助于促进学术交流，拓展研究的广度和深度，最终推动学术和教育的进步。

第二节　元宇宙时代高校智慧图书馆服务效能创新

元宇宙，作为一个集合了虚拟现实（VR）、增强现实（AR）、扩展现实（ER）、区块链、大数据、人工智能等技术的全新虚拟世界，为高校图书馆服务效能创新提供了技术保障，也为未来高校智慧图书馆服务模式的创新提供了新的可能。

一、技术驱动下的服务创新

在元宇宙的背景下，技术的快速发展为图书馆服务创新提供了前所未有的机遇。如何通过技术的应用来创新高校图书馆的服务模式，以满足新时代用户的需求？可以通过以下几方面实现。

（1）技术的融入为高校图书馆服务创新提供了无限可能性。人工智能（AI）技术的应用可以实现服务的个性化定制，通过用户行为分析和大数据分析，图书馆能够为用户推荐个性化的阅读材料和学习资源，从而提高服务的针对性和有效性。此外，AI的引入还能辅助图书馆进行智能化管理，提升服务的效率。

（2）元宇宙技术的应用为图书馆服务创新开辟了新的维度。虚拟现实（VR）和增强现实（AR）技术的融入，可以创造沉浸式阅读和学习的新环境。用户可以通过虚拟化的身份进行社交、阅读和资料查询，不仅拓展了图书馆服务的空间维度，也提升了用户的参与度和体验感。

（3）云计算的应用也为图书馆服务创新提供了有力的技术支持。云服务的应用可以实现图书馆资源的无缝共享和数据的高效处理，同时也支持远程访问，让图书馆的服务突破物理空间的限制，提供真正意义上的"无处不在"的学习环境。

（4）物联网（IoT）技术的应用也是高校图书馆服务创新的重要方向。通过物联网技术，图书馆的设备和资源可以被智能化地管理和控制，如智能书架、自助借还机等，这些技术不仅提高了服务的效率，也为用户提供了更加便捷的使用体验。

（5）区块链技术的应用为图书馆服务创新提供了数据安全和信任机制的新途径。区块链的去中心化和不可篡改的特性，保证了用户数据的安全性和服务交易的透明性，为图书馆服务创新提供了坚实的信任基础。

综上所述，技术的创新和应用为高校图书馆服务创新提供了多维度的路径。通过不断地探索和实践，高校图书馆可以实现服务的个性化和智能化，从而更好地满足用户的需求，提升用户体验，并在此基础上实现图书馆服务的全面升级和转型升级。

二、智慧图书馆的服务模式创新

在元宇宙时代，高校智慧图书馆通过引入先进的信息技术和新兴的虚拟现实技术，正逐步实现从传统的读者服务方式向智慧型服务模式转变，以提供更加多元化、个性化和智能化的服务。

智慧图书馆的服务模式主要包括以下几个方面。

（1）智慧化信息检索系统。通过自然语言处理技术，图书馆的信息检索系统能够更精准地理解用户的查询意图，提供更为准确和个性化的检索结果。例如，用户提出问题，系统能够智能匹配并推荐相关的图书和资料。

（2）个性化推荐服务。利用大数据分析技术，图书馆能够根据用户的阅读历史和偏好，推荐符合其兴趣的图书和学术资源。这种服务不仅提高了用户体验，也促进了知识的传播和利用。

（3）虚拟现实（VR）和增强现实（AR）技术的应用。通过 VR 和 AR 技术，用户可以在虚拟空间中体验到仿佛真实存在的图书馆环境，甚至可以进行虚拟借阅和阅读，为用户提供沉浸式阅读体验。

（4）人工智能（AI）辅助服务。AI 技术可以帮助图书馆进行自动化的图书分类、整理和借阅管理，提高服务效率。同时，AI 客服可以为用户解答常见问题，并在必要时引导用户获取专业帮助。

此外，随着 5G 等新技术的应用，高校图书馆的服务将更加便捷和高效。通过高速的网络连接，用户可以实时访问大量的在线资源，并享受到更快速的下载和阅读体验。同时，大数据技术的应用也将使得图书馆的数据分析和服务优化能力得到显著提升。

总之，元宇宙时代的高校智慧图书馆将通过不断创新服务模式，为用户提供更加丰富、便捷和个性化的学习环境与学习资源，进一步推动高等教育的发展和创新。

三、智慧服务的深度个性化定制

在当前的信息化时代，高校图书馆的服务正逐步向智慧化转型，其中一个重要服务效能便是深度个性化定制服务。当今时代，用户对信息的获取不再满足于基础的查询与借阅服务，更加追求服务的个性化和精准化。为适应数字化时代用户对信息的需求变化，高校图书馆需要通过智慧化手段，深入挖掘和分析用户需求，从而提供更为个性化的信息服务。

实现智慧服务的深度个性化定制，需要运用大数据、人工智能等现代信息技术。通过建立用户画像，图书馆可以精准捕捉到用户的阅读偏好、学习习惯、研究方向等个性化信息。例如，运用数据挖掘技术，可以从用户的借阅历史、在线浏览行为等海量数据中，提取出有价值的信息，进而为用户推荐相关的图书、期刊、数据库等资源。此外，通过自然语言处理技术，图书馆还能提供更为精准的文献推荐和研究咨询服务。

此外，个性化服务的实现还需依托先进的技术设备，如人脸识别、RFID、人机交互等，这些技术的应用不仅能提升服务的自动化程度，还能增强服务的互动性和智能化水平。例如，通过人脸识别技术，图书馆可以实现快速的身份验证，为用户提供个性化的借阅和还书服务；通过 RFID 技术，可以实现图书的精准定位和库存管理，提高图书的流通效率。

智慧服务的深度个性化定制不仅能提升用户的满意度，还能有效提高图书馆的服务水平和竞争力。通过个性化的信息推送和精准的需求分析，图书馆可以更好地服务于教学和科研，促进学术交流和知识创新。同时，个性化服务还能促进用户间的信息共享和知识交流，为创建学习型社会提供有力支持。

总之，智慧服务的深度个性化定制是高校图书馆服务转型的重要方向，它要求图书馆必须积极拥抱技术革新，不断探索和实践个性化服务的新模式，以更好地适应数字化时代的用户需求，提升服务的智能化、个性化水平，最终实现图书馆服务的全面升级和质的飞跃。

第三节　元宇宙时代的高校智慧图书馆管理新模式

在元宇宙时代的背景下，高校智慧图书馆的管理方式正经历着一场深刻的变革。元宇宙的出现不仅为图书馆提供了全新的发展机遇，也对图书馆的管理模式提出了新的挑战。在元宇宙驱动下的图书馆管理的新模式，包括管理理念的更新、数据的管理、数字版权管理与确权问题、隐私保护与用户权益的维护。

一、管理理念的更新

元宇宙时代对图书馆管理者的理念提出了更高的要求。图书馆管理者需要从传统的文献管理者转变为知识的组织者和提供者，强调以用户为中心的服务理念。在元宇宙环境下，图书馆的边界被进一步打破，管理者需要具备更加开放的心态，以及对于新兴技术的敏锐洞察力和快速适应能力。

传统的图书馆管理者扮演着图书的整理、分类、借阅与归还等传统角色，而在这个全新的时代背景下，他们需要从这些基础性工作中解放出来，转而成为知识的架构师和传播者。他们不仅要组织和提供知识，更要在以用户为中心的理念指导下，提供个性化、多元化的知识和服务。而以用户为中心的服务理念，意味着图书馆管理者需要深入理解用户的需求和行为模式，通过大数据分析、用户调研等方式，精准定位用户群体，为不同的用户群体提供定制化的服务。

同时，在元宇宙环境下，图书馆的边界被进一步打破，管理者需要具备更加开放的管理心态，拥抱开放科学、开放教育资源等新观念，以及对于区块链、人工智能、虚拟现实等新兴技术的敏锐洞察力和快速适应能力。

此外，管理者还需要关注技术对图书馆内部管理带来的变革。引入人工智能助手来优化图书管理流程，或者使用大数据分析来优化图书馆的资源配置。

总之，元宇宙时代对图书馆管理者提出了更高的要求，他们需要不断学习新知识、新技术，以用户为中心，不断创新服务模式，以适应这个快速变化的时代。

二、数据的管理

在当前的信息化时代，高校智慧图书馆作为信息服务的重要提供者，其用户数据管理的重要性日益凸显。数据保护不仅关系到用户的个人隐私和信息安全，也是图书馆信息化建设和持续发展的关键。因此，制定有效的数据保护策略与方法是高校智慧图书馆必须面对的重要任务。

首先，数据保护的基本策略应包括数据的安全性和隐私性两个方面。安全性的保护要求图书馆要采取必要的技术手段，确保数据在存储、处理和传输过程中的安全，包括但不限于建立健全的网络安全防护体系，如防火墙、入侵检测系统、防病毒软件等，以防止黑客攻击、病毒入侵等安全威胁。同时，应定期对网络系统进行安全审计和漏洞扫描，及时发现和修复安全漏洞，提高系统的安全防御能力。

对于数据的隐私性保护，高校智慧图书馆需要建立严格的用户数据隐私保护政策，明确哪些数据属于隐私数据，不可对外公开。对于个人数据，如借阅记录、借阅偏好等，应进行脱敏处理，以最大限度保护用户隐私。此外，图书馆应在用户注册和使用服务时，明确告知用户其个人数据的使用范围和目的，并严格按照用户的授权来处理个人数据。

其次，数据保护的高级策略应聚焦于数据的安全管理体系构建。高校智慧图书馆需要建立一套完善的数据安全管理体系，包括数据访问控制、数据备份与恢复、数据生命周期管理等。数据访问控制要求严格限定数据访问权限，确保只有授权的用户和系统才能访问相关数据。数据备份与恢复可以在数据意外丢失或被损坏时，快速恢复数据的完整性和可用性。数据生命周期管理则确保数据从生成、使用到销毁的每个阶段都得到适当的安全控制。

此外，高校智慧图书馆应加强对用户的数据安全教育和培训，提高用户的数据安全意识。通过定期举办数据安全培训和宣传活动，让用户了解如何保护个人信息，如何正确使用图书馆的数据资源，以及在遇到数据安全问题时应采取的措施。

最后，高校智慧图书馆应与外部专业机构合作，共同构建数据安全防护网络，包括与信息安全公司合作，共同研发更先进的数据安全技术；与政府信息安全管理部门合作，加强对数据安全的监管和协调；与学术界和行业协会合作，共同探讨和制定数据安全的最佳实践标准。

综上所述，高校智慧图书馆在用户数据管理中必须采取全方位的数据保护策略与方法，以确保用户数据的安全性和隐私性，从而提升用户对图书馆服务的信任度，促进图书馆的可持续发展。

三、数字版权管理与确权问题

在数字化的时代背景下，数字版权管理与确权问题成为版权保护的重要议题。数字版权管理涉及的核心问题是确保创作者的知识产权得到有效的保护，同时也要确保公众的合理使用权得到尊重。确权问题，即版权的归属问题，也是数字版权管理的首要环节，还是保护知识产权的第一步。

传统的版权管理模式在数字环境下面临诸多挑战。数字化作品的复制和传播的便捷性，使得版权保护变得尤为复杂。数字版权的确权问题不仅关系到创作者的利益，也关系到整个数字内容产业的健康发展。为了更好地解决这一问题，需要采取多方位的措施。首先，提高创作者的版权意识，通过教育和培训等方式，让创作者充分了解自身的权利以及保护这些权利的途径。其次，简化和优化著作权登记与合同备案的流程，使之更加适应数字化时代的需求。此外，建立和完善版权交易平台，为创作者和内容的使用者提供一个安全、透明的交易环境，也是解决确权问题的重要途径。

在数字版权的实际操作中，确权问题的解决还需要依赖技术的支持。例如，区块链技术的应用可以提高版权的确权速度和准确性。通过区块链技术，可以确保版权信息的不可篡改性和可追溯性，从而增强版权的确权效力。同时，利用该技术还可以有效防止版权作品被非法复制和传播。

总之，数字版权管理与确权问题成为元宇宙时代版权保护不可或缺的一环。要解决这一问题，不仅需要法律、技术的支持，也需要全社会尤其是创作者本身的共同努力。通过综合施策，可以有效保障创作者的合法权益，促进数字内容产业的健康发展。

四、隐私保护与用户权益的维护

在元宇宙时代，高校智慧图书馆的发展趋势不仅要注重服务的创新和提升，还必须重视隐私保护和用户权益的维护。随着技术的进步，尤其是大数据、人工智能、云计算等技术的应用，图书馆服务变得更加个性化和精准化，但这也带来了个人信息保护的新挑战。

首先，用户的信息安全意识提升，对个人隐私的保护要求也随之增强。用户在享受智慧图书馆提供的服务时，其个人信息的安全性成为他们最关心的问题之一。因此，高校智慧图书馆在设计和提供服务时，必须确保用户的个人信息安全，防止信息泄露丢失或被篡改。

其次，智慧图书馆在实现数据开放共享的同时，需要加强对用户隐私保护的重视。通过智能算法对用户信息进行分析时，应严格遵守相关法律法规，确保个人信息的处理过程合法、合规。同时，还需要加强对用户隐私保护的法律法规建设，为用户信息安全提供法律保障。

同时，高校智慧图书馆应加强与用户的沟通，明确告知用户其信息被如何收集、使用和保护，以及用户享有的权利和可以采取的保护措施。通过合理的沟通和透明的信息处理流程，图书馆可以在保护用户隐私的同时，提供高质量的信息服务。

第四节　虚实交融的图书馆空间构建的用户体验

元宇宙作为一种新兴的数字空间概念，为图书馆的空间构建提供了全新的可能性，也为用户提供了更好的体验。在这一背景下，高校智慧图书馆的空间构建不再仅限于传统的物理空间，而是向着虚实交融的方向发展，这不仅仅是物理空间的扩展，更是功能和服务的深化与拓展。

虚实交融的图书馆空间构建意味着物理空间与虚拟空间的边界将变得模糊。在这一模式下，图书馆的物理空间不再是单一的阅读、学习和研究的场所，而是成为连接现实与虚拟的枢纽。通过元宇宙技术，图书馆可以将传统的阅读推广、教育培训、学术交流等服务扩展到虚拟空间，实现24小时不间断的服务，同时还可以提供更加灵活和个性化的学习环境。

虚实交融的空间构建强调的是一种沉浸式的学习和研究体验。利用元宇宙技术，图书馆可以为用户提供沉浸式的学习环境，如虚拟现实（VR）、增强现实（AR）等技术的应用，可以让用户在虚拟空间中体验沉浸式的阅读和学习，从而提高学习的趣味性和效率。

在虚实交融的空间构建中，用户的参与度和体验感将极大地提升。通过虚拟空间的互动和社交功能，用户不仅可以获取知识，还可以在虚拟空间中进行协作、讨论和创新，这种参与的深度和广度都将得到极大的拓展。

此外，虚实交融的图书馆空间构建还需要考虑到信息公平和技术伦理问题。在这一过程中，图书馆需要通过合理规划和设计，确保不同用户群体都能平等地访问和使用这些新的服务和资源，同时也要考虑到技术应用过程中可能出现的伦理问题，如个人隐私保护、数据安全等。

虚实交融的图书馆空间构建是一个系统工程，不仅涉及技术的应用，还涉及服务模式的创新、组织结构的调整、资源的整合等多个方面。因此，高校智慧图书馆在这一过程中需要积极探索和实践，以实现真正意义上的数字化、智能化和个性化的图书馆服务，提升用户体验。

综上所述，在元宇宙时代背景下，高校智慧图书馆的空间构建将是一个多元化、个性化、沉浸式的新时代空间构建模式。这不仅是对传统图书馆服务的一种补充和扩展，更是一种深层次的变革和创新，它将极大地丰富图书馆的功能和服务，也将对教育、学习和研究的方式产生深远的影响。

第五节　元宇宙时代对高校智慧馆员职业能力的新要求

智慧馆员是图书馆的管理者和服务者，其职业能力直接影响了图书馆的管理水平和服务效能，故元宇宙时代对高校智慧馆员的职业能力提出了更高要求。图书馆智慧馆员需要不断提升自身的技术应用能力、用户服务能力、专业知识和创新能力，以及数字素养，以适应智慧图书馆的发展需求，并为用户提供更高质量的服务。这不仅是图书馆服务创新的需要，也是图书馆自身发展的必然要求。

一、馆员的角色转变

在元宇宙时代，高校智慧图书馆的发展不仅局限于传统的图书馆服务功能的扩展，还需要馆员角色的深度转变与适应。馆员不再只是信息资源的管理者和提供者，还需要转变为技术应用的实践者、用户需求的分析师、知识服务的创新者和数字素养的教育者。

馆员的角色转变首先体现在对用户需求的深刻理解与精准分析上。在大数据时代背景下，用户的信息需求变得更加个性化、多样化，馆员需要具备深入洞察用户需求的能力，通过用户画像分析、需求预测等技术手段，为用户提供定制化的信息服务。

馆员的技术运用能力也是其角色转变中的重要一环。随着人工智能、大数据分析等技术的广泛应用，馆员不仅要管理和提供信息资源，还需要具备这些技术的应用能力，以保证能够在信息服务中提供精准匹配、智能推荐等高级服务。

此外，馆员还应该是教育教学者。在智慧图书馆中，馆员不仅是信息提供者，也应成为信息素养的培育者。这要求馆员能够定期开展数字素养培训、信息检索教育等活动，帮助用户提升获取、处理和使用信息的能力。

二、智慧馆员的能力要求

在元宇宙时代，高校智慧图书馆的发展不仅依赖于硬件的更新和技术的进步，更在于馆员的角色转变与能力提升。智慧馆员作为连接信息资源与用户需求的桥梁，其角色与能力要求的适应性直接关系到图书馆服务的质量与创新能力。

（1）数字技术能力。面对技术的快速发展，智慧馆员需要具备一定的数字技术能力，以适应智慧图书馆的技术需求，包括对新兴技术如人工智能、大数据分析等的了解和应用，以及对元宇宙空间中的虚拟现实、增强现实等技术的掌握。智慧馆员应能够运用这些技术优化图书馆的服务流程，提高服务效率和用户体验。

（2）以读者为中心。智慧图书馆强调的是以用户为中心的个性化服务。馆员需要深入用户群体，运用用户画像分析等工具，准确捕捉和预测用户需求，为用户提供精准的信息服务。这不仅涉及信息的筛选和推荐，还包括对用户反馈的及时响应和问题的解决，从而建立起用户需求数据库，为个性化服务的实现提供数据支持。

（3）数据管理服务能力。在元宇宙时代，数据安全和隐私保护尤为重要，智慧馆员需要在信息开发共享的同时，确保数据的安全性和合规性，这要求智慧馆员具备一定的数据素养和数据管理能力。

（4）创新创造能力。随着智慧图书馆的发展，知识服务的专业化成为新的发展方向。馆员应具备更专业的知识结构和创新创造能力，能够为用户提供专业化的知识解决方案。面对不断变化的信息服务需求和技术发展，要求智慧馆员不仅要有深厚的专业知识，还需要具备创新意识，不断探索和创造新的服务模式和工作方法，有能力将相关知识进行整合和创新，以适应用户多元化和深入化的知识需求进而推动智慧图书馆的持续发展。

（5）教育教学能力。智慧图书馆还承担着培养用户信息素养的责任。智慧馆员需要定期开展信息素养培训和教育活动，帮助用户提升其信息检索、分析、评估、使用等能力，使其能够有效利用数字资源和网络工具，提高信息素养。

综上所述，智慧馆员在元宇宙时代的角色与能力要求是多方面的，包括用户需求分析、技术运用、教育教学、数据管理以及创新创造等。只有不断提升这些能力，图书馆才能在智慧化浪潮中保持竞争力，更好地服务于读者，实现信息服务的高质量发展。

三、智慧馆员技能的提升方向

在元宇宙时代，高校智慧图书馆的未来发展趋势对馆员的技能提出了新的要求。面对技术的快速变革和用户需求的不断变化，馆员需要不断提升自身的技能，以适应和引领这一时代的变革。以下是智慧馆员技能提升的几个关键方向。

（1）智慧馆员需要提升数字技术能力。随着人工智能、大数据、云计算等技术的广泛应用，智慧馆员不仅要处理传统的纸质文档，还要管理和分析大量的数字资源。这要求馆员掌握相关的技术知识，如数据库管理、数字资源的管理与整合、大数据分析等，以保证能够高效地进行数字资源的管理和利用。

（2）智慧馆员的信息素养和数字素养需要进一步提升。信息素养包括信息的检索、评估、使用和管理能力，而数字素养则更加强调在数字化环境下安全、高效地获取、分析、管理和使用信息的能力。馆员需要不断提高这些素养，以更好地服务于用户，帮助他们获取所需信息并进行有效的信息处理。

（3）创新能力的培养是智慧馆员技能提升的重要方向。在元宇宙时代，用户的需求更加多样化，馆员需要具备创新思维，能够根据用户需求提供更加个性化、人性化的服务，包括但不限于创新服务模式、服务流程、服务内容等，以提高用户满意度和服务质量。

（4）智慧馆员需要加强跨学科的知识学习。元宇宙时代的图书馆服务不仅局限于信息的管理和提供，还包括对用户的知识服务和学习支持。智慧馆员需要具备跨学科的知识背景，能够提供跨学科的信息服务，促进知识的整合和创新。

（5）智慧馆员需要提升伦理意识和法律意识。随着技术的发展，人工智能、大数据分析等技术可能带来信息安全和隐私保护等问题，智慧馆员需要具备一定的伦理和法律知识，以确保在提供服务的同时，能保护用户的隐私和数据安全。

综上所述，元宇宙时代对高校智慧馆员的技能提出了新的要求，其技能提升的方向包括数字技术能力的提升、信息素养和数字素养的增强、创新能力的培养、跨学科知识的学习以及伦理和法律意识的加强。通过不断学习和提升，馆员可以更好地适应和引领元宇宙时代的发展趋势。

本章小结

在元宇宙时代背景下，高校智慧图书馆的发展将更注重文献信息资源的共建共享、服务效能的创新、管理新模式的构建，全新用户体验的实现以及智慧馆员职业能力的提升。

首先，资源的共建共享和服务模式的创新是高校图书馆发展的重要方向。传统图书馆的文献资源和服务模式已经不能完全满足现代高等教育的需求。未来，除了传统的文献资源，高校图书馆需要管理大量的数字资源和虚拟资源，并在此基础上构建更加完善的资源整合与共享机制。同时，高校图书馆还需要通过技术手段，如人工智能、大数据分析等，实现资源整合，提供更加个性化的信息服务。如，可以通过智能推荐系统为用户推荐相关的学术资源，或者通过自然语言处理技术，提供更加智能化的查询服务。

其次，随着知识的爆炸性增长，如何有效地组织、管理和利用这些资源成为高校图书馆必须面对的问题。未来的高校图书馆需要建立更加完善的元数据标准和分类体系，以便用户能够快速准确地找到所需信息。同时，图书馆也需要加强与其他信息资源库的合作，实现资源的整合和共享。

再次，元宇宙时代的高校图书馆需要重视用户在虚拟空间中的多元身份和多样化需求。用户将同时存在于现实世界和虚拟世界中，图书馆的服务必须能够适应这种身份的多元化，为用户在不同的虚拟空间中提供个性化的信息服务。

最后，元宇宙时代对馆员的智慧转型也提出了新的要求。馆员不仅需要具备传统的图书信息服务能力，还需要掌握元宇宙相关的技术知识和服务技能，以适应数字化转型的需要，从而优化图书馆的服务流程，提高服务效率和用户体验。

总之，未来高校智慧图书馆的发展将是一个多元化、智能化、个性化和社会化的过程。图书馆需要不断迁应技术发展的趋势，创新服务模式，提高服务质量，以满足不断变化的用户需求。同时，图书馆也需要加强内部管理，提高工作效率，为用户提供更加高效、便捷的服务。只有这样，高校图书馆才能在信息时代中充分发挥其作为知识管理和信息服务的重要角色。

参考文献

［1］龚旭曦.地方文献开发利用实践分析［J］.浙江档案，2019（6）：63-64.

［2］韩小亚.地方高校图书馆特色数据库建设与服务研究：以咸阳师范学院图书馆"秦汉文史学术研究文献库"为例［J］.图书馆研究与工作，2017（11）：75-78.

［3］张兆宇.图书馆地方文献特色数据库建设规划研究：以大庆市图书馆为例［J］.边疆经济与文化，2018（9）：116-118.

［4］段昌华.高校地方文献数据库建设的现状、问题和对策［J］.图书馆学刊，2016（1）：41-44.

［5］刘海燕.地方特色数据库建设探究：以武汉城市文化文献数据库为例［J］.产业与科技论坛，2019，18（7）：60-62.

［6］吴江，陈浩东，贺超城.元宇宙：智慧图书馆的数实融合空间［J］.中国图书馆学报，2022（6）：16-26.

［7］杨新涯，钱国富，唱婷婷，等.元宇宙是图书馆的未来吗？［J］.图书馆论坛，2021，41（12）：35-44.

［8］吴江，陶成煦，贺超城.从数字到智慧：元宇宙下图书馆的发展与研究［J］.数字图书馆论坛，2022（7）：11-15.

［9］赵志耘，林子婕.元宇宙与智慧图书馆：科技赋能文化新路径［J］.图书情报知识，2022，39（6）：6-16.

［10］刘炜，祝蕊，单蓉蓉.图书馆元宇宙：是什么、为什么和怎么做？［J］.图书馆论坛，2022，42（7）：7-17.

［11］杨新涯，涂佳琪.元宇宙视域下的图书馆虚拟服务［J］.图书馆论坛，2022，42（7）：18-24.

［12］张庆来，苏云.图书馆与元宇宙：关系、功用与未来［J］.图书与情报，

2021（6）：75-80.

［13］文伟．元宇宙赋能智慧图书馆服务：重大变革、问题挑战及实现策略［J］．图书馆理论与实践，2023（5）：120-128.

［14］张兴旺，吕瑞倩，李洁，等．面向元宇宙的图书馆信息物理融合研究［J］．数字图书馆论坛，2022（4）：53-59.

［15］何佳磬．元宇宙赋能图书馆智慧服务的思考［J］．河南图书馆学刊，2023，43（2）：107-108.

［16］郭亚军，李帅，袁一鸣，等．元宇宙视域下的图书馆服务模式：从虚实分离到虚实融合［J］．图书与情报，2022（3）：104-110.

［17］白阳，胡畔，郭致怡．元宇宙场域视角下高校图书馆文献信息资源创新服务模式研究［J］．情报资料工作，2023，44（3）：24-32.

［18］李欣，王昊．元宇宙视域下智慧图书馆建设路径探析［J］．图书馆学刊，2023，45（3）：80-87.

［19］史宇清．元宇宙与智慧图书馆建设探讨［J］．出版广角，2022（23）：92-96.

［20］陆康，刘慧，王圣元，等．元宇宙视域下我国智慧图书馆虚拟空间治理规则研究［J］．图书馆，2023（10）：55-61.

［21］张立说，李小璇．元宇宙概念下图书馆智慧化创新发展方向研究［J］．大学图书情报学刊，2022，40（5）：24-28.

［22］冯小桓．元宇宙驱动下高校智慧图书馆场景构建和实施策略［J］．图书馆理论与实践，2024（3）：96-101.

［23］蔡迎春，严丹，周琼，等．元宇宙时代智慧图书馆的实践路径［J］．中国图书馆学报，2023，49（4）：103-113.

［24］初景利，张国瑞．面向智慧图书馆的馆员能力建设［J］．图书馆理论与实践，2022（4）：1-4.

［25］齐静．高校元宇宙图书馆应用场景构建［J］．农业图书情报学报，2022，34（11）：69-80.

［26］陈晓雪，郭静静，王菲菲，等．大数据背景下高校智慧图书馆建设路径分析［J］．黑龙江科学，2020，11（21）：128-129.

［27］唐红玉．智慧校园视域下高校图书馆信息化建设研究［J］．管理观察，2019（19）：118-119.

［28］储常连.智慧图书馆建设与高校图书馆转型发展［J］.大学图书情报学刊，2016，34（1）：5–8.

［29］于林海.高校图书馆在智慧校园建设中的角色定位［J］.图书馆学刊，2019，41（9）：9–11.

［30］赵国忠.智慧图书馆背景下高校图书馆信息资源建设策略研究［J］.情报探索，2021（9）：123–128.

［31］蔚晓慧，焦雪.高校智慧图书馆建设与服务探析［J］.吉林医药学院学报，2018，39（1）：35–36.

［32］钟欢，王天一，马秀峰.“双一流”建设背景下高校图书馆智慧型学科服务平台研究综述［J］.图书馆理论与实践，2022（3）：129–136.

［33］李楠.“双一流”视阈下高校智慧图书馆建设策略思考［J］.兰台世界，2020（3）：101–104.

［34］许春漫，陈廉芳.高校图书馆智慧服务模式下智慧馆员队伍的建设［J］.情报资料工作，2014（1）：87–91.

［35］王凤英，智晓静，肖铮.智慧图书馆视角下高校图书馆书库演变及发展策略研究［J］.大学图书馆学报，2023，41（1）：37–43.

［36］田丽梅，廖莎.元宇宙视域下智慧图书馆的创新发展研究［J］.图书馆，2022（5）：54–59.

［37］邱圣晖，谭伟贞，曾智华.智慧图书馆环境下智慧馆员的培养［J］.兰台世界，2016（12）：77–79.

［38］程亚男.图书馆工作概论［M］.北京：北京图书馆出版社，2000.

［39］阮冈纳赞.图书馆学五定律［M］.夏云，等译.北京：书目文献出版社，1988.

［40］张文娟.图书馆文献资源建设研究［M］.哈尔滨：东北林业大学出版社，2021.

［41］蔡平秋.图书馆文献资源建设与利用研究［M］.北京：北京工业大学出版社，2020.

［42］吴环伟.图书馆文献资源建设与共享服务创新［M］.吉林：吉林出版集团股份有限公司，2020.